SHINJINSEN
建築新人戦 2022 実行委員会

JN055249

――新人たちへ
人間と建築は、切っても切り離せないほどに、
深く、強く、結びついている。
いつだって私たちは建築と一緒に生きている。
建築を自由に想像して、「つくる」こと。
そこに、君たちがどう生きるかが、問われている。
人間と建築は二つで一つなのだから。

目次 CONTENTS

最優秀新人賞

ID.0575
母と父の家
諸江 一桜
秋田公立美術大学 3回生　　p10

優秀新人賞

ID.0009
永い暮らし
井上 ユカリ
武庫川女子大学 3回生　　p22

優秀新人賞

ID.0102
日常のうらがわを
吉村 優里
武蔵野美術大学 3回生　　p28

優秀新人賞

ID.1044
つぎはいでゆく、
松尾 侑希乃
京都大学 3回生　　p34

8選

ID.0399
風化と構築
──自然と人間の相互扶助による
廃校の改築計画──
衣笠 恭平
京都工芸繊維大学 3回生　　p40

8選

ID.0515
都市の余白再生計画＜斜面地編＞
──獣道による年月をかけた
動く風景のデザイン──
山下 瑞貴
奈良女子大学 3回生　　p42

8選

ID.0610
大地と繋がる図書館
──まちと文化を育てる
新しいコミュニティ──
王 宇龍
京都精華大学 3回生　　p44

8選

ID.0984
響命の森
領家 明代
成安造形大学 3回生　　p46

ID.0292
AperTUBE in Tomigaya
山田 遼真
武蔵野美術大学 3回生　　　p48

ID.0378
生成過程
——cybernetics architecture——
大口 博之
日本大学 3回生　　　p49

ID.0403
寄り道library
松本 紗季
武蔵野大学 3回生　　　p50

ID.0546
記憶の共鳴
織田 奈々美
京都工芸繊維大学 3回生　　　p51

ID.0735
明るい洞窟
蝶野 史弥
関東学院大学 3回生　　　p52

ID.0746
例えば、壁の狭間で
奥川 祐里菜
近畿大学 3回生　　　p53

ID.0875
人の家の庭を歩く
加藤 凌弥
近畿大学 3回生　　　p54

ID.0929
自然の生態と共に成長する
サンゴ礁の成長による、空間の変化の探求
譚 凱聰
京都精華大学 3回生　　　p55

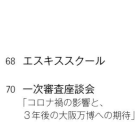

建築新人戦から新しい物語を「編む」

光嶋 裕介（建築新人戦2022実行委員長）Yusuke Koshima

パンデミックに戦争と地球規模の環境危機に直面している我々は、今こそ人間だけでなく地球全体の生態系までを広く視野に入れて自然と人間の豊かな関係をつくるために他者への想像力を働かせて新しい物語を編むことが求められているのではないだろうか。建築は社会的な芸術という側面があり、世界を変えるヴィジョンを示すことができる。自分たちの建築的アイデアで世界をよりよくする。今年も多くの学生たちの作品が届き、力ある100選が「梅田スカイビル」に展示され、公開審査が行われます。今こそ建築の可能性を広げるためにみんなで自由に語らい、対話を通して希望を見つけたい。そんな若き建築家の卵たちとの白熱した議論をぜひ目に焼き付けてください。

（光嶋裕介建築設計事務所／神戸大学特命准教授）
1979年米国ニュージャージー州生まれ。2002年早稲田大学理工学部建築学科卒業。2004年同大学院修了。2004〜08年ザウアブルッフ・ハットン・アーキテクツ勤務。2008年光嶋裕介建築設計事務所主宰。代表作品としては《凱風館》（神戸・2011）、《旅人庵》（京都・2015）、《桃沢野外活動センター》（静岡・2020）など多数。著作も『みんなの家。』（ちくま文庫）、『これからの建築』（ミシマ社）、『建築という対話』（筑摩書房）、『ぼくらの家。』（世界文化社）、『ここちよさの建築』（NHK出版）など多数

この建築は誰を幸せにしようとしているか―

遠藤 克彦〈建築新人戦2022審査委員長〉 *Katsuhiko Endo*

みなさん今日はおつかれさまでした。100選から壇上に立てる16選、8選と選ぶ中で非常に迷い、時に辛い瞬間もありましたが、勝ち抜いてプレゼンテーションをした人たちを褒めたたえて欲しいと思います。

審査会の議論の中で、私は作品を選ぶ際の評価軸を「構想の強さ」に置いていると話しました。建築新人戦の作品は小さな戸建て住宅から大きな公共施設まで幅広く、それぞれ異なる課題に基づいています。フラットに比べることができない中で、しっかりとした構想力を持って、そこからどのように展開して、どれだけ拡張できているかという構想力の強さを見ました。

そしてもう一つ私が大切にしていることとして、その構想力は公共性と紐づいているかどうかということがあります。それは「この建築は誰を幸せにしようとしているか」とも言えます。最優秀新人賞に輝いた諸江さんへ「誰のためにこの建築をつくったか」という質問をしましたが、諸江さんがその答えに「お父さんとお母さんのため」と答えたら、私は諸江さんへ票を入れなかったでしょう。諸江さんが社会と関連付けて作品を考えたかどうか、公共性を持った構想力があるかどうかを確かめたうえで票を入れたのです。ですので、建築を学ぶみなさんは、どういう構想を礎に、社会に向かってどのようにつながって展開していくのかということを常に考えて欲しいと思っています。そして、私たちはそこを確かめたいと思いながら審査をしていますので、最後の最後まで皆さんはしっかりと説明するべきだと思います。今日の審査では「誰を幸せにしようとしているのか」「誰に向かってつくっているのか」が分からない案がいくつか見られ、気になりました。自分自身の案はおもしろいだろう、優れた案だろうという押し付けのようなものを感じる一方、誰も幸せにできないのではないかと思われました。「建築新人戦」のようなコンクールあるいは皆さんが入り口に立っているこのヘビーな建築の世界においては、戦う相手は出展者同士、仲間同士ではなく、この理不尽な社会なのだと思います。建築新人戦の「戦」の意味をよく考えて、これからも設計を続けていって欲しいと思います。

（遠藤克彦建築研究所 / 茨城大学大学院教授）
1970年横浜市生まれ。1992年武蔵工業大学（現 東京都市大学）工学部建築学科卒業。1995年東京大学大学院工学系研究科 建築学専攻修士課程修了（東京大学生産技術研究所 原広司研究室在籍）同大学院博士課程進学。1997年遠藤克彦建築研究所設立。2007年 遠藤克彦建築研究所に組織改編。2021年茨城大学大学院理工学研究科都市システム工学専攻准教授。2022年同大学院教授。

公開審査会 審査委員紹介

"自分が2回生や3回生の頃を振り返ってみると、とにかく提出に間に合わない、全く完成できないという状況で、模型やプレゼンどちらも皆さんのようにはできないので、100選に残ったすべての人に対して感心しています。今日は皆さん全国から集まってきて、友人もできたと思います。私たち審査員からのコメントも何かしら考えることがあるとは思いますが、私自身の学生時代を振り返ってみると友人同士で議論し合い、そこで投げかけられた一言がすごく心に残っていて、その後役に立ったと思います。ぜひ今日を機会に、隣の人と話をし、建築について語り合える仲間を増やしていただけたらと思います。"

大西 麻貴　*Maki Onishi*

（大西麻貴＋百田有希 / o+h・横浜国立大学大学院Y-GSAプロフェッサーアーキテクト）
1983年愛知県生まれ。2006年京都大学工学部建築学科卒業。2008年東京大学大学院博士課程修了。2008年より大西麻貴＋百田有希 / o+h共同主宰。2016年京都大学非常勤講師。2017年横浜国立大学大学院Y-GSA客員准教授。2022年同大学院Y-GSAプロフェッサーアーキテクト（教授）。

"卒業設計でも言えることですが、テーマ性の投げかけはすごく重要で、その息吹があるものに対して票を入れました。学生時代、建築家の石山修武先生に、「建築家は30〜40歳代にならないといいものをつくることができない。それまでは修行が長いけれど、学生時代に考えたテーマを忘れないことが大事」と何度も言われました。しかし、数日前に石山先生にお会いした際に、「実は60歳代にならないといいものはできないからまだまだ先は長いぞ」と言われました。まだまだ先は長いですが、建築はすごくおもしろい仕事なので、皆さんもぜひ建築設計をがんばっていただけたらと思います。"

平瀬 宥人　*Yujin Hirase*

（yHa architects・早稲田大学芸術学校教授）
1976年東京都生まれ。1999年早稲田大学理工学部建築学科卒業。2001年早稲田大学大学院修士課程修了。古谷誠章研究室・ナスカ・早稲田大学助手を経て、2007年yHa architects設立。2007〜08年文化庁新進芸術家海外留学制度研修員（在スイス）。2008〜2023年佐賀大学准教授。2017年建築作品による博士（建築学）学位取得（早稲田大学）。2023年より早稲田大学芸術学校教授。

"建築の審査という慣れない経験の中、短時間で模型も
プレゼンも見ないといけないことが大変でしたし、内心
ひやひやしていました。審査を通してあまり共感ができな
かったものは、こういう空間をつくったら人はこう行動する
だろうという設計主義的、つまり上からプログラミングして
人の行動を制御しようとしている作品でした。一方、自分の
母親はどういう人か、この土地にはどういう歴史があった
のかと、実際にそこで生きてきた人々の姿をもとに建築
をつくるという、その土着的でヴァナキュラーなものの
観察からイメージを立ち上げている建築には共感を覚え
ました。しかし、それは私の評価軸であり、それ以外にも
多様な評価軸がありえます。必ずしも選ばれなかった人
たちが劣っているわけではないと選んでいる立場から
も思いました。"

松村 圭一郎 *Keiichiro Matsumura*

（文化人類学者・岡山大学准教授）
1975年熊本県生まれ。2005年京都大学大学院人間・環境学研究科博士課程修了。京都
大学助教、立教大学准教授を経て、2015年より岡山大学文学部准教授。専門は文化人類
学。主な著書に『所有と分配の人類学』（世界思想社、第37回澁澤賞、第30回発展途上国
研究奨励賞受賞）、『うしろめたさの人類学』（ミシマ社、第72回毎日出版文化賞特別賞）など。

"一次審査で約800作品の中から100作品を選ぶことに
非常に苦労しました。しかし、あれほど悩んだのに、今日
16選を選ぶに当たり、一次審査の時と全く異なる印象を
持ちながら作品を選んでいる自分がいます。16作品から
8作品、8作品から4作品と減っていく中で、自分の価値観
が揺らぎ、悩み、動き続ける。審査という、さまざまに状況
が変化する動的な環境の中で、たまたま今日のこの時点
でこの4作品が選ばれ受賞したということだと思います。
審査は、審査員のその時の状態や、その日の天気、自分
以外の作品も影響するかもしれません。受賞者は誇って
くれたらいいし、審査結果が思った通りにならなかった人
も大きな学びを得ることができたと思います。この機会を
活用し、また明日から共に建築を考える仲間でいてくれ
たらと思います。"

山口 陽登 *Akito Yamaguchi*

（YAP・大阪公立大学講師）
1980年大阪府生まれ。2003年大阪市立大学工学部建築学科卒業。2005年大阪市立大学
大学院工学研究科都市系専攻修了。2005～2013年日本設計。2013年siinari一級建築士
事務所主宰。2019年株式会社YAPに改組。2021年より大阪市立大学（現 大阪公立大学）
工学部建築学科講師。

母と父の家

コンセプト

大家族から核家族の時代を超えて、現在はさらに家族の人数は減少し、構成は多様になっている。家族の誰かがいなくなると残された家族の関係は大きく変化する。そのような住宅には他者を招き入れる空隙が必要なのではないか。一人暮らしをする母親のためにつくられた「反住器」は入れ子にすることで空隙を生んでいる。「反住器」を分析し、自身の両親のための家の設計に応用した。

ID.0575

諸江 一桜
Kazusa Moroe

秋田公立美術大学
美術学部 美術学科
景観デザイン専攻
3回生

作品用途: 住宅
課題名: 家族の居場所
取組期間: 2カ月

■名作「反住器」

毛綱毅曠が1972年、自身の母のために設計した、北海道・釧路にある住宅。
8m四方の「環境暗号器」(外壁)の中に、4m四方の「人体応答器」(リビング)が
あり、さらにその中には1.5m四方の「皮膚反応器」(家具)が入れ子状になっている。

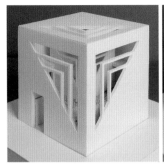 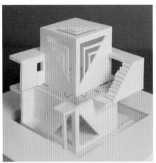

■「反住器」への疑問

・回廊

回廊が狭く、そこに部屋としての機能は与えられていないため、
空間を無駄にしてしまっているのでは?

▼

回廊をさまざまな幅で検討

幅が広いと回廊に方向性が生まれない。吹き抜けや二重の通路などによって
「居場所」が生まれている。

仕掛けが多い回廊

寝室には隠し扉が付き、直接玄関先に繋がる迂回路がある。
行き先のない階段がある。生活の中に変化や発見を生み出している。

・開口部

南側に大きな三角窓がついているが、寝室には窓がないため、
全体的に「暗い」印象が反住器にはあるのでは?

▼

抑揚のある空間

南側の大開口から入る光は明るく、個人
的な落ち着く空間とのメリハリが生ま
れる。

一階の階段の上から光が差し込む

北側にも小さな窓が二つある。さらに2階
の回廊の床はガラスになっていて、一階
の階段に自然光を通す。

■「反住器」の設計手法の解釈

Ⓐ 視線と動線の「奥と手前」

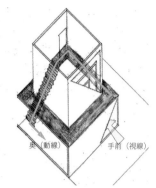

奥(動線) 手前(視線)

「反住器」では隣接する空間までの
動線が長く、視覚的には「手前」に
ある空間が、動線的には「奥」になる。
それにより視線が錯綜し、ふとした
瞬間に多様なシーンが現れる。また、
来訪者に「見えるが行けない空間」
だと感じさせることで、距離をはかる
ことができる。

Ⓑ 異空間を結ぶ「ゲート」としての階段

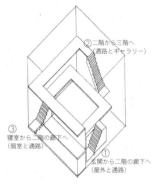

②二階から三階へ
(通路とギャラリー)

③
寝室から二階の廊下へ
(個室と通路)

①
玄関から二階の廊下へ
(屋外と通路)

階段は目に見えない「ゲート」だとも
言える。
例えば、親しくない人とは①の階段前
で話し、ご近所さんを②の階段の前へ
招き入れ、家族が来るときは③の階段
の奥で過ごすのではないか。
階段は移動装置の他にも、空間を緩
やかに分ける効果もある。

Ⓒ 人との関係を受け入れる「空隙」

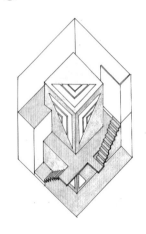

「反住器」は一人暮らしをする母親
の家である。そのため、彼女にとっ
て来訪者は社会との接続に関して
重要な存在であったのではないか。
回廊が、個人と外の社会を繋ぐ「空
隙」として個室を囲い、来客、周辺情
報との関係の変化を受け入れる。
空隙によって半外部が生まれ、家の
中に篭っていても気が病むことなく
豊かな生活を送ることができる。

■「反住器」平面図・断面図

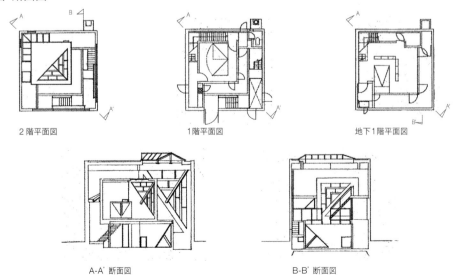

2階平面図　　　　　1階平面図　　　　　地下1階平面図

A-A'断面図　　　　　B-B'断面図

■設計趣旨

「反住器」は、空隙に外部を取り込むことで雪国の中でも閉じこもらない豊かな生活を送ることを可能にした。この空間的特徴を活かして、「子が巣立ったあと、仕事をともにする両親」のための住宅を設計した。

ふたりの関係性は、家族という枠を超えて、社会と関わる中で一日のなかでも変化し続け父と母にそれぞれ部屋を用意し、絡み合うように構成し、2つの緩衝空間（空隙）に社会的空間を取り込み、そこを他者を招くスペースとすることで、場所によってさまざまな関係性が築ける空間を考えた。

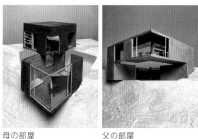

母の部屋　　　　父の部屋

■敷地とアプローチ

計画地は祖父母の別荘があった京都府南丹市美山の一角にある。敷地には急勾配の斜面があり、麓には由良川が流れている。

北東側から住宅へアプローチをし、1階の玄関を通って、地下1階のもう一つの玄関を抜けると麓の川へ繋がる山道に行くことができる。

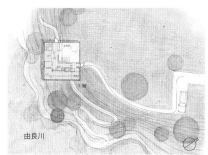

由良川

配置図

■平面図

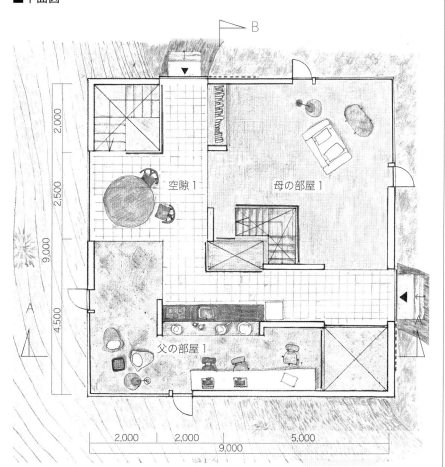

1階平面図

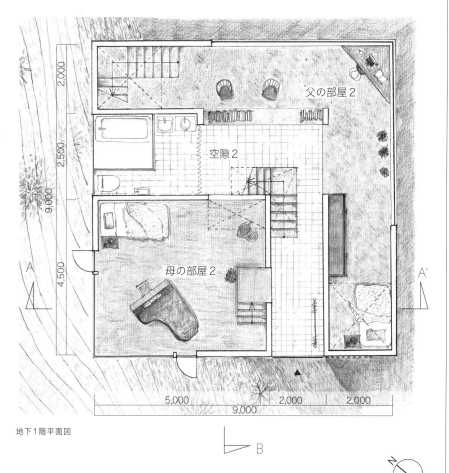

地下1階平面図

■基本構成

Ⓐ 視線と動線の「奥と手前」

例えば、1階の父の部屋からは南側の吹抜を通して地下1階の父の部屋が覗けるが、実際に行くためには、空隙を一度出て行かなければならない。視覚的な空間把握と身体的な体験にズレが生じることで、部屋同士にさまざまな距離がうまれる。隣り合う空間の関係が反転し、空間が拡張されていく感覚を覚える。

父の部屋の南は吹き抜けで、北は階段でつながる

奥に見える母の部屋2と手前の階段

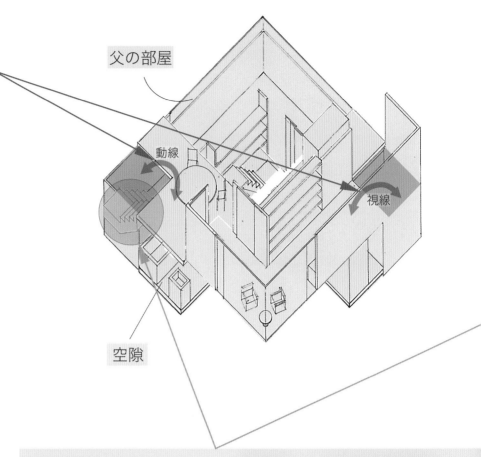

父の部屋

動線

視線

空隙

Ⓑ 異空間を結ぶ「ゲート」としての階段

2つある階段は上下階の空隙とそれぞれの個室をつなげる。そのため、中心の階段は母しか使えず、北にある階段は父しか使えない。
ひとつの住居のなかにふたつの「ゲート」があることで、上下階の個室の性格付けを緩やかに意識できるようになる。

父の部屋1と階段

■断面図

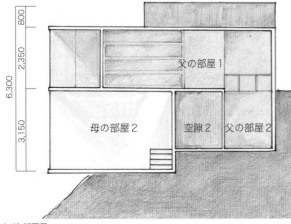

父の部屋1

母の部屋2　空隙2　父の部屋2

800
2,350
6,300
3,150

A-A'断面図

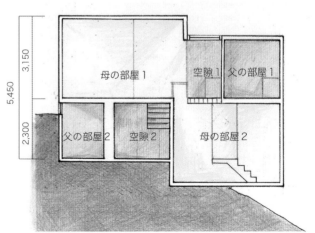

母の部屋1　空隙1　父の部屋1

父の部屋2　空隙2　母の部屋2

3,150
5,450
2,300

B-B'断面図

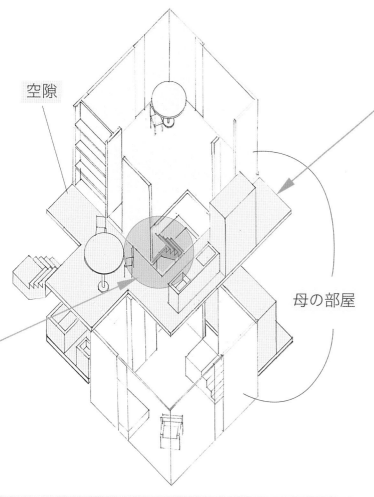

空隙

母の部屋

ⓒ 人との関係を受け入れる「空隙」

空隙は父と母の部屋の緩衝空間でもあり外部へ接続する空間でもある。外部との接続が最も強い空間が、部屋同士の隙間にあることで人・光・風が巡る。これにより、家の中に社会が侵食していくような空間構成となる。

南東入口から空隙1を見る

父の部屋1から空隙1を通して母の部屋1を見る

父の部屋2と空隙2を見る

父の部屋と母の部屋の階段

父の部屋2の階段と寝室を見る

東から見た外観

クロストーク

藤野 高志（建築家 / 東北大学准教授）× 諸江 一桜（建築新人戦2022最優秀新人賞）

建築家の作家性とクライアント

建築家が建築家で足り得る所以はその作品に作家性があるかどうかとも言える。一方で、
建築には常にクライアントが存在し、その要望からは自由でいられない。建築家を父に持ち、
最優秀新人賞を受賞した諸江一桜さんと建築家として第一線で活躍されている藤野高志
先生に、一見、対立関係に見える作家性とクライアントをテーマに語り合ってもらった。

光嶋｜今年の建築新人戦はいろいろな意味で衝撃を受けました。まず最優秀新人賞を受賞した諸江さんの作品が2回生の時の作品だったということ。建築を学んで2年目ですが模型のつくり込みや作品としての成熟度がすごかった。もう一つは審査会の後に知ったことですが、今回諸江さんが設計した住宅「母と父の家」の住人に当りますが、諸江さんのお父さんが私もよく知っている建築家だったということ。もともとシーラカンスアンドアソシエイツで活躍されていた諸江一紀さんで、独立されてからも住宅を中心に素晴らしい建築をつくられています。さらに、諸江さんの指導教員が石山友美さんだったということ。友美さんは、私の師匠である石山修武先生の娘さんです。諸江さんも建築家の娘、その指導教員

である友美さんも建築家の娘ということで、偶然とはいえ不思議な巡り合わせが幾重にも重なって驚きました。諸江さんの早熟したデザイン力、あるいは建築への向き合い方は父親が建築家ということが多少なりとも影響しているのでしょう。諸江さんが建築家を身近に感じられる境遇の中で、建築家をどのように捉えたのか。ご自身のバックグラウンドを踏まえながら、建築家の藤野先生と、建築家像や建築家としての作家性などについてざっくばらんに語り合っていただけたらと思います。

クライアントの要望と作家性の狭間で

藤野｜まず、今回の諸江さんの作品は設定が家

族の家なのに、娘である自分という存在がいない家というのが興味深い。どういう意図からその設定を導かれたのでしょうか。

諸江｜夫婦はもともと血の繋がらない家族ですが、子どもが生まれた瞬間に血縁関係が発生し、家族としての意識が強く生じます。それを不思議に感じました。昔は大家族で祖父母含め子どもではない家族の構成員がたくさんいたのですが、現代は核家族が主流で、親と子どもしかいないので結びつきが深くなります。一方、少し関係が悪化したときの逃げ場が家族内にないので、壊れやすくもあります。そのような核家族において、子どもが急にいなくなったら、どのようになるのだろうと考えたのです。

藤野｜「家」という言葉自体が家族と同義で使われたりしますが、「家」を建築の視点から見ると、家族の輪郭を壁や天井など物理的な境界線で描いているとも言える。諸江さんはこの作品において、家族の繋がりの表現として、血縁と建築の実空間をフラットに扱っているように見えます。フランスの社会人類学者レヴィ＝ストロースは、アマゾンなど未開の地に暮らす少数民族の血縁関係の構造を調査して、そこから、なぜ家族という括りがあるのかを考えました。諸江さんの話を聞いていると、建築という物理的な物質と、血縁という人と人とを結ぶ仕組みが、家族のあり方に関連しあっている。それは、建築だけで家族の繋がりを表現できるわけではないという表明でもあり、とても共感します。ちなみに諸江さんがいなくなった時に、ご両親の関係において何が一番変わっていきそうですか。

諸江｜やはり、私がいなくなることで二人の関係性が希薄になるのではと思いました。そのため、私のいないこの家の設計で大事にしたのは二人が顔を合わせるリビングルームで、リビングルームを設けてはいるけれど、流動的につくっています。人が留まるようには設定していません。人が集まる空間を強制的につくるのではなくて、父と母が見つけていくような構成にしています。

藤野｜作品を見ると、お母さんは主体的な空間を、お父さんは残余の空間をあてがわれているように感じます。定点としての母、動的な父という感じ。諸江さんに、大人としての両親が見え始めてきたのだと思います。自分のルーツとして見てきた親の存在が、同じ地表の上に立つ人間として見えてくる。私はこう感じるけれど、お父さんとお母さんは違うよね、と考え始める。娘の立場を一度切り離して、両親を相対化するのは貴重な経験ですね。今、私にはまだ幼い3人の子どもがいるので、逆の立場だったらどうかな、などいろいろ考えさせられました。人が成長する中で、親子関係の相対化と自立は避けて通れないテーマだけれど、この家を設計する際に、娘にとっての父はどんな存在だったのですか。

諸江｜確かに、設計した当時の私は父に反発する部分を持っていた節があります。最近、父の設計の仕事の手伝いをしたことで、今頃尊敬し始めたのですが……。進路も建築ではなく、もともとは美術をやりたかったのです。ただ、高校3年生までは美術と建築は同じようなものだと捉えていて、大学進学の際にはどちらに進むか悩んでいました。建築だけでなく幅広く学びたいということで美術系の大学に進みました。ただ、やはり小さい頃から内覧会に行ったり、父の仕事を見たりする中で、建築はどこか付きまとっていて、今回、建築新人戦で賞をいただくに当たり、もう少し建築寄りの大学に来年度から編入することにしたのです。

藤野｜ストレートに建築をやりたいとは思わなかった？

諸江｜小さい頃から父の仕事を見ていて、やはり建築は大変な仕事なのだな、私自身がやっていけるだろうかと感じたことが一つあります。一方で、毛綱毅曠のように自分のアイデンティティのような強烈な作家性を出せる建築家は、実際は非常に少ないのが現実なのだと感じました。父がクライアントと打ち合わせをしている風景などを小さな頃から見ている中で、当然のことではありますが、クライアントの要望を汲み取って形にするのが建築家の仕事の大部分を占めていました。それであれば少し建築から距離を置いて、自身の個性を出せる美術の方に進んでみたいと思ったのです。

藤野｜お父さんの作品を知っていますが、決して作家性がないなどということはなく、むしろクライアントを含め自分の周りにある他者との力学を合気道のように利用し、その関係性から建築を構想しているように感じます。学校の設計課題は現実のクライアントがいないので想像が難しいかもしれないけれど、今の諸江さんは、お父さんの設計の手伝いを通して、徐々にクライアントと建築家のリアルな関係が見え始めているのではないでしょうか。建築家として、泉のように個の中だけからアイデアが湧き出ることも重要ですが、現在は関係性が求められる時代でもあります。クライアントとの対話の仕方が建築家によって異なるなかで、建築のアイデアにまで昇華するような、クライアントと建築家の関係性の構築こそが、現代の作家性ではないかと感じます。
冒頭の光嶋さんの作家性への言及を振り返って

藤野 高志（ふじの たかし）
1975年群馬県生まれ。東北大学大学院都市・建築学博士前期課程修了。2000年清水建設本社設計本部、2001〜2005年はりゅうウッドスタジオを経て、2006年生物建築舎設立。2022年より東北大学准教授。主な作品に「天神山のアトリエ」（2013年日本建築学会作品選集新人賞）、「鹿手袋の保育園」（SDレビュー2017年朝倉賞）など

も、石山修武さんの「開拓者の家」や「ドラキュラの家」も、まさにクライアントと響き合った作品ですよね。

自ら実家の改修を設計して

諸江｜確かに父の手伝いをする中で、クライアントの要望に合わせるばかりではなく、その対話の中に創造の種が潜んでいると感じられるようになりました。藤野先生もご両親の家を改修した作品をつくられていますが、その作品ではご両親を含め、何を考えられたのでしょうか。

藤野｜独立して最初に仕事を依頼してくれたのが両親なのだけれど、実は依頼を受けてから8年を設計に費やし、施工も入れると完成まで10年かかりました。その間に両親も徐々に年老いながら、長い時間の中で対話を重ねて設計した家です。最初は私も独立したばかりで試したいことがいろいろあり、新築を提案していたのです。しかし、打ち合わせを繰り返す中で、彼らが設計案を評価するときの基準が、今住んでいる部屋の広さや天井の高さなど、今の家そのものであることに気付きました。長年住んでいる家が、空間を測る原器として身体化されていたのですね。ならば、60歳を超えて新しい空間に対応するより、今の家に接ぎ木するような作り方がよいのではないかと、改修案に切り替えました。
この建築をつくる中で気付いたことが、床を外した裏側には土があり、屋根を外した上には空があ

2022年建築新人戦最優秀賞の諸江一桜

諸江さんの作品「母と父の家」の模型

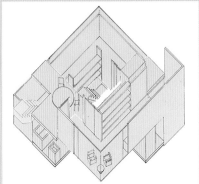

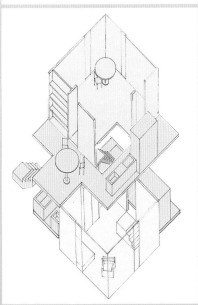
諸江さんの作品「母と父の家」の基本構成。緑色の空間が母の部屋、青色が父の部屋、ピンクが空隙

るという当り前のことです。空はどこまでも高く宇宙まで広がり、何億年も前から続く存在です。土もさまざまな物質の成れの果ての姿で、長い時間を宿している。一方で、この家がこの場所に存在しているのはたかだか40年に過ぎない。時間の広がりと向き合うときに、生活や人生も、綿々と続いてきた悠久の時間のほんの一部であることを感じられる、そんな建築にならないか。長い時間と短い時間の両方を引き受けられる器をつくりたいと思ったのです。

諸江｜私の家は3年程度で引っ越しする遊牧民的な感じで、藤野先生のお話を聞いていると、その3年間も長くも短くもある両方の時間軸を持っているような気がします。

藤野｜最初は自分の実家を改修することに対して建物を客観視できずにいました。それが、工事が始まって柱や梁などの軸組が見えた時に、たちまち実感が湧いて、私が幼い頃につくられた元の家さえも、あたかも最初から自分が設計したように感じられたのです。諸江さんもこの作品をつくる中で、ご両親や実家を相対化する具体的な瞬間があったのではないかと思います。

諸江｜私は新築として設計しましたが、視線と動線の関係は試行錯誤しました。視覚的には手前にあるのに、物理的には奥にあるなど二つの距離をつくることで、両親の関係性にも多様性が生まれるのではないかと考えました。これは指導教員の石山先生の授業も大きく影響していると思います。美術系の大学なので石山先生から建築を教わることは多くありませんでしたが、石山先生は映画を撮られているので、映像について多くを

学びました。20枚程度写真を撮って並び方を考える授業や、ショートムービーをつくる授業など映像を中心に教えていただきました。

藤野｜建築をつくるときの思考と映画を撮るときの思考は、共通点はあるけれど、異なる点もあると思います。建築は自分の意思で空間の中を自由に回遊できるので、感じられるシークエンスは人それぞれ、その時々で違います。一方で映画は監督の意図があり、それに基づいた一連の物語が重要であって、仮に登場するシーンの順番が変わると全く違う印象になります。物事の序列や全体を見せてから部分に行くなどの映画的な視点は、諸江さんが石山先生から学んだ思考かもしれませんね。諸江さんの作品が、いろいろなシーンの集積になっているプレゼンテーションをされているのは映画的だなと思います。

クライアントの話に潜む狂気

諸江｜改修と新築において、作家性という点からすると何か違いはありますか？　あるいは設計方法に違いはありますか？

藤野｜私は、身の周りのさまざまな人の考え方や事物をなるべく感受しながら建築を設計したいと思っていて、参照する変数が多くなりがちなので、新築でも改修のように、目の前の風景に接木するような作り方になります。そして、その変数によって最終的な表現も全く別のものになります。例えば、同時期に設計した二つの作品があるのですが、一つは「ケーブルカー」という、傾斜地に建つ、幅3.6m、長さ23mという細長い平屋の住宅で、もう一つは「家族の灯台」とい

う、同じ正方形の部屋を5階積み、エレベーターで繋いだ住宅です。「ケーブルカー」は身体によって居場所を獲得していく家、「家族の灯台」は機械の力を借りながら居場所を選び取る家です。両者は見た目も特徴もまったく異なりますが、二つの建築に共通しているのは、そのアイデアの多くがクライアントの対話から発想されているということです。

クライアントと打ち合わせを繰り返すなかで、ときに言葉の中に、ある種の狂気を感じることもあり、それが設計のきっかけになったりします。本人は当たり前と思って発言しているけれど、私たちからすれば疑問や引っかかりがある。「家族の灯台」のクライアントは、「高い建物」を建てたいと言うけれど、その時打ち合わせをしていたクライアントの住まいはマンションの高層階で、戸建てで今より低くなるのは自明なのに、なぜ高さにこだわるのか。「ケーブルカー」のクライアントは

「貝沢の家」の外観 写真: 生物建築舎

「貝沢の家」／藤野先生による実家の改修 写真: 新建築社

藤野｜そうですね。人はさまざまですからね。「家族の灯台」のクライアントのご主人は仕事で外に出ることが多く、家に滞在している時間は、月の三分の一くらいです。そのような状況で、「高い、塔のような家を建てたい」というのは、自分がこの家にいない時間に、自分が帰ってくる象徴的な拠り所（＝家族）が必要だ、という意味かもしれないと感じました。「家族の灯台」という作品名はそのためです。「ケーブルカー」のクライアントも、場所の選定にはお子さん2人の命名と深く関係した理由があると知り、傾いた大地そのものに住むことの覚悟に気づきました。

私たちはクライアントの言葉の背後にさまざまなことを想像し、ときには狂気のような凄みを持った言葉に悩んだりして、対話を重ねる中で、その人の周りにある関係性のネットワークを理解し、クライアントが家を求める真意に少しずつ近づくことができるのだと思います。

学校の課題やダイヤグラムだけでは解けない現実の多様性

諸江｜スタディレベルですけれど、父の仕事を手伝うようになって、大学の課題を見る目も変わるようになりました。例えば、この作品においても核家族を通して普遍的な家族のあり方を考えようとしましたが、そういうことではないと今は思うようになりました。核家族といってもいろいろな核家族があって、ダイアグラムでつくれてしまう建築は窮屈なのではないかと感じています。

藤野｜大学の教育は多数の人を対象とするので、どうしても汎用性のあるものから始まります。一方で社会に出ていくと、教育の中で学んできた、ある種抽象化された自身のノウハウや知見

いろいろな土地の中から、なぜわざわざ傾いている土地を選ぶのか。通常なら避けるような敷地です。クライアントは、普遍的な「施主」という一言で表されるニュートラルな存在として捉えられない場合もあります。

多様な人がいて多様な建築が生まれるのが豊かな社会だと思うので、「この人がクライアントだから、このような作品になった」と言ってもよいと思うし、そのことで建築の価値が失われることもないと思います。諸江さんのお父さんがクライアントの話によく耳を傾けているという話は私も非常に共感しますし、クライアントは自身の作家性に火を点ける存在だとも感じています。時代が移り変わると人も変わり、人が変わると新しい価値観に触れることができる。私は、クライアントが更新

されていく限り、建築をつくり続けられると期待を持っています。独立当初は、クライアントの言葉通りに設計したらがっかりされるのではないかと思っていたけれど、最近は新しいクライアントとの打ち合わせ時は、自分の知らない考えに飛び込む感覚でわくわくします。

諸江｜今、父の手伝いをする中で、あるクライアントさんが、できるだけ家にこもりたい、緑もあまりいらないという、大学でよいとされる開放的な家とは真逆の閉じた家を希望され、どうしてそのような要望が出てくるのか、すごく悩んでいました。しかし、藤野先生のお話を聞いて、そこに何か重要なことが潜んでいて、設計のヒントになるのだと感じました。

「ケーブルカー」写真: 生物建築舎

を、個別の事象に当てはめていくプロセスが必要になります。その時に100人の人を100人として捉えるか、それとも1人の人が100人集まっていると捉えるかで状況が異なりますよね。物事を抽象化して見るだけではだんだんやっていけなくなり、クライアントや社会状況など、たくさんの動的な要素とその関係性を個別に高い解像度で読み取る必要が出てくる。諸江さんはまさに今その入り口に立っていて、お父さんが自由に具象化と抽象化の間を行き来していることを肌で感じているように思います。

諸江｜学校の課題はクライアントが見えないことが多いのですが、建築新人戦に出した作品は両親がクライアントなので、クライアントを考えることで作品が出来上がったと思います。学校での課題も、課題を見る解像度から高めていきたいと思いました。

藤野｜学校で私たちは、ある正義を習うと思います。先ほど、諸江さんが閉じた家を希望するクライアントさんの話をしていましたが、学校では「家を開く」のが良いとされることが多いと思います。しかし、そこから漏れてしまう価値観がある。そういった価値観で建てられた建築は価値のないものなのかというと、そうではない。そういう受け皿にも建築がならないと、建築が狭義的なもの、原理的なものになる。建築家は社会と戦っているつもりになり、どんどん極地戦に追い

込まれるのではないか。世の中の多様性は、学校で教えている多様性よりも、さらに複雑で豊かで奥が深くて先が見えない。もちろん学校で学ぶ事柄はさまざまな知見をもたらしてくれるけど、それが全能的なものだと認識してしまうと、「開け」「閉じろ」というように建築の理解が暴力的になってしまう。社会に出たら、一義的には判断できないことがたくさん見えてきます。なぜ閉じたいのか、何に対して閉じたいのかが重要で、それを読み解いていくことで、新しい建築を生みだすきっかけになるかもしれないとも思います。

諸江｜クライアント以外にも作品を導いてくれるものはあると思いますが、その一つに街や土地があると思います。私は秋田の大学に進みましたが、実家の名古屋とはまったく違う気候や文化がありました。藤野先生は仙台で学生時代を過ごされましたが、街や土地についてはどのようにお考えでしょうか。

藤野｜今、私たちが対談している東北大学は山の上にたち、窓の外を見ると手前には雪が降る仙台の街が広がり、その遠くには海が見えています。私が仙台で大学生活を送った中で印象深いのは、この窓からの風景のように、大きな自然と都市が近いということです。東北大学では今も1週間に1回くらい「猪が出ました、熊が出ました」という警告メールの通知が来ます（笑）。そのくらい学び舎が自然に近い。学生時代を仙台で過ごして、自

「家族の灯台」写真: 生物建築舎

然を構成しているひとつの粒として生物を、都市を構成しているひとつの粒として建築を感じていました。私の卒業設計は「森の都」という作品ですが、「森」と「都」を構成する単位が、「生物」と「建築」で、それを並置して「生物建築舎」という事務所名にしました。仙台で学生時代を過ごしたから、今の自分がある。もし自分が学生時代を東京で過ごしていたら、また違う作家性を獲得したでしょう。学生時代はある意味、感受性がむき出しになっていて、そのときに感じたことは決定的にその後の人生に関係してくるように思えます。

諸江｜私も秋田での生活から大きな影響を受けました。秋田では、なるべくいろいろな場所に旅行に行きました。秋田に初めて来たときは、人が少なく、街が寂しい印象でしたが、実際は熱気溢れる祭りが多く、隠れたエネルギーのようなものを感じました。また、秋田は冬と夏で内陸と沿岸で気候がまるで違い、文化も異なります。秋田はそのような対比が残っている地域だと感じました。そして、4月からは東京の大学に編入します。東京は秋田とはまた異なる生活や発見があると期待しています。

藤野｜秋田、東京といくつかのベースを経験していくのは、楽しみですね。私はずっと東北大だったから、そういう複数の価値観の混交に憧れもあります。建築新人戦の授賞式のコメントの最初に石山先生への感謝を述べたとのことでしたが、関わった人への感謝の気持ちを持ち続けていれば、そこでの気付きを忘れることはなく、後になって点と点が線で結ばれ、より大きな連関になるのでしょうね。今後の活躍を楽しみにしています！

（注1）石山修武（いしやま おさむ、1944年〜）
岡山県出身の建築家、早稲田大学名誉教授。建築以外の工業製品を使い、手作りで建設した別荘「幻庵」や左官職人と協働してつくった「伊豆の長八美術館」などの作品がある。日本建築学会賞、ヴィネツィア・ビエンナーレ金獅子賞、吉田五十八賞など多数受賞。

（注2）網毛毅曠（もづな きこう、1941〜2001年）
北海道出身の建築家で、多摩美術大学で教鞭を執った。「反住器」は、8m角の立方体（建築本体）の中に4m角の立方体（部屋）があり、その中に1.7m角の立方体（家具）があるという入れ子状の箱からできた住宅で代表作でもある。その他、「釧路市立博物館」で日本建築学会賞を受賞。

設計課題
「家族の居場所」
［秋田公立美術大学美術学部美術学科景観デザイン専攻「空間計画演習」第3課題｜2回生｜2021年度］
担当: 石山友美

□ 課題主旨
敷地・家族構成などは自由に設定してよい。
下記の住宅作品リストの中から一つを選び、それがなぜ名作たりえるのか、自分なりに研究し、
研究した住宅の要素を応用して自身の住宅課題を進める。
研究対象の住宅の、家族の生活・素材・動線（水平方向と垂直方向）・内と外との関係などをよく考えて、自身の住宅設計に生かすこと。

住宅リスト

1	フランク・ロイド・ライト	落水荘
2	ル・コルビュジエ	サヴォア邸
3	ミース・ファン・デル・ローエ	ファンズワース邸
4	伊東豊雄	笠間の家
5	毛綱毅曠	反住器
6	山本理顕	岡山の住宅

□ 提出物
・中間発表
　01: パネルA2　トレース図面（1/100 or 1/50）、研究・分析成果をまとめたもの
　02: 模型（素案について理解ができるようなもの）
・最終講評
　01: パネルA2　研究の成果・住宅のコンセプト文・1/100平面図・断面図・立面図・イメージスケッチ（パース）
　02: 模型（模型のスケールはエスキース時に指示）

□ スケジュール
11/25　課題説明
12/2　レクチャー 個別エスキース
12/9　エスキース（図面トレース・建築分析・研究 途中経過エスキース）
12/16　中間発表（トレース図面、研究・分析発表、素案発表）
12/23　エスキース（スタディ模型1/100、平面図1/100）
1/6　エスキース（スタディ模型1/50、平面図1/100、断面図1/100、立面図1/100）
1/13　エスキース（プレゼンテーションのためのエスキース）
1/20　最終講評

永い暮らし

ID.0009
井上 ユカリ
Yukari Inoue

武庫川女子大学
建築学部 建築学科
3回生

作品用途: 住宅
課題名: 三世代で住む家
取組期間: 1カ月

コンセプト

昨今の住宅街は、核家族の要望のみを満たす
短寿命な住宅が建ち並ぶ。家族のカタチと住宅の
カタチの関係性に着目し、伸縮する領域とその
境界を設計する。

■プロローグ

わたしの住む家。
どんな家にしよう、面白い家、
楽しい家、心地いい家。
この町が好きだ。
武庫川、桜堤水路、
大学、電車の音、、、
そんなわたしの好きなものたちが、
永くここにあってほしい。
この場所にずっと残る何かを作ろう。
それがわたしの家だといいな。
わたしと共に生きる家。
家族と共に生きる家。
100年を共に生きる家。

■家族のかたちと住宅のかたち

・いえとかぞくの平衡

現代の住宅は、家族のカタチによって家のカタチが規定されたり、家のかたちによって住まう家族のカタチが規定されたりと単一的である。

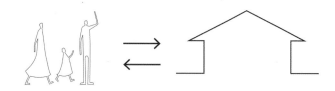

住宅の形態と家族の形態は相互的であるべきではないか。
双方の平衡状態を保つようなかたちを探る。

・永い暮らしは死を内包する

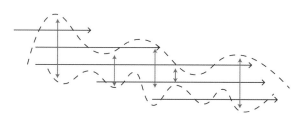

100年生きる家族を描いてみる。
すると家族のかたちは、ふくらんだりしぼんだりすることがわかる。

> 伸縮する家族のカタチに応じて暮らしの領域が呼応することが
> 永い暮らしをもたらすのではないか

■敷地

・永い時間軸をもつまち

昭和初期、武庫川の分流であった枝川の廃川と共にその跡地が宅地開発されていった。旧河川の存在を思い起こさせる道のうねり、堤防起伏や大きなアカマツ、100年になる旧甲子園ホテル、街中をめぐる水路があるなど、永い時間軸を持った街のエレメントが散見される。
敷地の東側には桜堤、その向こうに武庫川が流れる。周辺は、北西に集合住宅、南に道路を挟んで戸建て住宅と面している。

兵庫県西宮市甲子園口1丁目8番（第1種中高層住居専用、建蔽率70%、容積率200%）

・まちの観察　敷地面積：936㎡、建築面積266㎡、建蔽率28%、容積率67%

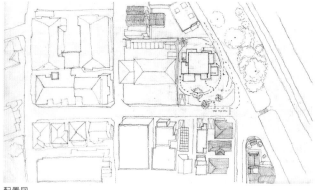

配置図

■領域の呼応とその境界のつくりかた

「変わること」「変わらないこと」をつくる

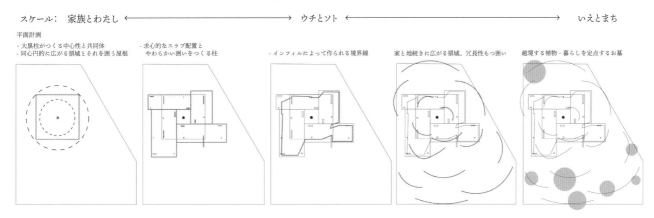

時間：	毎日の開閉	10年ごとの改修		冗長性	100年
素材：	テキスタイル	エキスパンドメタル	木製建具	鉄骨	コンクリート
エレメント：	カーテン	塀	インフィル	スラブ	柱
	- 軽さ - 風 - ゆらぎ	- 透明感 - 厚みのない存在感	- 取り替えやすさ - 素材感 - エイジング	- 強さと軽さ - エイジング	- 時間軸の長さ - スケールの大きさ - エイジング

「生活空間の中において構成すること」⇄「わたしの生活空間を構成すること」

スケール： 家族とわたし ⟵─────────── ウチとソト ⟶ いえとまち

平面計画

- 大黒柱がつくる中心性と共同体
- 同心円的に広がる領域とそれを囲う屋根

- 求心的なスラブ配置と
  やわらかい囲いをつくる柱

- インフィルによって作られる境界線

家と地続きに広がる領域、冗長性もつ囲い

越境する植物・暮らしを定点するお墓

■強力な境界線

住宅の境界線を見てみると、高い塀やあるいは敷地いっぱいに建てられた家そのものが囲いとしてはたらくもの、車が前面に現れる家が多かった。人の手によって引かれた境界線は明瞭で強力すぎるあまり、境界に対してとても敏感なように見える。

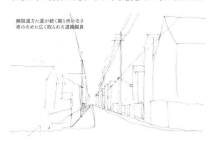

無限遠方に道が続く拠り所のなさ
車のために広く取られた道路幅員

■境界を曖昧にするミドリたち

唯一、強い境界線を越えることを許容されているのが、外構の植物たちであるように見受けられた。

まちの領域をひもとくエレメントとして、植物の可能性を探る。

樹木
植木鉢
被覆植物

■カクダイ家族

永い暮らしのものがたりは、わたしの家族から紡がれはじめる。

住人は3世代6人家族ここからカクダイ家族の暮らしがはじまる。

カクダイ家族とは、異世代の人たちが共同体を作ること。このとき、どの親子関係にも血縁を問わない。

核家族のようにただしぼみゆくのではなく、拡大家族のようにカクダイ家族もまた伸縮する家族のカタチをもつ。

両親 (60代)　　子どもたち (10・0代)

わたし・パートナー (30代)

越境するミドリのふるまいの建築化

植木鉢 - 立体的な大地

地続きの土間
上階にもうける玄関

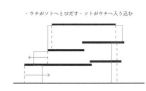

被覆植物 - 床仕上げの干渉

境界が侵食する / される関係
スラブによる境界が溶ける

- 周辺環境にあわせて最高スラブ位置を9000に配置
- スラブの高低差によって空気を地続きのまま空間をわける

樹木 - インフィルの凹凸・出窓と入り窓

・ウチがソトへとびだす・ソトがウチへ入り込む

境界をより複雑化する
厚みを持った境界線が居場所をつくる

・ヒアリング

わたしの家族の個別性から、普遍的な住宅への要求を探る。

そこで両親にヒアリングを行い、初期プランを決定していく。

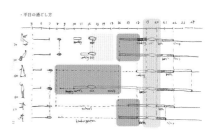

・平日の過ごし方

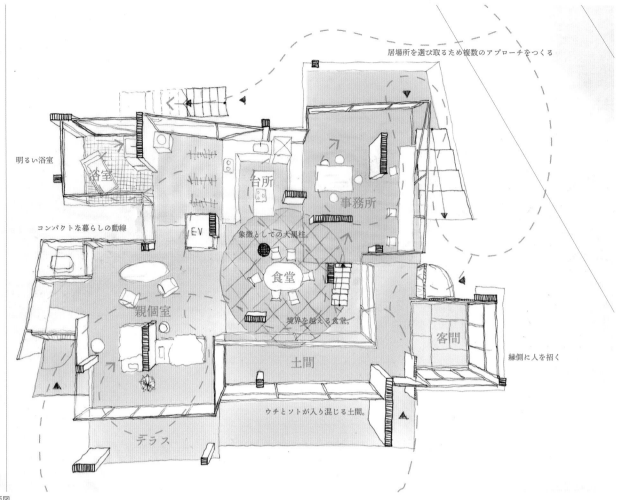

居場所を選び取るため複数のアプローチをつくる

明るい浴室

浴室

台所

事務所

コンパクトな暮らしの動線

EV

象徴としての大黒柱。

食堂

親個室

境界を越える食堂。

客間

縁側に人を招く

土間

ウチとソトが入り混じる土間。

テラス

1F 平面図

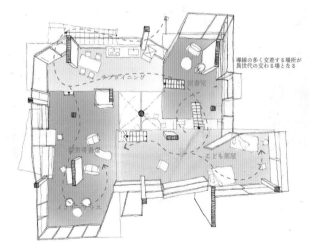

導線の多く交差する場所が
異世代の交わる場となる

リビングダイニング

図書室

親世帯書斎

こども部屋

インナーテラス

2F 平面図

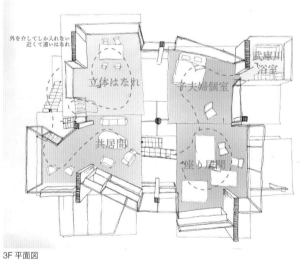

外を介してしか入れない
近くて遠いはなれ

立体はなれ

子夫婦個室

武庫川浴室

共居間

座り居間

3F 平面図

事務所ではたらく姿がみえる

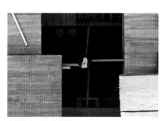

象徴としての大黒柱。
構造としてもはたらく

ウチとソトが入り混じる土間。
境界を越える食堂

異世代の家族がまじる図書室。
知が継承される

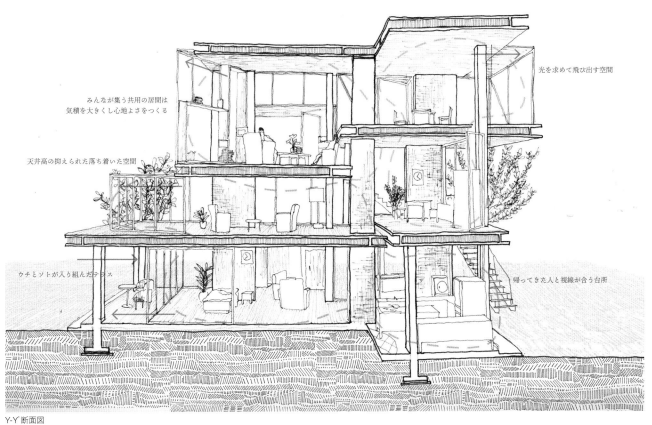

光を求めて飛び出す空間

みんなが集う共用の居間は
気積を大きくし心地よさをつくる

天井高の抑えられた落ち着いた空間

ウチとソトが入り組んだテラス

帰ってきた人と視線が合う台所

Y-Y'断面図

■まちとのつながり

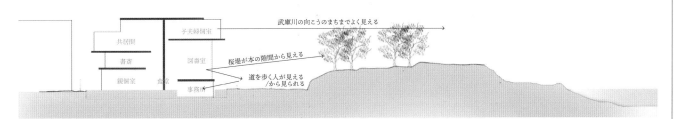

共居間　予夫婦個室　武庫川の向こうのまちまでよく見える
書斎　図書室　桜堤が本の隙間から見える
親個室　食室　道を歩く人が見える／から見られる
事務所

接合部スケッチ

RスラブとRC柱頭部分

梁延長部分

■エピローグ

春、また桜が咲いた。
桜堤はずっとわたしたちを見守ってくれている。
「そういえばあの家もずっとここにいるんじゃないかな。」
「この家の人はこのまちがすきみたい。たしかにいいところがたくさんあるもんなぁ。今日は久しぶりにこの辺の散歩でもしようか。」

天井高の抑えられた落ち着いた空間

居場所を選び取るため
複数のアプローチをつくる

厚みのあるサッシが境界線を濁し、
家具となり居場所をつくる

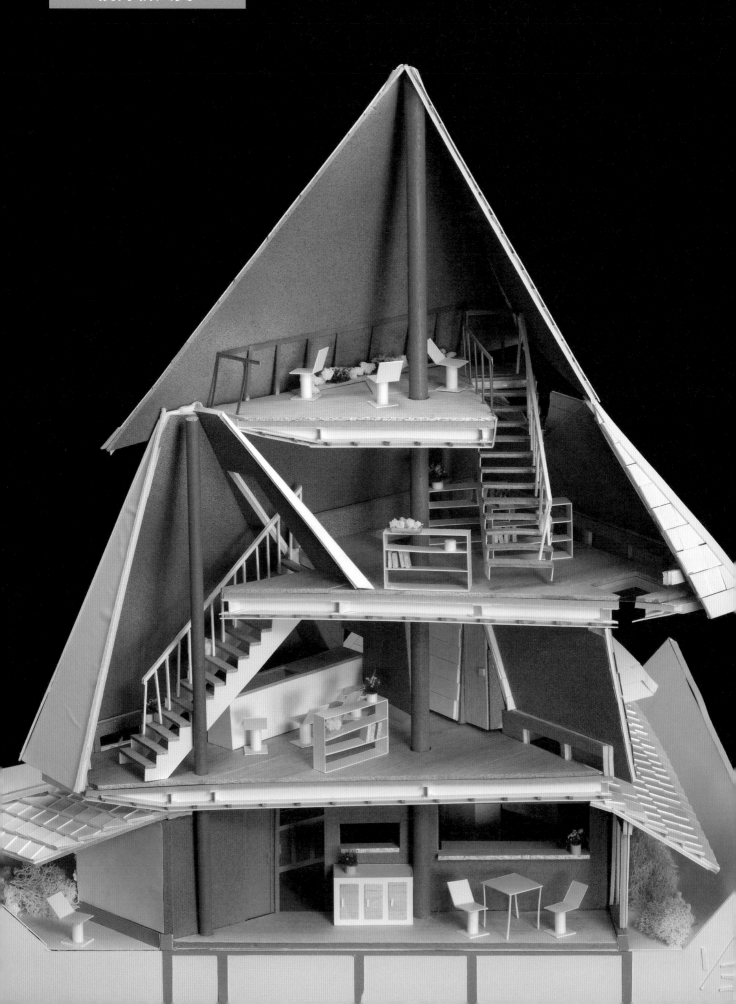

日常のうらがわを

ID.0102

吉村 優里
Yuri Yoshimura

武蔵野美術大学
造形学部 建築学科
3回生

作品用途: 商業施設
課題名: 都市の環境単位 富ヶ谷
取組期間: 2カ月

コンセプト

情報社会の現在ではもはや日常はスマホの中に、非日常は現実のリアルな世界へと移行しつつある。時間の感覚を忘れ、情報過多で苦しくなることが増えた。そのような日常から少し距離を取れるような、現実の世界を楽しめるような、日常のうらがわをつくることはできないだろうか。

駅から目的意識を持って歩いてくる人

周辺には集合住宅が多い。
単身者で賑わう若者が多く住む。
春の小川という歌ができるほどのどかな小
川が流れていたが、現在は暗渠化している
奥渋谷の雰囲気。

代々木公園

代々木八幡駅

公園から数歩で歩いてくる人

敷地は特徴的な三角形で三方を道路に囲まれて
いる
道の幅員の狭さから日常の風景がにじみ出る
地元の人にとっては自分の居間、コモンスペー
スのような空間。
道を曲がるごとに異なって風景が現れ、隙間か
ら別の風景がのぞき、突如距離が開ける。

配置図

敷地は起伏にとんだ地形に位置し、近辺は迷路
のような狭い路地で形成された密集住宅地。
一方で新旧の家屋が混在し、職住近接の家や小さ
な店舗など多様な暮らしを受け入れる場所柄でも
ある。車の侵入ができない路地特有の静けさと
古びた電柱や街灯、家々の植木鉢が混然と置か
れるなど、袋小路の奥で数十年変わらず培われ
た雰囲気が持続している。
高低差のある路地空間が続き、屋根の隣を歩く
という体験が起こる。

■既存建物

既存の建物は、アートスタジオや不動産が入って
いる。増築改築を繰り返したカオスな雰囲気をま
とっている。三階建てと四階建てがミックスされ、
壁には子どもたちの絵が描いてある。

■設計概要

敷地	東京都渋谷区富ヶ谷
主要用途	カフェバー
規模	地上四階
最高高さ	11850mm
敷地面積	200㎡
建築面積	116.872㎡
建蔽率	58%
延床面積	189㎡
容積率	94%
一階	69.425㎡
二階	62.857㎡
三階	37.869㎡
四階	16.067㎡

■PROBLEM　問題

情報社会の現在ではもはや日常はスマホの中に、非日常は現実のリアルな世界へと移行しつつある。時
間の感覚を忘れ、情報過多で苦しくなることが増えた。そのような日常から少し距離を取れるような、現
実の世界を楽しめるような、日常のうらがわをつくることはできないだろうか。

現代の苦しさ

■SOLUTION　+α暗い体験という解決策

日常は明るいということが良しとされがちであるが、暗いという状態に身を置くことができれば、スマホか
ら離れ自身の感覚を取り戻せるのではないだろうか。また暗いということが、感覚の85%をになう視覚
情報を制限することで行動意識範囲の制限が起こる。そのことは自身の内省を促したり、光が際立って
美しく見えたり、周囲の他者という情報から身を守ることにもつながる。さらに暗さの不均質な空間は、
好みを生み出す不均質さにつながり、プライベート性の担保が容易に出来るなど、人の動物的本能を利用
した居場所の創出につながる。そのような暗いという不便益を利用し、都市の中に新しい居場所を設計
していきたい。

暗いという不便益

■CONSTITUTION　構成

①まず柱を立ててスラブを挿入する。そこで過ごす
人は高さで都市との距離を取り、平面で他者との
距離を取ることができる。
②そこに深く屋根をかけ、屋根裏のような薄暗
い状態をつくった。屋根の角度を変化させること
で空間における暗さと窓の関係を調節する。高低
差のある路地で屋根の隣を歩くというこの土地
らしさを表現するため、屋根を構成要素の一つ
とした。

柱を立てる
高さで都市との
距離が取れる
ようになる鉄骨

床スラブを
挿入する平面で
他者との距離
が取れるように
なる

道路斜線の
セットバック

見る見られる
道路斜線の
セットバック

見る見られる

法規上の
セットバック

道路斜線や、周辺建物、
植栽との関係から
平面形状を調節する。
建物が密集している
ことから、周辺の開口部との
関係を中心に考えていく。

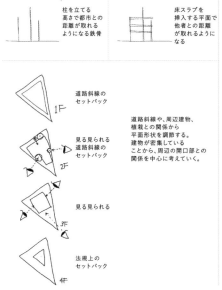

座る体制になる
比較的明るい
窓と外部が空間の
一部になる

座る体制になる
ぼんやりとした暗さ
一人になりやすい

立つ体制になる
暗い
窓の外はフラットに
現れ、外部に感じる

暗さという体験を
空間に落とし込んでいく
暗さを美しく感じる
ためのルールも
決定した。

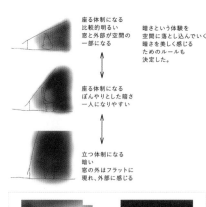

動線の先は必ず明るいように
配置の検討をした。
上昇の動作は天空までつながる。

人の入り口と、光の入り口を変える。
人は下から入り込む
ような動線を取る。

■STUDY
連続する体験で空間を発見する

屋根を変化させその中の体験をスタディしていくことによって空間を発見していった。暗さのグラデーショナルな空間をつくることで均質な場所ではなく、好みを生み出す不均質さが生まれ、連続する体験がその都度お気に入りを発見できるといった、人の動物的な感覚を呼び起こすことを期待する。

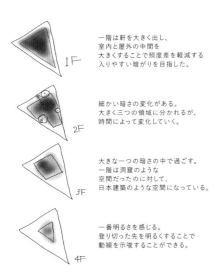

一階は軒を大きく出し、室内と屋外の中間を大きくすることで照度差を軽減する入りやすい暗がりを目指した。

細かい暗さの変化がある。大きく三つの領域に分かれるが、時間によって変化していく。

大きな一つの暗さの中で過ごす。一階は洞窟のような空間だったのに対して、日本建築のような空間になっている。

一番明るさを感じる。登り切った先を明るくすることで動線を示唆することができる。

■PREDICT　時間経過

時間経過によって空間は変化していく。ここでは一階とその他階で用途を分け、体験する時間に変化をもうけた。

一階は比較的短い時間を想定するカフェ。洞窟のような空間で、細く分解された光線の美しさを体感できる。外は強い日常がある路地であるが、そこから一歩裏に入ったような静けさがある。

二階以降は長時間滞在しながら空間を移動していくお茶の専門店がある。二階は試飲できるカウンターやゆっくりできる畳、ショップになっており三階はお茶体験ができる茶室になっている。

②お茶体験で贅沢な時間を過ごす

③三階から二階に戻ると体験前とは違った暗さになっている時間の流れを間接的に感じることができる。

①いろいろな暗さを楽しむ

■BUILD
建ち方・都市と屋根の関わり

この土地の特徴である高低差のある路地では屋根の隣を歩くという体験がある。その体験を土地らしさの一つととらえ、屋根をモチーフに重ねた姿は、建った時、都市とどのような関係を生むのか考える。

①地面から生えてきた生き物のようなたたずまい

地面から生えてきた木のようなある種の不気味さは、空間への理解が降りたさや、わからないからこそ生まれる注目を呼ぶ

②違いのある屋根素材が異なる反射光を室内に届ける

屋根素材を屋根角度等から割り当てた。そのことによって室内に入ってくる光の質が変化する。

③雨が落ちる音も体験の一つとして現れる

雨どいを設けない代わりに、下を砂利にしている。雨が降り、たくさんの屋根に当たる音も、中にいる人の体験をして生まれ変わる。

④借景としての屋根

密度のある土地のため、窓は基本的に下を向ける。地面ではなく重なる異素材の屋根があることで、借景としての面白さが屋根にはある。

■連続する体験で空間を発見する

形をつくる→体験のスタディ→形をつくる の繰り返しで形状と内装の検討を進めた

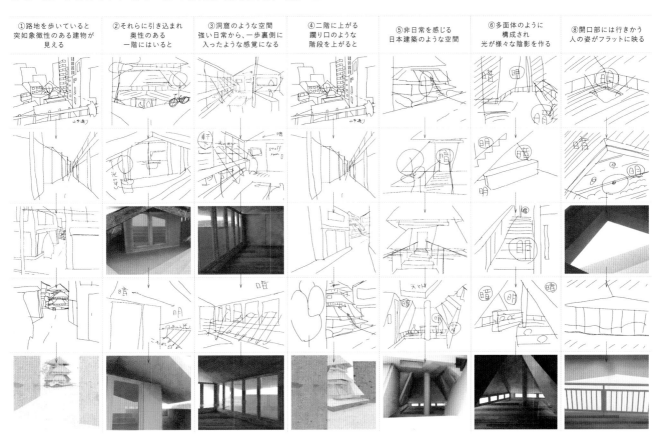

①路地を歩いていると突如象徴性のある建物が見える　②それらに引き込まれ奥性のある一階にいると　③洞窟のような空間強い日常から、一歩裏側に入ったような感覚になる　④二階に上がる躙り口のような階段を上がると　⑤非日常を感じる日本建築のような空間　⑥多面体のように構成され光が様々な陰影を作る　⑧開口部には行きかう人の姿がフラットに映る

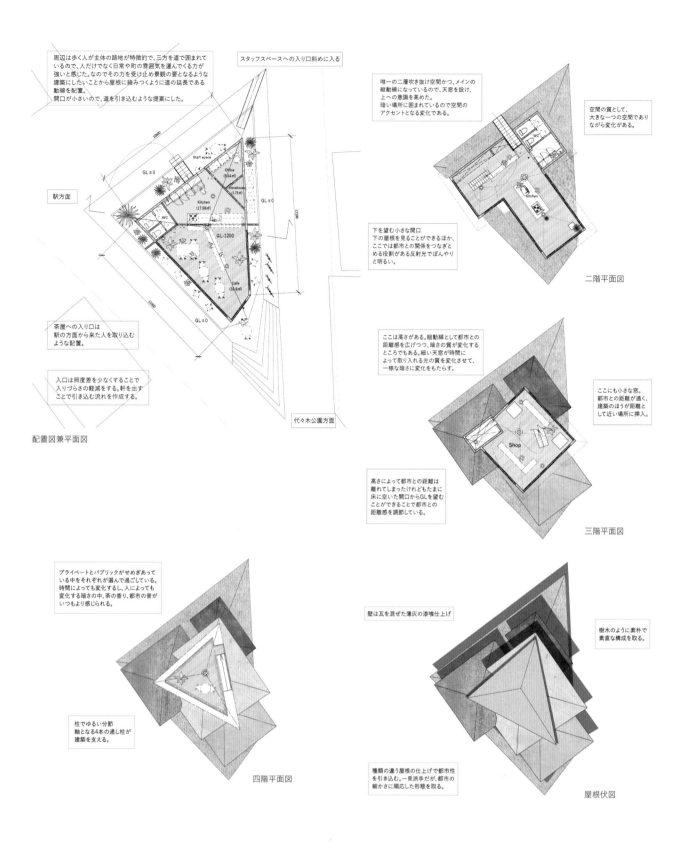

周辺は歩く人が主体の路地が特徴的で、三方を道で囲まれているので、人だけでなく日常や町の雰囲気を運んでくる力が強いと感じた。なのでその力を受け止め景観の要となるような建築にしたいことから屋根に絡みつくように道の延長である動線を配置。
開口が小さいので、道を引き込むような提案にした。

スタッフスペースへの入り口斜めに入る

唯一の二層吹き抜け空間かつ、メインの縦動線になっているので、天窓を設け、上への意識を高めた。
暗い場所に囲まれているので空間のアクセントとなる変化である。

空間の質として、大きな一つの空間でありながら変化がある。

駅方面

茶屋への入り口は駅の方面から来た人を取り込むような配置。

下を望む小さな開口
下の屋根を見ることができるほか、ここでは都市との関係をつなぎとめる役割がある反射光でぼんやりと明るい。

入口は照度差を少なくすることで入りづらさの軽減をする。軒を出すことで引き込む流れを作成する。

代々木公園方面

配置図兼平面図

二階平面図

ここは高さがある。縦動線として都市との距離感を広げつつ、暗さの質が変化するところでもある。細い天窓が時間によって取り入れる光の質を変化させて、一様な暗さに変化をもたらす。

ここにも小さな窓。都市との距離が遠く、建築のほうが距離として近い場所に挿入。

高さによって都市との距離は離れてしまったけれどもたまに床に空いた開口からGLを望むことができることで都市との距離感を調節している。

三階平面図

プライベートとパブリックがせめぎあっている中をそれぞれが選んで過ごしている。時間によっても変化するし、人によっても変化する暗さの中、茶の香り、都市の音がいつもより感じられる。

壁は瓦を混ぜた薄灰の漆喰仕上げ

樹木のように素朴で素直な構成を取る。

柱でゆるい分節
軸となる4本の通し柱が建築を支える。

四階平面図

種類の違う屋根の仕上げで都市性を引き込む。一見派手だが、都市の細かさに順応した形態を取る。

屋根伏図

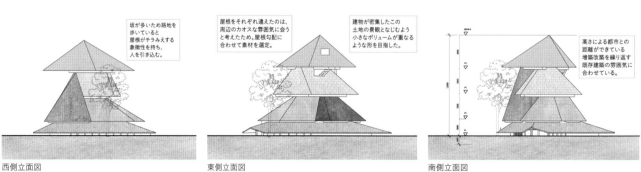

坂が多いため路地を歩いていると屋根がチラみえする象徴性を持ち、人を引き込む。

屋根をそれぞれ違えたのは、周辺のカオスな雰囲気に会うと考えたため、屋根勾配に合わせて素材を選定。

建物が密集したこの土地の景観となじむよう小さなボリュームが重なるような形を目指した。

高さによる都市との距離ができている
増築改築を繰り返す既存建築の雰囲気に合わせている。

西側立面図

東側立面図

南側立面図

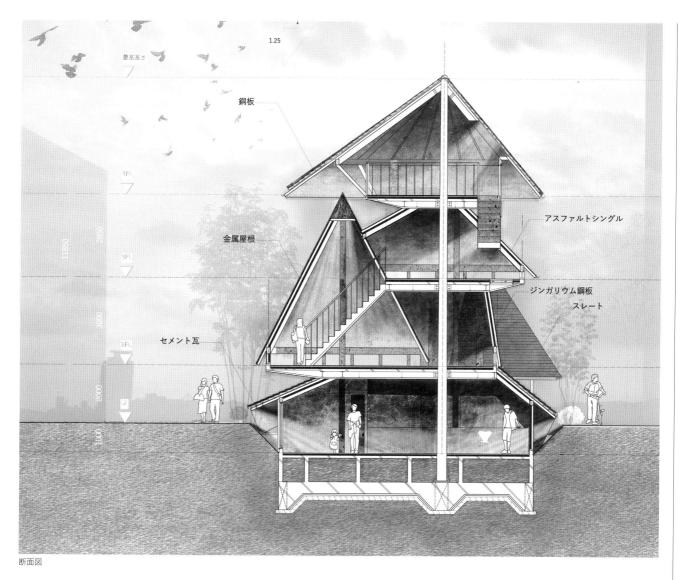

1.25

最高高さ
銅板
金属屋根
セメント瓦

アスファルトシングル

ジンガリウム鋼板
スレート

断面図

1/30 断面模型写真。全体の構成と角度の表現や、内装仕上げ、こだわった家具の配置を表現している

動線と備え付けの家具。屋根と複雑に絡み合う

内部にもスレート屋根が見える場所がある。内外の境界

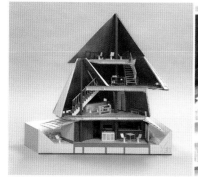

内観に空いた床の窓。都市との距離がここでリアルになる

縦動線。空間の移動がシークエンシャルにつながっていく

敷地は路地の中にある三角形の敷地。駅側から歩いてきた際の建築の姿

周辺地域に溶けていきながら、同時に強い求心性を持つ

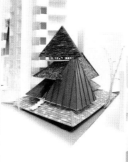
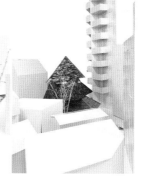

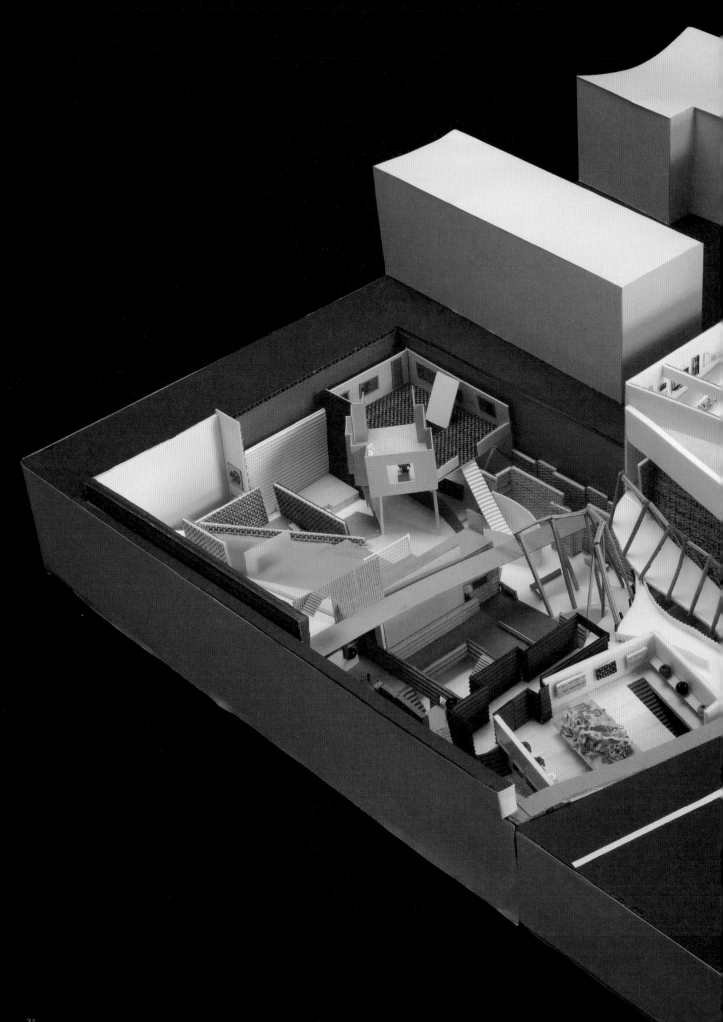

コンセプト

完成形としてものが展示された博物館。
しかしそれらは本当に完成形か。
「つぎはぎ」の博物館を考える。モノや空間その
ものに対する知的好奇心をかきたてる現代版
ヴンターカンマーを目指し、京都大学の校舎の
形や素材をぎゅーっとほぐしてつぎはぐ。来場者
である私たちはつぎはぎされた空間体験の中
で、つぎはぎ途中のモノやコトに出会い、得た
知識を博物館外でもつぎはいでゆく。
人々の記憶に強烈に結びつく、大学の大学による
大学のための博物館。

つぎはいでゆく、

ID.1044

松尾 侑希乃
Yukino Matsuo

京都大学
工学部 建築学科
3回生

作品用途: 美術館・博物館
課題名: 現代のヴンターカンマー
取組期間: 1.5カ月

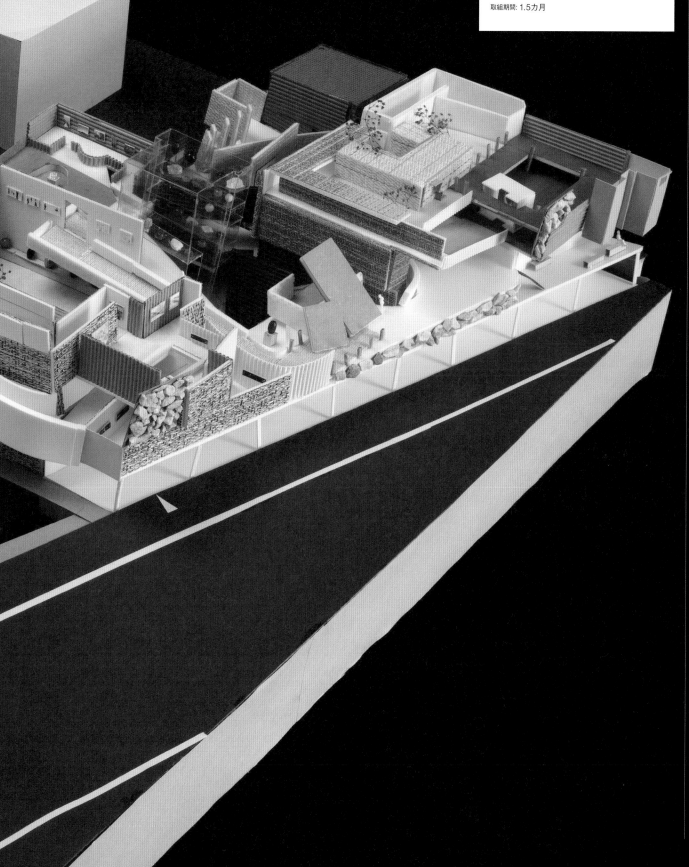

■Concept

モノであふれ
混沌とした
かつてのヴンターカンマー

→ ⊕ 分類学や
科学の発展

→ ものが整然と並んだ
現在の博物館

⊖
かわりに
抜け落ちていったもの

モノや空気感に対する
脅威 わくわく
といった感覚の後退
＝
混沌

混沌とは…
夢を見ているときに感じる
ちぐはぐさや
つぎはぎされたみたいな
時間や空間体験

つぎはぎ：素材、色、柄、形、大きさなど
異なる布類をあちこちから寄せ集めて
はぎあわせること

ものが整然と並んだ展示室
機能的な研究室・収蔵室

従来の博物館

研究成果を
大切につぎはぎして
脈々と受け継ぐ研究者

＋

つぎはぎされた
空間や動線の中で出会う
モノ・コト・ヒトが
強烈に記憶の中に
刻まれる

つぎはぎされた博物館

「ヴンターカンマー」、
すなわち驚異の部屋とは15世紀から18世紀の間にヨーロッパ貴族の館に作られた、
世界中の珍しいものを集めて陳列した部屋である。
空間全体にさまざまなものが所狭しと並べられた様子は、
それ自体が人々の驚きや好奇心を掻き立てる空間であり、現在の博物館の原型となったとも言われる。
しかし分類学や科学の発展により、ものが整然と並んだ現在の博物館では、
未知なるモノや空気感に対するわくわくや脅威といった感覚は後退してしまっている。
かつて珍しいモノをコレクション・展示することが人々に驚きをもたらす空間であったならば、
現代においてそれはどのような空間となりえるだろうか。現代版ヴンターカンマーを考える。

■Site

敷地は京都市左京区吉田本町京都大学吉田キャンパス内。キャンパス内で
唯一、東大路通りに直接面し、外に開かれた敷地であるとともに反対側では
キャンパス内部ともつながる重要な場所である。しかし現在、大学の敷地から
東大路通りを挟むとすぐに住宅が立ち並び、大学構内の建物と周辺の住宅の
スケールの差は大学の内部と外部を大きく隔てている。そこで、京都大学の
内外をつなぐ博物館を目指し、大学内の校舎を大学構内の建物と住宅のちょ
うど中間あたりのスケールとなるように縮小しつぎはぐことで、このスケール
感の差をぼやかした。京都大学の内部と外部をつなぐ多様な出会いの場とし
て、また人々の知的好奇心による驚きの交換や共有の場としての博物館を
設計する。

私たちだって、つぎはぎだ

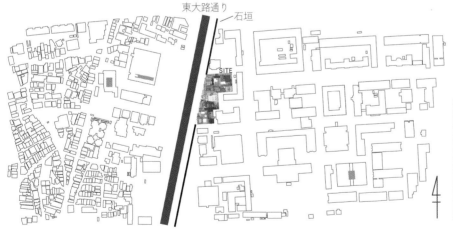

東大路通り
石垣
SITE

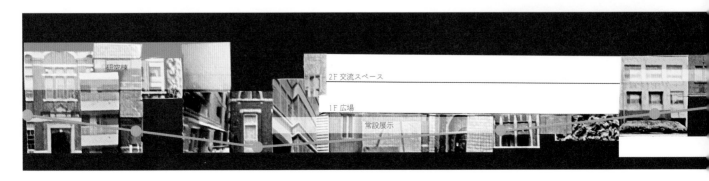

研究棟
2F 交流スペース
1F 広場
常設展示

■Diagram

STEP0
敷地のスケールに合わせ大学の校舎をぎゅっと縮小させる。

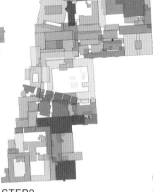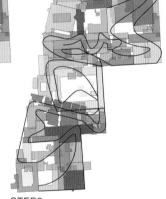

STEP1
つぎはぎの材料を探す
各建物が研究機関である京都大学ならではの博物館を設計するため、大学の敷地から校舎の形・素材・つぎはぎしたい空間を取り出す。そこにあるものをつぎはぎの材料とする。

STEP2
つぎはぐ
取り出した校舎の形・素材を博物館の敷地に合わせてつぎはぎする。
互いに離れていた校舎がひとところに押し込まれ新しい関係性が生まれる。
大学構内の建物に変化があれば、博物館内のつぎはぎも変化する。

STEP3
道を通す
スロープをつけて主動線とする。つぎはぎした建物の高さの位置をスロープに合わせて調整する。混沌としたつぎはぎ空間を道を通すことによってつなぎとめる。

STEP4
そして私たちがつぎはいでゆく
博物館で得た知識は完成されたものではない。
来場者は学んだことを自分で調べ、他者とも共有し博物館外でも知識をつぎはいでゆく。

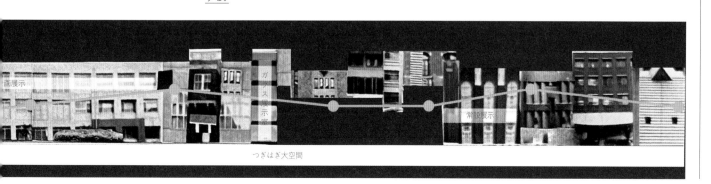
つぎはぎ大空間

37

■大学構内で見つけたつぎはぎ材料

大学構内で見つけた魅力的な空間をつぎはぎの材料として博物館の中に取り入れる。

取り入れたつぎはぎ材料は大学内での使われ方と同じ場合もあれば、見立てとして使われる場合もある。

凝った窓　ちがう素材がつきささる　大きい庇　丸い屋根　のぞき穴　段違いの屋根　不思議な形

バス停　奥が暗い　屋根がつきささる　巨大窓

吊られてる　まっすぐ続く　知る人ぞ知る中庭　パッチワーク地面

Google Earth より　©2023 Google　画像取得日:2022/3/10

すきまのある屋根　おしゃれな階段　建物をつなぐ渡り廊下　結構ぼろぼろ　素材もりだくさん　採光　傾斜の変わるスロープ　地面から浮いた建物

■PLAN

■動線計画

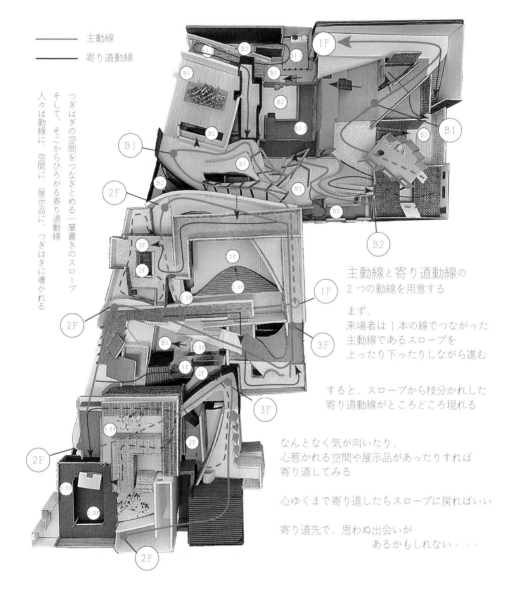

主動線
寄り道動線

人々は動線に、空間に、展示品に、つぎはぎに導かれる

そして、そこからひろがる寄り道動線

つぎはぎの空間をつなぎとめる一筆書きのスロープ

主動線と寄り道動線の
2つの動線を用意する

まず、
来場者は1本の線でつながった
主動線であるスロープを
上ったり下ったりしながら進む

すると、スロープから枝分かれした
寄り道動線がところどころ現れる

なんとなく気が向いたり、
心惹かれる空間や展示品があったりすれば
寄り道してみる

心ゆくまで寄り道したらスロープに戻ればいい

寄り道先で、思わぬ出会いが
　　　　　　あるかもしれない・・・

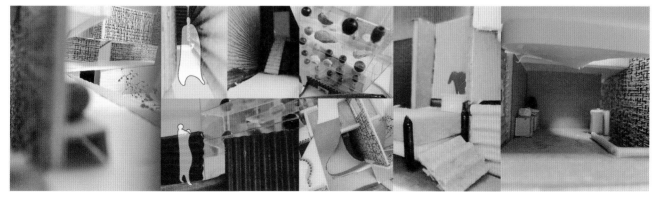

風化と構築
─自然と人間の相互扶助による廃校の改築計画─

ID.0399

衣笠 恭平
Kyohei Kinugasa

京都工芸繊維大学
工芸科学部
デザイン・建築学課程
3回生

作品用途: コミュニケーションセンター
（保存・リノベーション）

課題名: 歴史と建築

取組期間: 1.5カ月

コンセプト

形あるものはいずれ壊れる。建築も例外ではない。解体による瞬時の崩壊ではなく、自然の風化を介した段階的な減築と人の手による増築を繰り返すことによって、徐々に建築を更新していくことを提案する。廃れる既存、増殖する建築、拮抗する境界、やがて建築は街の風景となり人々の記憶に刻み込まれてゆく。

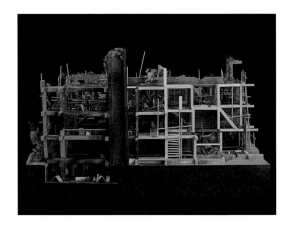

■敷地：廃校となった小学校

竣工から100年近く経た校舎はあちらこちらでひびや汚れが目立ち、建物が老朽化していることがわかる。いつ取り壊されてもおかしくない。

■提案：消極的保存ではなく段階的な減築を

これまで
→今ある形をただ残す、もしくは復元する。

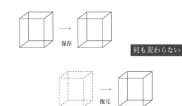

現在の保存再生のほとんどは現状をそのまま維持するか複製をつくるかである。これでは人々の意識にのぼらず、ただ解体を迎えるだけである。

これから
→自然の手を介しながら解体の速度を極端に緩める。

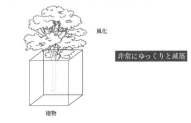

大規模機械を用いた瞬時の解体ではなく、人の手と植物の力を介してゆっくりと減築していくことで、人々が建物と向き合う時間をもたらす。

■手法：古くなったところから減築し、その分を増築していく

i. 調査

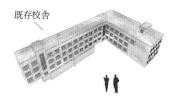

既存校舎

構造的に危険なところ、脆くなってきたところを調査・分析する。

↓

ii. 減築

部分的に減築

壊れそうな箇所を、事前に人の手で減築する。減築された箇所からは雨風が入り込み、自然の手も加わって風化が始まる。

↓

iii. 増築

拡張

木のフレーム

減築した面積だけ増築を施す。全体の面積は保存されたまま古いものから新しいものへの緩やかな空間の移行が進んでいく。

■時系列変化：既存校舎は徐々に朽ちていき、次第に新たな環境体へ

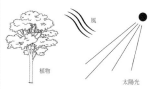

05-1 絶え間ない自然の淘汰

減築された既存部からは雨や風が、光が絶え間なく入り込む。建築は自然を前にやむなく風化する。

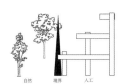

05-2 揺らぐ境界

時間が経つにつれ既存の風化が進み、自然と人工を隔てていた境界が溶け始める。

05-3 増殖する建築

風化によって失われる機能を満たすように建築は増殖を始める。

05-4 自然と建築、その拮抗に人が生きる。

自然による絶え間ない風化。増殖する建築。人々はそのはざまに生きる。

05-5 建物は朽ちる。だからこそ人は建築する。

0〜50年後

減築した部分から雨風が侵入し、自然による風化が始まる。その運命に抗うように建物は増築を始める。

50〜100年後

スラブや壁がほとんど抜け、架構体のみとなる。この間も減築増築は繰り返されていく。

100〜150年後

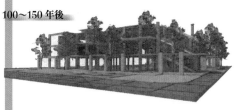

既存の躯体はほとんどなくなる。機能が無くなった構造体はモニュメントのごとく、街の記憶を伝える。

150〜200年後

増築部分だけになり、既存校舎があったところは森となる。いずれ増築部も風化されていく。

既存校舎：廃れゆく校舎が街の記憶を契機する

北立面図　　東立面図

増築部分：木造の架構が人々の集う場をもたらす

A-A'断面図　　B-B'断面図

100年後の世界

既存校舎はその廃れゆく様がありし日の街の記憶を誘発するきっかけとなる。

この小学校を象徴する煙突はかつて巨大な暖房として学校内を暖めており、街のシンボルとなっていた。

校庭のわきに植えた樹木は成長し、やがて増築の材料として使われるようになる。敷地内で物質の循環が起きる。

既存の外壁は風化により寂れ、ツタが生え、最終的には人の手で減築される。

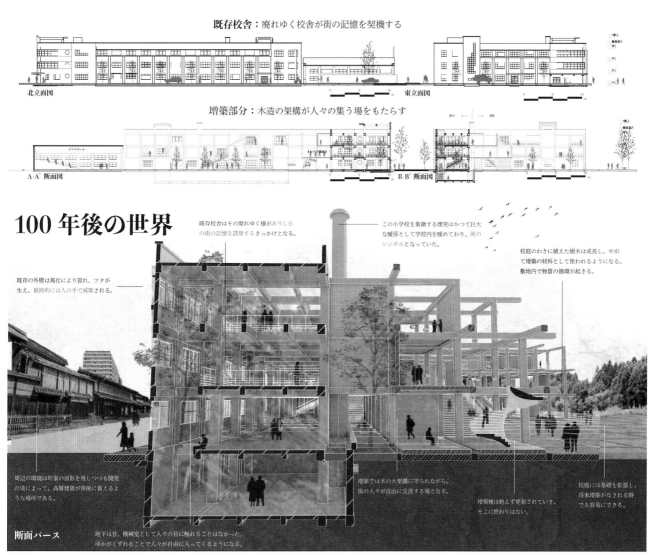

周辺の環境は町家の面影を残しつつも開発の波によって、高層建築が背後に聳えるような場所である。

増築では木の大架構に守られながら、街の人々が自由に交流する場となる。

増築域は絶えず更新されていき、そこに終わりはない。

校庭には基礎を拡張し、将来増築がなされる時でも容易にできる。

断面パース 地下は昔、機械室として人々の目に触れることはなかった。ゆかがくずれることで人々が自由に入ってくるようになる。

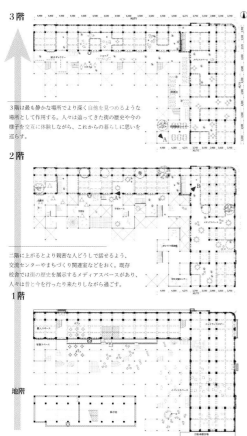

3階 3階は最も静かな場所でより深く自他を見つめるような場所として作用する。人々は辿ってきた街の歴史や今の様子を交互に体験しながら、これからの暮らしに思いを巡らす。

2階 二階に上がるとより親密な人どうしで話せるよう、交流センターやまちづくり関連室などをおく。既存校舎では街の歴史を展示するメディアスペースがあり、人々は昔と今を行ったり来たりしながら過ごす。

1階 一階は街と直結する場所である。気軽に街の人々が入ってこれるよう、イベントスペースやカフェなどをおいた。その賑わいをもとに人々が校舎の中へと入ってゆく。

地階

A. 床が抜けて光が入り込む地下室

地下は昔、機械室として人々の目に触れることはなかった。床が朽ち減築されることで、光が入り人が入る場所となる。

B. 次第に自然環境へと移行する既存校舎

既存校舎の躯体は植物の浸食作用によって次第に脆くなっていく。最終的に人の手で解体され、溜まった瓦礫はやがて次の植物の土壌となる。

C. 風化作用と建築行為が拮抗する境界部

崩れていく負の時間と、構築されてゆく正の時間。相反する二つの時間軸が拮抗する。普段の生活の中で二つの世界を跨ぎ体感する。

D. 人々に居場所をもたらす木架構

増築部は比較的加工のしやすい木材で建築し、森のような木の架構は人々に居心地の良い場を提供する。

都市の余白再生計画 ＜斜面地編＞
—獣道による年月をかけた動く風景のデザイン—

ID.0515

山下 瑞貴
Mizuki Yamashita

奈良女子大学
生活環境学部 住環境学科
3回生

作品用途：都市・地域計画
課題名：都市の広場
取組期間：2カ月

コンセプト

私は人と自然を短絡的に分離せず、人々の暮らしが自然と接続していく道を探りたい。自然の流れの中に私たち自身が生きて行くことのできる居場所をささやかでも確保したい。本提案は大きな自然のダイナミズムの中でデザインが成り立つ。自然の流れや変化そのものを場所の魅力としていく。

■敷地と斜面地

歴史あるこの斜面地は動きの中にある。かつて興福寺の境内であったこの場所に、今ではカフェが建っている。時代の変化と共に、この斜面地は存在する。こうした動きの中で動的均衡として生態系が生み出されてきた。その中で私たちは今も人間として生きている。この斜面地は動きの中で時間とも、空間ともつながって存在し、これからも存在していく。

ただし、現在は人が近寄らない見捨てられた土地で、興福寺の前景としての景観地でしかない。有効活用されていないのが現実で、都市のギャップとなっている。池の周りがコンクリートで固められ、斜面地と池が道路により分断されている。結果、人間も含めた生物のための水に親しむ場はない。また、移動手段の発展により歴史的建築に囲まれた一種の広場としての可能性を持っているにも関わらず、街路、道路網化している。

■提案とデザインモチーフとしての獣道

猿沢池の周辺はたったこれだけの敷地でも、たくさんの生物が生息し、樹種も豊富であった。現在は関係性が薄れているが、この場所は地理的にも空間的にも人間を含めた生物共同体が生息する場所だと言える。斜面地を人の手に身近な緑として、財産として取り戻す。使われていない斜面地を有効活用することで斜面地自身が都市のギャップを埋める緑地となる。その結果、斜面地がアクティブな空間として回復していく。

三角地にすでに見受けられる獣道をモチーフとする。動物や人間の意志によってつくられてきた獣道はさまざまな出来事や行為を同時に存在させ、喚起し、それらが緩やかにつながっている空間を生み出す。

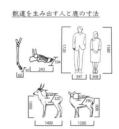

獣道を生み出す人と鹿の寸法

猿沢池

[獣道分布調査結果]

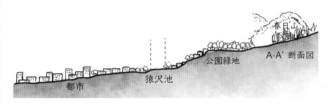

A-A'断面図

都市　　猿沢池　　公園緑地　　春日山

■レイヤー別分析に基づいたデザイン

斜面地の環境を獣道の分布、植栽、獣道のたまり場、人の動線、傾斜からとらえたうえで獣道を生物にとって安定し、滞在しやすく、利用しやすい場所と考察し、段差と通路、砂利の仕上げによってレインガーデン化を、岩の配置によって居場所づくりを行った。レインガーデンとは、降雨時に雨水を一時的に貯留し、時間をかけて地下へ浸透させる透水型の植栽スペースのことである。レインガーデンは雨水を貴重な資源として生態系サービスを利用したさまざまな恩恵のひとつとして有効活用できる。

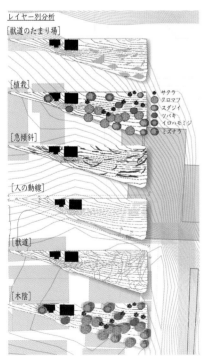

レイヤー別分析
[獣道のたまり場]
[植栽]　サクラ／クロマツ／スダジイ／ツバキ／イロハモミジ／ミズナラ
[急傾斜]
[人の動線]
[獣道]
[木陰]

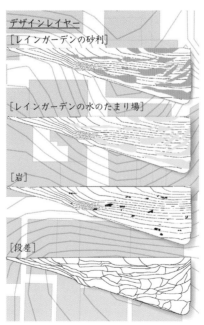

デザインレイヤー
[レインガーデンの砂利]
[レインガーデンの水のたまり場]
[岩]
[段差]

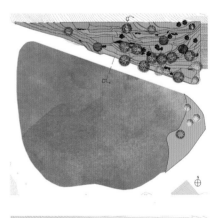

2022年
2050年
2078年

■斜面地を取り戻していく年月をかけたデザイン

風景が動き続けているように植栽も動き続けている。地面を変化させ、地面に変化させられ続け、人間の目には見えないほどゆっくり動き続けている。本提案では植栽の大部分を占める松の成長スパンを基準にデザインのSTEP分けを行う。

この場所をデザイナーだけでなくみんなで2100年まで育んでいく。本提案は鹿の愛好家と県に事業として請け負ってもらうこととする。奈良県は郷土愛が強く、毎年奈良公園で行われる燈花会祭りもボランティア活動からビッグイベントにまで定着した。このようなボランティア精神と郷土愛にあふれた奈良県でこの提案が受け継がれていくことを期待する。

また、このデザインにより、限られていた滞在スペースが拡大する。そして人の動きに変化が起こり、自然発生的にアクティビティが生まれる。その結果、視線、動線の広がりにより、斜面地の境界線を越えてこの場所が都市に溶け込んでいく。そして初めて余剰地から返還し、ギャップを埋める緑地となる。

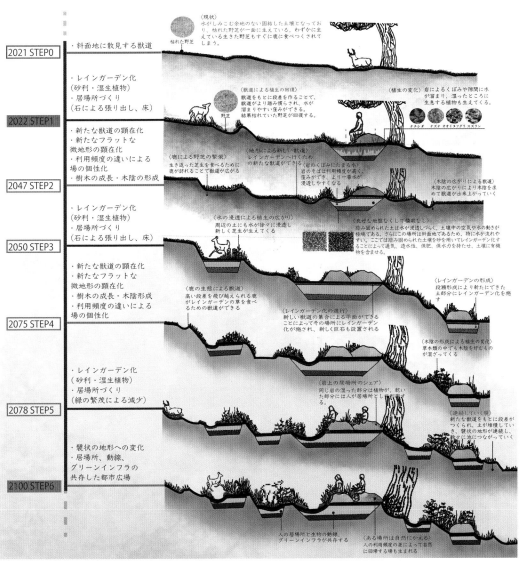

■生物の棲む場所をつなぐ

現在は人間が人工的に植えた緑が護岸に広がるが、この手法によって自然の持っている力による護岸からの多様な植生が出来上がる。その結果エコトーンが形成され、人も動物も行き来しやすい環境が形成され、池から興福寺に向かってシームレスに生物の移動が地域全体につながっていく。

〈自然は勾配で満ちている〉
勾配の上に立った時と下に立った時では見える風景が大きく違う。勾配は私たちの感覚に直接影響を与え、様々な行動を誘発する。勾配は私たちに恵みをもたらしてくれる。

大地と繋がる図書館
―まちと文化を育てる新しいコミュニティ―

ID.0610

王 宇龍
Uryu O

京都精華大学
デザイン学部 建築学科
3回生

作品用途: 図書館
課題名: 新しい図書館
取組期間: 3カ月

コンセプト

大地は地理的環境だけでなく、地方の風土や文化でもある。街が抱える風景と歴史、文化に寄り添った図書館をつくって、地域に住む人が自然に集まる場を生み出す。昔の図書館は人工物として建物と自然を区別した。現地の竹素材を利用して環境に優しい建物を設計することを考えていて、外と中の境界線がない、まるで原始自然のような図書館を提案した。図書館は近くの竹細工伝統産業会館を連携し、図書館機能を持つとともに、現地の文化産業を守る。

■現地の竹素材の活用

竹は重い建物をつくるだけでなく、構造によって異なる居場所をつくり出すことができる。異なるイベントのニーズに応じて、敷地に異なるランドスケープを設計し、街と森を結ぶ。街が抱える風景と歴史、文化に寄り添った建物をつくる。そして、地域に住む人が自然に集まる場を生み出す。

建物は永遠に存在するものではなく、いつか建物が消えたり解体されたりするので、この建物が存在する数十年間、現地の環境を破壊しないことを望んでいる。別府市は竹材の生産地なので、現地の素材を利用して環境に優しい建物を設計することを考えていた。竹材の施工速度が速く、短期間で完成したり解体したりできるということは、図書館が変化できる建築という意味である。図書館は竹細工伝統産業会館を連携し、図書館機能を持つとともに、竹細工の展示販売も行っている。

■リサイクル

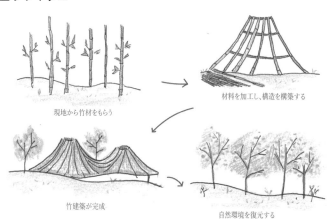

現地から竹材をもらう

材料を加工し、構造を構築する

竹建築が完成

自然環境を復元する

竹材を活用して多様な居場所をつくる

■内部空間について

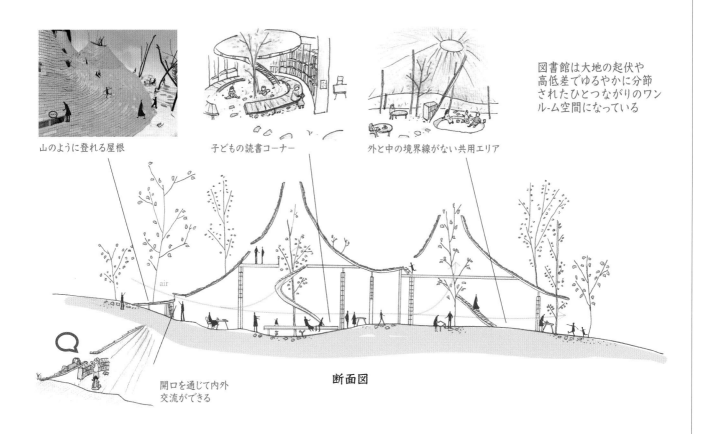

山のように登れる屋根

子どもの読書コーナー

外と中の境界線がない共用エリア

図書館は大地の起伏や
高低差でゆるやかに分節
されたひとつながりのワン
ルーム空間になっている

air

開口を通じて内外
交流ができる

断面図

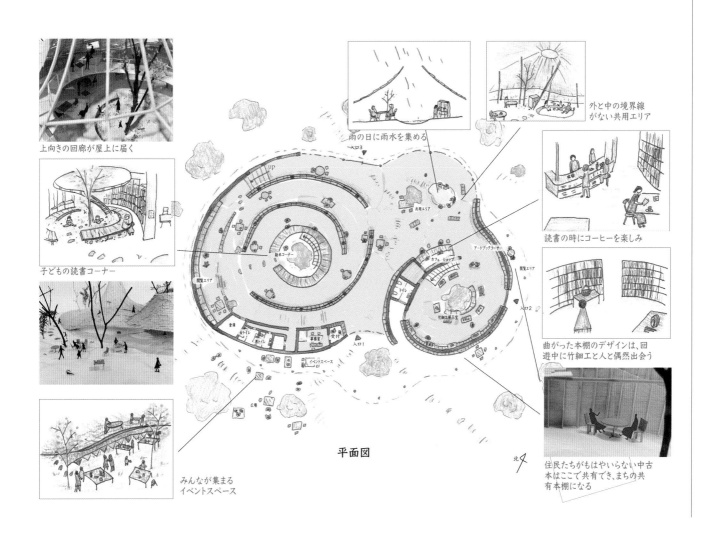

上向きの回廊が屋上に届く

子どもの読書コーナー

雨の日に雨水を集める

外と中の境界線
がない共用エリア

読書の時にコーヒーを楽しみ

曲がった本棚のデザインは、回
遊中に竹細工と人と偶然出会う

みんなが集まる
イベントスペース

平面図

北

住民たちがもはやいらない中古
本はここで共有でき、まちの共
有本棚になる

響命の森

ID.0984
領家 明代
Akiyo Ryoke

成安造形大学
芸術学部 芸術学科
空間デザイン領域
住環境デザインコース
3回生

作品用途: コミュニティ施設
課題名: こどもと高齢者のための空間
取組期間: 3カ月

コンセプト

この場所を訪れる地域住民にとって、新しいかたちのコミュニティがうまれる空間を目指した。土・壁・柱・陽ざしが構成する小さき大空間のスキマは拠り所となる。さまざまなシークエンスが人の探究心を刺激し、思わずアクションを起こしたくなるような造形を意識した。世代を超えた交流のきっかけを築き、豊かな時間を過ごすことができるような場所を創造する。

■敷地

福井県敦賀市中池見湿地（なかいけみしっち）は、周囲を三つの山に囲まれた盆地上にある湿地である。袋状埋積谷（ふくろじょうまいせきこく）という特異な地形は、河川の水流によって形づくられた。大小の水路、水田、水溜まりがモザイク状に組み合わさり、驚くほどに多様な生態系が根付いている。

響命の森は中池見湿地の北西に位置する。緑が生い茂り、豊かな水が流れる敷地内には日本の在来種であるトンボ、チョウチョウ、バッタをはじめとする虫たちや、メダカ、ザリガニ、ドジョウといった水生生物、爬虫類など、さまざまな生き物たちが数多く生息している。中池見湿地では、ふれあい教室の実施や図鑑の貸し出し、標本の展示を通して自然のおもしろさ、尊さを伝える取り組みが行われているが、大自然が広がる湿地周辺への人通りは少ない。

そこで、計画地と既存施設（古民家・ビジターセンター）を軸線上に結ぶことで動線を見つけ出し、ハイキングに訪れた老夫婦や遠足に来た地元の小学生、探索を楽しむ親子連れが足を運びたくなるような場所をつくり、世代間をこえた交流のきっかけとなることを目指した。

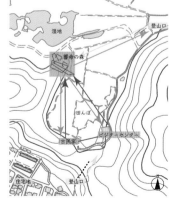

■こどもと高齢者

弱く、保護される存在だから子どもなのか、体力が衰えてきたから高齢者になるのか。その基準はあやふやで、私たちは命ある限り、歳の数に縛られることなく自らの意思で自由に活動することができる。「あの場所に行ってみたい」「あの景色を見たい」というおもいの芽生えに年齢は関係ない。感情のおもむくままに身体を動かし、ありのままの姿をさらけ出すことで、人、動植物、自然の命といのちが響き合う。互いの存在が際立つことによって、生きる喜びを体感する場所の創造を目指した。

■身体体験を通しておもいを共有する場所

大地が隆起したかのような壁、恵みの光をそそぐ開口、大空間へと導くスラブによるシークエンスはさまざまな体験を誘発する。登る、つかむ、踏ん張る、もたれる、蹴る。思わずアクションを起こしたくなるような造形を意識してデザインした。自然の移ろいの中では、こぼれ落ちる陽の光を浴び、風を受けとめ、木陰で涼み、ときに雨にうたれることもある。「ひかり」「かげ」「あたたかさ」「すみきった空気」の中で身体を動かし得る感覚は世代をこえ、唯一無二の一体感をうむ。

北断面図

0　2.5　5　7.5　10 m

東立面図

0　2.5　5　7.5　10 m

空気を切るように伸びるスラブは屋根であり、足場であり、導きの道である。大地と一体となった壁たちは空間を隔て、空間同士はより深い関係へと変化する。

線材を手がかりにあしを踏み入れた先にはスキマの世界が広がる。アジト＜心地よい場所＞を見つけることは、自分の世界を確立させることに繋がる。

AperTUBE in Tomigaya

ID.0292
山田 遼真
Ryoma Yamada

武蔵野美術大学
造形学部 建築学科
3回生

作品用途：学校・乳幼児施設
課題名：都市の環境単位　富ヶ谷
取組期間：1.5カ月

コンセプト

窓に奥行きを持たせることで、外部とは遠くなる一方、居場所が生まれ、今まで何気なく認識していた窓や外の様子が印象的に映るようになる。厚みのある窓で切り取られた風景や奥行きなどを人が選択して、その時々に応じて居場所を発見していくことで、まちに対して人の行動が建築から伸び縮みしていく。外観からは閉鎖的な建物にも見えるが、窓に居場所があることが、まちと人の距離を近くしてくれることを期待している。

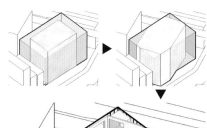

■敷地

敷地は代々木八幡駅の正面。北側には商店街の通り、西側には商店街の7m上を通る山手通りがある。駅周辺には代々木公園や個性的なカフェなどが立ち並び、周辺住民に限らず若い世代が多く行き交う。住民の半分以上は若い子育て世代や単身者が占めるが、子育て支援施設が少ない。

■境界を拡張する

子どもたちの安全面を考慮して、単に閉じた建築ではなく、閉じていながらも開かれているような関係となる形をスタディした。部屋と部屋の間の壁に長方形の穴を開けてみる。徐々に壁を厚くしていくと、その壁が机や収納さらにはちょっとした部屋など、壁に対して新たな人の行為が生まれる。外壁に当てはめてみると、外部とは遠くなる一方、窓に居場所が生まれ、今まで何気なく認識していた窓や外の様子が印象的に映る。厚みのある窓で切り取られた風景や奥行きなどを人が選択し、その時々に応じて居場所を発見することで、まちと人の距離を近付ける。

■構成

①入れ子のボリュームを振ることで、四つの角に性格の異なったスペースが生まれる。例えば建物の裏は静かなスペース、山手通り側は視界が開けた車通りが多いスペース、商店街側は明るくて賑やかなパブリック性の高いスペースなど。

②そこに対してチューブ状の開口を設けることで、さまざまな奥行き、スケール、性格を持った開口が生まれる。

③また、内部動線を螺旋にすることで、開口部を自分で自由に選択できるような回遊性をつくった。螺旋をコモンとパブリックの二重螺旋にすることで、通行できるようで通行できない距離感をつくり出す。

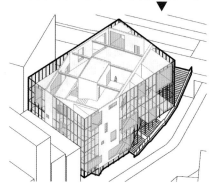

■用途

託児所、学童、自習するスペースなど、幼児から高校生までの子どもを対象とした親がいない間の居場所（コモンスペース）とまちに開かれたコワーキングスペースや集会所（パブリックスペース）。1階にはカフェを入れ、託児所での子どもたちの昼ご飯もメニューとして提供する。また、単身者が多い地域であることから、夜間は惣菜を販売する。さまざまな人たちが自然に立ち寄れる場を設け、そこから地域のつながりや、外での新たなつながりも生み出せる。

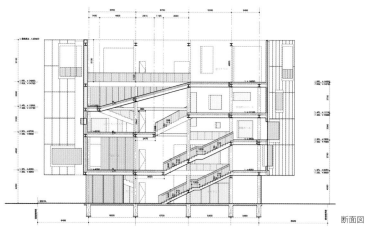

断面図

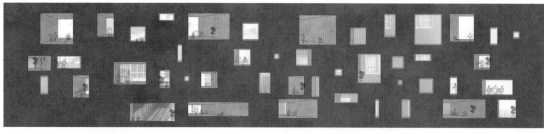

人々が思い思いに
開口を選択していく

通りから見た外観

4階子どもスペースから吹き抜けを
見る

屋上テラス。
チューブが建物から
伸びているのが分かる

敷地図

コンセプト

建築を人工生命の一形態として考え、ダーウィンの自然淘汰説に基づき、進化させる。自然界と同様に、形態生成、遺伝子のコード化、複製、淘汰の原則に従わせる。そのためここでは建築の構成要素を分解し、建築を可動で、非形式的で、融通性に富み、非永続的なもので、互換性に富んだ組立セットのようにしている。結果的には建築単体が知能を持ったかのように自己を再構成し続け、状況や社会構造の変化に適応するシステムを設計した。

生成過程
—cybernetics architecture—

ID.0378

大口 博之
Hiroyuki Ohguchi

日本大学
理工学部 建築学科
3回生

作品用途: 集合住宅
課題名: 代官山コンプレックス
取組期間: 3.5カ月

■Abstract

サイバネティクスの概念を取り入れたこの建築は、建築と人間とで相互作用を起こす。建築は、実験的に空間をつくり出し、人間の喜び(利用率、滞在時間、直接的なフィードバックのデータ)に対して最適化させる。しかし、単調に最適化させれば局所的な最適解に陥り、デザインの可能性が検証しきれない。加えて、複雑な変化がもたらす事件性が減少する。事件性というのは、出来事のうち、ごく日常的な継起的変化(にぎわい)ではなく、偶然的、突発的な出来事のことを指す。そこで、①相互作用のプロセス(最適化)、②不確定性(事件)という2つのテーマを設定した。これらのテーマに対して可動装置によって変化し対処するシステムを構想した。

■不確定性

不確定性を持ちつつ、最適化をするには、セルの座標を遺伝子に設定してしまうと、局所的な最適解に陥りやすく固定化されやすい。そこで、CellularAutomata(CA)の自己組織化側面と、遺伝的な最適化に着目した。CAとは、空間に敷き詰められたセルが、近隣のセルと相互作用をする中で自らの状態を時間的に変化させていく「自動機械」のことである。

■Diagram

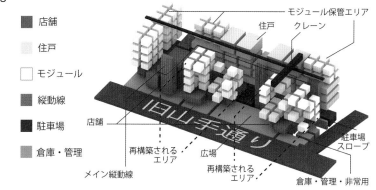

凡例:
■ 店舗
░ 住戸
□ モジュール
■ 縦動線
■ 駐車場
■ 倉庫・管理

モジュール保管エリア
住戸
クレーン
駐車場スロープ
店舗
旧山手通り
メイン縦動線
再構築されるエリア
広場
再構築されるエリア
倉庫・管理・非常用

設計フローチャート

開始
集落の教え
建築形態の人工生命化
代官山要素
システムの設計
全体計画
1F店舗計画
再構築可能エリア
住戸計画
CA
評価
遺伝子型の一点交叉および突然変異の実行
終了

Game of Life

CAの中でも有名なものにConway's Game of Life(生命の誕生、進化、淘汰などのプロセスを簡易的なモデルで再現したシミュレーションゲーム)がある。これを参考にすると、セルの種類は少なく、ルールは単純にするほど、多様なパターンを見せる。

例 誕生 生存 過疎 過密
次の状態↓

よって最初にセルはNull、外部、内部セルの3つを設定しヴォリューム生成をして、後ほど機能を充てる段階的な生成プロセスにした。

右画像はConwayのGame of Lifeによって生成したヴォリューム。

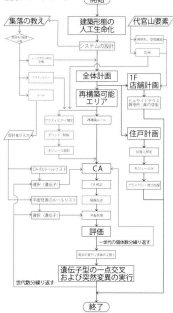

白: Aセル(外部)
黒: Bセル(内部)

Generator

この配置に対し全てのセルを通る最短経路が生成される。
その後、外部・内部セルに、座標的な位置、または近傍によるルールからモジュールが充填される。

寄り道library

ID.0403
松本 紗季
Saki Matsumoto

武蔵野大学
工学部 建築デザイン学科
3回生

作品用途: 図書館
課題名: コモンズとしての大学図書館
取組期間: 1.5カ月

コンセプト

敷地は、西東京市武蔵野大学キャンパス内である。学校帰りに寄り道するように立ち寄れる、新たなコモンズを持つ大学図書館を考える。かつての武蔵野の断片を植物のフィールドワークを通じて、見つける。また現在のコモンズを植物と銀杏並木と考え、環境と人の持つ既存のコモンズから建築のカタチを見出す。本を通して人や知をつなぎ、本を介した個と個をつなぐ接点としての図書館の提案である。

■本(知)のコモンズ

本課題では大学図書館のキャンパス内に敷地を設定するため、銀杏並木横のエリアに設定した。この場所は並木道から寄り道するように立ち寄れる。幼稚園児、中高生、大学生を、本を通して新たな人や知とつなぎ、季節、時間帯で異なる人の流れを感じ、大学敷地の樹木に囲まれながら過ごせる本(知)のコモンズがそこには出来上がる。

■本棚がつくる空間

本棚を曲線として曖昧な空間をつなぐ教室、読みながら交流できるカフェをつくる。そこでは、本棚に座るなど、本棚を自由に使うことができる。

■既存の大学図書館との関係

既存図書館に行く途中、寄り道した中高生や他学部の人、地域の人に自身の研究成果を伝える場を設ける。これが続いていくことで個人の活動が線になる。

教室
カフェ —— 空間の交わり —— 一人で学習
グループワーク

既存の図書館に通じる、大学の奥へ続く銀杏並木は、幼稚園児から中高生、大学生などの多様な人が行き交う「既存のコモンズ」であると考えた。

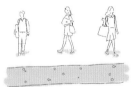

■植物が決めるカタチ

植物に合わせた屋根のカタチ。植物に必要な日光に応じて屋根を出したり、引っ込めたりする

植物に応じて、並木道の人通りの多いところからでも、ところどころ視線を遮る

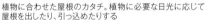

人通りの少ない人が踏んで固まった土の道

大学の奥へ続く銀杏並木

今あるコモンズ(銀杏並木)と、敷地の中で植物が作り出した小道を図書館の境界とする。

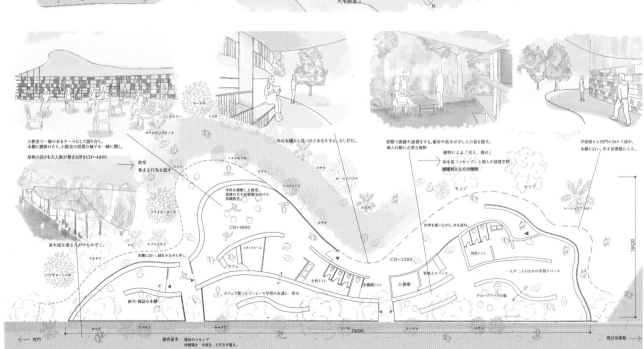

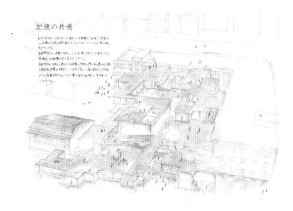

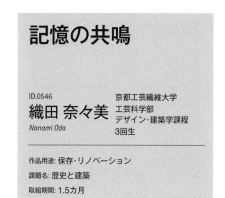

記憶の共鳴

コンセプト

人知れず心にとめている経験を記憶と定義する。記憶は永遠に生き続けるものではない。いつの日か零れ落ち、忘れ去られてしまう。京都所司代と待賢小学校。2つの記憶を持った場所。だが、時を経て、その記憶は忘れ去られてしまった。京都所司代を現代に甦らせ、旧待賢小学校に挿入する。異なる記憶を保証する建築が現出し、一体化する。一度は終わった物語がもう一度幕を開ける。こうして零れ落ちた記憶は生き続けることができる。

ID.0546

織田 奈々美
Nanami Oda

京都工芸繊維大学
工芸科学部
デザイン・建築学課程
3回生

作品用途: 保存・リノベーション
課題名: 歴史と建築
取組期間: 1.5カ月

■時間の記憶装置としての建築　■記憶を重ねるコンバージョン

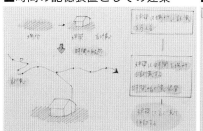

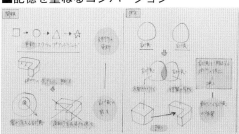

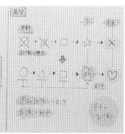

■空間の共鳴

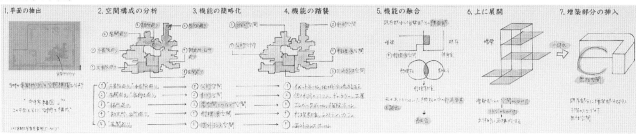

■記憶を構築するエレメントを残す

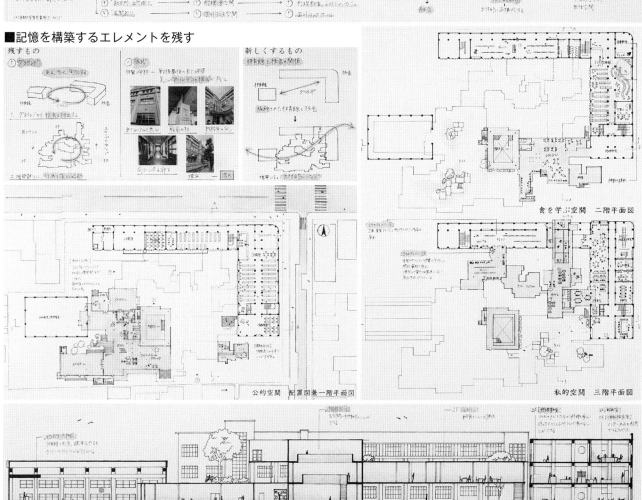

明るい洞窟

ID.0735

蝶野 史弥
Fumiya Chono

関東学院大学
建築・環境学部
建築・環境学科
3回生

作品用途: 住宅
課題名: 人とその伴侶のための家
取組期間: 1.5カ月

コンセプト

透明な筒によって、内部と外部の空間が常に変化する住まい。筒の中に植物、雨、光が入ることで自然豊かな敷地に溶け込む。筒の中に雨水が溜まることで水が土の中に浸透し、水脈が形成されることで常に大地が呼吸し続ける。また筒の中に植物が育ち、根が生えることで水をより土中深くまで動かす。こうして人間、自然、大地、生物が共に成長し、共存することで生きる喜びを感じられる住まいを設計する。

■Site

自然豊かな湘南国際村。木や草が生い茂る谷の底に家を建てる。人工的な建物にも関わらず、周りの敷地に溶け込む。年月が経つと筒の中に植物が育ち、さらに自然に溶け込む。家の中にいながら自然を身近に感じることができる。

■Diagram

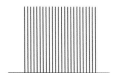

1. 透明な筒を並べる。

2. 内側に人や生物が住む空間をつくる。

3. 雨の降る部屋や部屋の用途によって天井と屋根の高さを決める。

■Detail（天気と筒の関係）

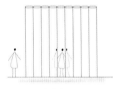

晴れ。
光を透過する。内部と外部で歪みが生じる。

雨。
筒の中に雨水が溜まる。内部と外部の歪み方が変化する。

雨上がり。
雨水が土の中に浸透し、植物が繁茂する。

自然豊かな外部空間が内部にもある。

壁が薄いことで筒の重なりがなくなり、内部と外部の歪みが弱くなる。よって自然により近い空間になる。

廊下の床は三和土
内部と外部があいまいになる。

居間の床はテラゾー
居間としての空間をつくる。

内部空間には雨が降らない。しかし、中央の雨が溜まる部屋と木が育つ部屋には雨が降る。

雨が溜まる部屋
生物が水を飲みに来る。

野生動物や虫などが休むことができる部屋

寝室はへこんでいる。包まれながら寝ることができる部屋
壁が厚いことで音が遮断される。

木が育つ部屋
土中環境をよくする。

筒の中に雨が溜まり、空間の歪みを強くする。雨が溜まり筒の中に草が育つ。

床にささる筒には雨が溜まる。その水脈は、地上と地下をつなぎ、空気と水を常に循環させている。「明るい洞窟」は筒の中に雨水が入ることで水が土中に浸透し、常に大地が呼吸し続ける。

中央に雨の降る部屋があるため、中央に向かうにつれて屋根を低くし、雨が流れやすいようにする。そして年月が経つにつれ、地面が掘られることで外部だけでなく内部も周辺に溶け込む。

■Scene

内部と外部が交わる空間

■形態操作

1．土地を横断するように壁を設置し、2つに分断する。

2．壁の入り口をつくり、北側に木陰の広場、南側に陽だまりの広場をつくるように湾曲させる。

3．壁を延長させ連続性のある空間をつくる。南側には壁をめくりあげ、光を取り込む。

4．ガラスを入れ、内部空間と外部空間を分ける。

例えば、壁の狭間で

ID.0746

奥川 祐里菜
Yurina Okugawa

近畿大学
工学部 建築学科
3回生

作品用途：美術館・博物館
課題名：現代美術のための美術館
取組期間：2カ月

コンセプト

中心の壁は、延長され一つの大空間を生む。それによって空間は二極化される。北側に広がる、落ち着いた空間。南側に広がる、賑わいの空間。二つの空間を行き来するたび、上から注がれる中心の光。人々は自分で好きな場所を選びながら、非現実的な世界で美術作品に触れる。この美術館に訪れ、それぞれが自分なりの楽しみ方を見つけて欲しい。

■変化する空間

空間としては一つの大空間であるが、美術作品の手前の床に起伏を付けることで、作品を見るために気持ちの切り替えが出来るような空間をつくる。また天井にも起伏を付け、そのまま天井が壁にもなり、閉じた空間が生まれ、一つの大空間の中にさまざまな空間が生まれるようにする。

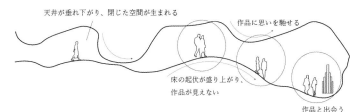
天井が垂れ下がり、閉じた空間が生まれる
作品に思いを馳せる
床の起伏が盛り上がり、作品が見えない
作品と出会う

入り口から壁の中心に向かって道の勾配がなだらかに下がり、中心に向かって吸い込まれる形となっている。入り口に立った時、ふと足を踏み入れたくなるような空間の美しさをつくり出した。

緩やかに下がっていく勾配

北側の空間を照らし出す明かりとして展示することで、周囲の取り巻く空間や、見る者の感受する知覚を変化させる

内部の中心空間に置かれることで、作品を最も魅力的に見せられる

陽だまりの広場

地上空間
壁の起伏によって地上に生まれた様々な空間は、子供たちの遊び場や、路上販売が拓かれたり、年齢関係なく様々な人が交流できるような場とする。

内部空間
人々が集まって見やすいような大きな作品を展示出来る大空間や、南側に開口部を取ることで、光を積極的に取り込んだ明るい空間を目指した。

木陰の広場

地上空間
北側は森に包まれており、唯一ある入り口は低く、くぐりながら奥街園内に入る。森で見つけた秘密の場所のような気持ちで足を踏み入れてほしい。

内部空間
北側は開口部がほとんどない真っ暗な空間で、生や死をテーマとした作品などをメインとし、床や天井の起伏がついた空間を用いて展示している。

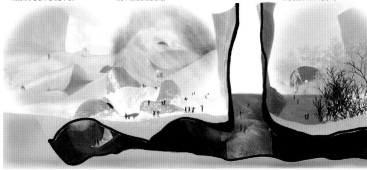

現代科学の具現と言える作品を、南側の森が見えて光の差し込む開口の前に展示し、新たな魅力ある空間を生む

時間をテーマとした8枚組の作品を、日常を感じられるような、内外の境界になる南側のガラス部分に展示する

ユダヤ人としての自らのアイデンティティと、表現の背景が重い作品のため、北側の起伏がついた壁の手前に展示する

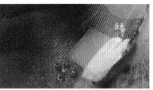
自然とリンクさせるため、南側の端の細く光が差し込む先に作品を展示することで作品の美しさが際立つ

人の家の庭を歩く

ID.0875

加藤 凌弥
Ryoya Kato

近畿大学
建築学部 建築学科
デザインコース
3回生

作品用途: 福祉施設
課題名: まちづくりの核として福祉を考える
取組期間: 2カ月

コンセプト

人の家の前を歩くと美味しそうな匂いが誘ってきたり、植物で目線を遮られて暗に拒まれたりすることがある。人の家の庭では小さなコミュニケーションができる。福祉施設内での繊細な距離感を空間化するために庭を活用した建築を提案する。

■敷地

敷地は大阪府空堀地区。旧桃園公園を福祉施設へと転用する。駅から商店街までの街の主要な動線を敷地内に通し街の通り庭とする。街の主要動線は、朝は仕事へ行く人、夕方には商店街へ買い物に行く人、遊びに来た子どもたちなど多様な世代が利用している。公園内に流れをつくり、これらの人々を招き入れる。

■空堀の庭を分類する

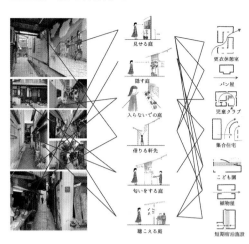

開口や軒、庭先で人を招いたり、拒んだりしていることから、福祉施設の各機能の分棟の平面を決める。店や公園の入り口は人を招くよう設計し、住宅やこども園は人を拒むような設計とする。

■街の動線と居場所を関係づける

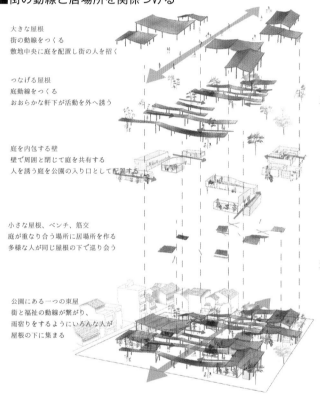

大きな屋根
街の動線をつくる
敷地中央に庭を配置し街の人を招く

つなげる屋根
庭動線をつくる
おおらかな軒下が活動を外へ誘う

庭を内包する壁
壁で周囲と閉じて庭を共有する
人を誘う庭を公園の入り口として配置する

小さな屋根、ベンチ、筋交
庭が重なり合う場所に居場所を作る
多様な人が同じ屋根の下で巡り会う

公園にある一つの東屋
街と福祉の動線が繋がり、
雨宿りをするようにいろんな人が
屋根の下に集まる

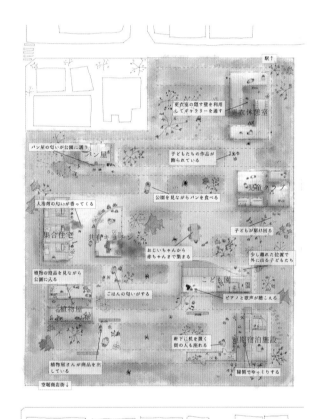

自然の生態と共に成長する
サンゴ礁の成長による、空間の変化の探求

ID.0929

譚 凱聡
Kaiso Tan

京都精華大学
デザイン学部 建築学科
3回生

作品用途: 住宅
課題名: もうひとつの自然、はじまりの建築
取組期間: 2.5カ月

コンセプト

サンゴ礁の成長により、空間が2の自乗に変化する。空間が未来にどう変化するか分からないが、未知の空間は人々を惹きつける。空間の変化により、すべての物の関係性が変わる。その空間がどう成り立つかは、その集落に任せる。「建築づくり」というプロセスを通じて、代々の思い出を、文化を受け継いでいきたい。

敷地である京都・上世屋集落は、全人口の約7割が移住者である。農業と狩猟で生計を立てる人以外にも、和紙作家や藤織作家などさまざまな生業で暮らす人が集まっている。京都府無形民俗文化財に指定されている、上世屋の藤織りの技術を受け継ぎ、建築に応用する。

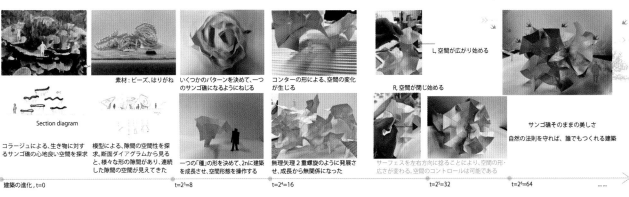

素材 : ビーズ、はりがね

Section diagram

コラージュによる、生き物に対するサンゴ礁の心地良い空間を探求

模型による、隙間の空間性を探求。断面ダイアグラムから見ると、様々な形の隙間があり、連続した隙間の空間が見えてきた

いくつかのパターンを決めて、一つのサンゴ礁になるようにねじる

一つの「種」の形を決めて、2nに建築を成長させ、空間形態を操作する

コンターの形による、空間の変化が生じる

無理矢理2重螺旋のように発展させ、成長から無関係になった

L, 空間が広がり始める

R, 空間が閉じ始める

サンゴ礁そのままの美しさ
自然の法則を守れば、誰でもつくれる建築

サーフェスを左右方向に捻ることにより、空間の形・広さが変わる。空間のコントロールは可能である

建築の進化, t=0 　　 t=2³=8 　　 t=2⁴=16 　　 t=2⁵=32 　　 t=2⁶=64 　　 …

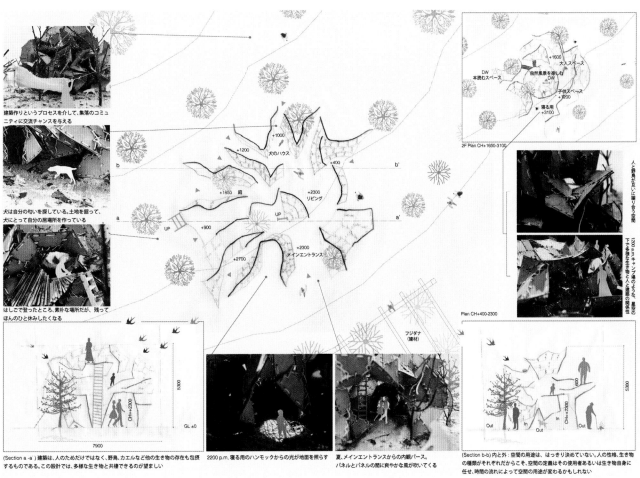

建築作りというプロセスを介して、集落のコミュニティに交流チャンスを与える

犬は自分の匂いを探している。土地を掘って、犬にとって自分の居場所を作っている

はしごで登ったところ、素朴な場所だが、残ってほんのひと休みしたくなる

2F Plan CH+1600-3100

Plan CH+400-2300

人と動物がお互いに寄り合う空間

1200㎜のキャンプ場のような、星空の下不確定な生き物と人と建築の関係性

フジダナ（建材）

(Section a -a) 建築は、人のためだけではなく、野鳥、カエルなど他の生き物の存在も包摂するものである。この設計では、多様な生き物と共棲できるのが望ましい

2200 p.m. 寝る用のハンモックからの光が地面を照らす

夏、メインエントランスからの内観パース。パネルとパネルの間に爽やかな風が吹いてくる

(Section b-b) 内と外 : 空間の用途は、はっきり決めていない。人の性格、生き物の種類がそれぞれだからこそ、空間の定義はその使用者あるいは生き物自身に任せ、時間の流れによって空間の用途が変わるかもしれない

建築新人戦2022 公開審査会ドキュメント

16選へのコメント

ID0292 山田 遼真（武蔵野美術大学 3回生）
「AperTUBE in Tomigaya」

山口：3回生の時点でこれほどうまく設計されているのには、大変驚きました。背が高い建物を設計するのは難しいのですが、最後まで緻密に設計されています。構造がしっかり考えられていて、かつ単純な操作で多様な空間を生み出しています。一方で、利用者である子どもと建築の間に少し距離を感じました。もっと子どもについて掘り下げても良いと思いました。また、端正な佇まいでまちに馴染むとは思いますが、もう少しまちに対して親しみを与えられるキャラクターを持っていると良いですね。作品の完成度と議論を巻き起こす性質が共存する作品が選ばれるのだと改めて認識することができました。

ID0378 大口 博之（日本大学 3回生）
「生成過程 −cybernetics architecture−」

山口：代官山という非常に強いコンテクストのあるまちの中で、人工生命をモチーフに自動生成される建築にチャレンジし、100選の中でも非常にオリジナリティがありました。みんなが敷地周辺についてリサーチしている中で、一人だけシステムについて深くリサーチしていることに驚きましたし、他人と異なる素晴らしいスタンスだと思います。ただ、できたものを見ると、多様な空間が生まれている一方で、この手法を用いたことで、今までにない新しい住まい方が提案されているとさらに良かったです。とてもオリジナリティのあるスタンスのため、このような場面では評価の中におさまりづらいとは思うけれど、今後も続けて欲しいと強く思います。

ID0403 松本 紗季（武蔵野大学 3回生）
「寄り道library」

松村：新しく目立つものを建てるのではなく、景観に沿った建物が設計されているのが良かったです。コモンズを新たにつくり出すというよりも、既存の大学図書館とどう関係していくか、あるいは今あるものを問い直し、土地の持つポテンシャルをどう生かすかを考えている。そこに共感を覚えました。そして特に良かったのが、既に生えている植物が建物の形を決めるというところ。今ある植物を建築に生かすことは、都市計画や建物に合わせて樹木を伐採したり植栽を考えたりしてきた既存の社会の在り方に対する投げかけにもなるのではないか。新たに建てるのではなく、既存の景観に相応しいものを考えている点を評価しました。

ID0546 織田 奈々美（京都工芸繊維大学 3回生）
「記憶の共鳴」

松村：メインの水彩画と、手書きのテキストにほっとさせられました。多くの作品が未来的な曲線や新素材を使ったりして、新たなイメージを打ち出そうとする中、今こそ手書きの文字や水彩画なのだと訴えているように感じました。今ある小学校に対して、その前から続く記憶を重ね合わせた上で、新たな記憶をつくるというコンセプトも非常におもしろい。未来を想像することは、全く新しいイメージを生むことだと思われがちですが、そのような作品はどれも似てきます。本当に新しいものは、その土地が持っている個性や歴史性という過去の蓄積の先にある未来を喚起する作品です。今あるものを生かしながら新たなイメージを社会にどう提示するかは、建築が問われている普遍的な問題なのかなと思いました。

ID0735 蝶野 史弥（関東学院大学 3回生）
「明るい洞窟」

遠藤： 筒状の集合体で建物ができあがっており、アイデアも良いし、造形力も非常に高い。建築設計を勉強して今後もメッセージ性の強い作品をつくり続けて欲しいと感じました。私は日頃から、単純に見えるもので複雑な事象をつくることを考えていますが、蝶野さんの作品は、単純に見えるものは実は複雑であるという現代的なアプローチがとられています。さらに、雨や草などで様相が変わるようなところがあり、環境問題にもアプローチしている。一方で、強いメッセージ性を持っている作品ですが、実際に建った時に単に汚れたものに見えてしまわないかと懸念を抱きました。きれいな模型、プレゼンテーションではなく、本当に建築として建った時の姿が見たい。それに対する説明があると、今後リアルな設計をしていく上でもさらに良くなると思います。

ID0746 奥川 祐里菜（近畿大学 3回生）
「例えば、壁の狭間で」

遠藤： アイデアが斬新です。私は新しいことに価値があると思っています。地上に出ているところが地下と一体になっており、屋根がないので、光が入ってきたり雨が入ってきたりする、見たことがない新しい空間を生み出しています。人間の手で行われた所作が、実は自然に近づいていくことにつながるというアプローチが新しい。一方で、この建物が何を解決しているのかをもっと強く伝えて欲しいと思いました。これだけの造形力と提案力があるのだから、何が解決できるのかを、そこに作者である奥川さんがいなくても、プレゼンなしでも、案だけで伝わるような、案の説得力を出して欲しいと思いました。

ID0875 加藤 凌弥（近畿大学 3回生）
「人の家の庭を歩く」

平瀬： まちに閉じた福祉施設を分解するということがテーマで、廊下や部屋があるという近代建築的な概念ではなく、おおらかな大屋根があって、その下に空間がボックス状に分散して配置されている点を高く評価します。模型を見ると、屋根の曲率が多様で、奥に進むにつれて重層的に伸びやかさを生んでいます。課題「まちづくりの核として福祉を考える」に対して、「敷地内を通り庭にする」と書いていますが、敷地内を通って何が起こるのか。ボックス状のところにフックとなるような設えをもう少し考えた上で、まちとの関係を強く語ってもらうとより良かったですが、力作だと思います。

ID0929 譚 凱聡（京都精華大学 3回生）
**「自然の生態と共に成長する
サンゴ礁の成長による、空間の変化の探求」**

大西： サンゴ礁をモチーフにして、まるで自分の力で成長する自然の一部のように建築をつくる提案です。通常は自然の形態を模してつくると、空間が重く感じられるのですが、模型を覗き込むと、光が少し落ちるところや落ち着いた洞窟のような場所が中にあって、楽しそうな空間になっています。また、一見造形的な形をしていますが、地元にある藤と土を混ぜた素材で、実際に地面に置くと経年変化で木のような素材に見えてくるのではないかと思います。実際は重量により形態を保持するのが大変だと思うので、もっと大きな模型をつくってみる、もしくは構造計算をするなどして構造を詰めると、より魅力的になるのではないでしょうか。

8選への質疑応答

ID0009 井上 ユカリ（武庫川女子大学 3回生）
「永い暮らし」

大西: スケルトンとインフィルのように、地形的なものと仮設的なものの組み合わせでできていると思いますが、それぞれ、どういうルールでつくったのでしょうか。

井上: スケルトンのような躯体は大黒柱を中心に求心性のある配置を平面で決定していき、断面関係については、空間の質のようなものを残すよう少し高さに変化をつけて配置しました。インフィルの境界線については、従来のものは壁や軒下のような目に見える線が境界をつくっているように思えたので、景色のいい外に取り出し、敷地と私の感覚で線を引いて設計しました。

山口: 伸縮する家族について、例えば現状では三世代を想定していますが、一世代や二世代の時もあるわけですよね。その時には、この家はどういう使い方がされるのですか。

井上: もう少し家具がのびのびと配置され、例えばインフィルの境界線に少しゆとりができて曲線を用いた線を引くこともできると考えています。

平瀬: スケルトンにも、鉄骨とコンクリートという異なる2つの時間軸のある素材を使っていますが、具体的にはどう考えていますか。

井上: 柱を最も時間軸の長いものと考え、敷地にずっと残ってもいいものを柱にしました。最初に打つ大黒柱が敷地に長く残って欲しいため、その延長線で柱を残していくことで共同体の形を残していく。それに付随するスラブはもう少し柔らかさを持っていてもいいと思ったので、鉄骨にすることで、頻繁に変えるわけではないけれど変更することもできる冗長性があるよう構成しました。

遠藤: 樹木や植栽のみが拡張性を持っていくということは、単純にまちとの境界を拡張していくということですか。

井上: まちとの関わりは主に樹木を用いていますが、家の中での家族の境界を溶かす存在としては、植木鉢のような屋内においてある植栽が担います。そうした緑も、家族の境界や異世代の境界を溶かすと考えています。

ID0102 吉村 優里（武蔵野美術大学 3回生）
「日常のうらがわを」

遠藤: とても力作だと思いますが、暗い場所をつくることと、造形との関係性をもっと聞きたいです。どうして、暗いことがこの造形につながっていくのか。もっと別の形でも、暗いことは成立すると思います。

吉村: 屋根裏のような、日本建築的な光の取り入れ方や暗がりを目指していたところ、その屋根裏で光が溶けていく様が美しいと思ったことから、屋根を使って屋根裏の暗がりをつくりました。

松村: 照明はどうしますか。

吉村: いろいろ歩いて見た結果、手元だけ見えるようにキャンドルで照らすという照明の付け方にしようと思っています。

松村: どのような建物でも夜は電気を消せば暗くなりますが、夜はどうやって過ごすのですか。

吉村: 1階がカフェバーなので、夜は照明によって隠れ家的な雰囲気になり、2階以降は、用途によって使ったり使わなかったりするので、夜には使われないことも想定しています。

大西: 暗闇をテーマにするのはおもしろいですが、カフェバーでは、既に照明建築の中で暗くして雰囲気を出すようなことは行われていますよね。そうした商業的な建築にしたいのか、あるいは、それ以上の暗闇に対する強い思いがあって、この建築をつくっているのか。暗闇に対する切実さのようなものが分かるといいのかな。

吉村: 用途としては、既存で商業的なものが入っているので、それに合わせて商業的な施設を入れました。また、住宅やヨガスタジオ、アーティストの展示が行われても楽しいと思います。暗がりの実験場としてつくったので、そのスタートラインのようなものになればと考えています。

平瀬: テーマはとても興味深く力作だと思いますが、外部環境をどう享受するのかが気になります。周りの建物の模型は白く漂白されていますが、そこは何か考えましたか。

吉村: 外部環境は路地の奥のほうになりますが、あえてこの建築が相対的だったり、独自性や象徴性、求心性があったりと、少し不気味なものが中央にあることで、私たちをバーチャルな世界からリアルな世界に引き戻してくれるのではないか、そういうきっかけになればいいなと考えてつくりました。また、結構囲まれている路地にあるので、表で目立つというよりも、さりげなくちらっと見える状態が起こるのではないかと考えています。

ID0399 衣笠 恭平（京都工芸繊維大学 3回生）
「風化と構築 —自然と人間の相互扶助による　廃校の改築計画—」

山口: RCに対して木造を増築するということは、耐用年数が長いRCに、一般的に耐用年数の短い

木を加えるということですよね。100年後にまた違う姿を表すのかなと思います。でも、もう少し木とRCの耐用年数の違いについて考えがあれば教えて欲しいです。

衣笠：木造を選んだ理由として、RCと違って部材の取り換えが容易であること、また、耐用年数は木のほうが短いけれど、それによって部材の新陳代謝を促すことになると考えています。

大西：建物がすぐなくなるのではなく、なくなり方を考えたいというのはとても良かったです。でも、これだけ愛情をかけてさまざまな形で使い続けたら、そもそもコンクリートの部分はなくならないのではないでしょうか。コンクリートをあえて壊すということですか。

衣笠：そうです。自然の力を借りながら建てることで、その風景を通じて小学校が建っていた姿を想像するきっかけになればと考えています。

遠藤：私もとても気になっています。壊れないのではないか、そう簡単に朽ちていかないのではないか。むしろ、人為的に崩していくとか、そういうことですか。それとも自然の力でしょうか。

衣笠：両方です。構造的に脆くなって弱くなったところが壊れる前に、人の手で建築します。それ以外のところは、人間と自然の手が加わって一緒に建築されていく。

遠藤：何か美しい話のように聞こえますが、きれいに朽ちていくのはとても難しい気がします。きれいに朽ちていくためには何が介入していくのでしょうか。

衣笠：廃墟などは完全に自然の風化によって全部崩れていきますが、増築部に人々の営みがあるのが1番大きな違いです。そういった、人に使われる「生きた廃墟」というのが、この建築の姿だと思います。

松村：100年後や200年後を想像して建築を考えるのはとてもおもしろい発想ですが、廃墟はやはり不快なものだったり、気味悪い場所だったりすると思います。今使っている場所のすぐ隣に朽ちていく空間があるのは、その中で生活したり、場所として使ったりする人に何をもたらすのか、どんなイメージを持っていますか。

衣笠：朽ちていくところはたくさん人が来る場所ではないけれど、まちの日常の中にいろいろなものがあるのは、これから先の建築のあり様に向き合う中で必要なことではないかと考えています。

ID0515 山下 瑞貴（奈良女子大学 3回生）
「都市の余白再生計画〈斜面地編〉－獣道による年月をかけた動く風景のデザイン－」

松村：まず、獣道というのにぎょっとするというか、印象深いキーワードとして受け取りました。実際にどのような動物がどういう道をつくっているのかを聞きたいです。

山下：敷地が奈良県で鹿がたくさんいるため、ほとんど鹿による獣道です。少しだけ人によってつくられた獣道もあります。

松村：人によってつくられる獣道とは、どのようなものですか。

山下：人も動物の一種と捉えています。

松村：人も動物の一種として、人が歩くことによって生まれる自然発生的な道も獣道と呼ぶ。つまり、2100年に獣道が発見されるというのは想像上の獣道であり、仮想ですか。こういう場所が開発されていくと、鹿以外の動物が住み始めて、別の獣道も生まれてくるというイメージでしょうか。

山下：獣道を構成するような鹿以外の大きな動物が入ってくるかどうかはわかりませんが、物語性を持った範囲の中での話であるため、その可能性もあると思います。

大西：建築が一つもない、おもしろい話だと思いましたが、鹿がいると新しい芽を食べられてしまうため、水を溜めたり斜面を凸凹させたりすることによって新たな植生を育てていくような時は、鹿がなるべく入らないようにするなど、構築的なものが出てこざるを得ないと思います。そういった形で建築を構築することもできると思いますが、あえてそういうことはしないのでしょうか。

山下：構築すると、やはり鹿の行動を制限してしまうと思います。鹿の行動を制限したくないし、ささやかな操作を売りにしたいため、人為的なデザインをするというより、自然の流れに身を任せながら、最小限の操作で人の生活とつながるような緑地をつくっていくことが目標です。この自然の大胆さの中でこのデザインが成り立っていると思うので、鹿を制限したり、人間の行動を制限したりすることはしたくなく、構築物をつくることは考えていません。

平瀬：（プレゼン資料の）最後のほうの「自発的なアクティビティ」というところに、いろいろな寸法が細かく書かれています。平面図を見ても対応関係がよく分かりませんが、具体的にどのような提案をしていますか。

山下：例えば、この岩の寸法ならこの行動が予想

されるし、この形ならどのように座りやすいかなどをいろいろ実験した結果の予想の寸法です。

松村: それは平面に対してですか。

山下: 平面に置いている岩に対応しています。

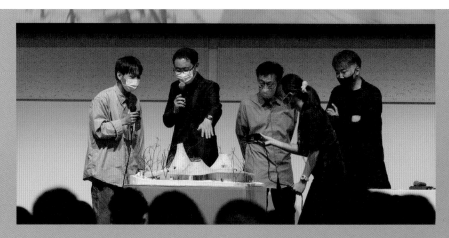

ID0575 諸江 一桜(秋田公立美術大学 3回生)
「母と父の家」

遠藤: 知的なアプローチでした。『反住器』を選んでいることに驚きましたが、『反住器』の良さとは何でしょうか。また、この設計のどこにインスパイアされた部分が反映されているのかもう一度教えてください。

諸江: 『反住器』は入れ子でできていますが、私が一番重要視したのは「母親が一人暮らしをしている」ことです。しかも、北海道にある家に対し、寒くて家に閉じこもるというより、外部の人を招きながら豊かな暮らしができるところが『反住器』の良いところだと思いました。そのため、来訪者を招く空隙を大切にして私も設計しました。

大西: すごくいいと思いました。ただ、どうして数多ある名作住宅の中から『反住器』を選ぼうと思ったのですか。

諸江: 6軒ほどの候補作品の中で唯一『反住器』

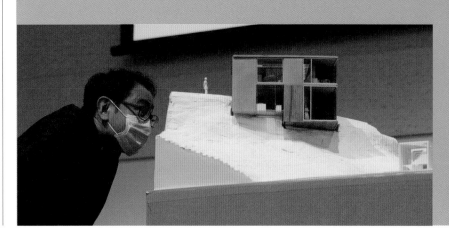

は、設計者の母親のために建てられたものでした。私も父親と母親のために設計する家だったため、そこから何か参考になるものが得られるかも知れないと考えて選びました。

山口: ご両親それぞれの部屋で空間の質がかなり違うことによって全体として非常にいい空間ができていますね。お父さんのほうは特に、2階がかなり空隙に接していて空間が大きいことからオープンな人柄なのかな、と想像が膨らみました。そういった住み手の性質が見えてくるプランのような気がしましたが、ご両親の部屋の割り振りはどのように考えましたか。

諸江: 父は夜中に散歩をするなど、歩きながら物事を考えるのが好きなので、できるだけ水平方向を意識して設計しました。母はピアノを弾くことが好きなので音がよく反響するように、細長い部屋というよりは大きい形状の部屋にしました。

平瀬: お父さんはL型の部屋ですが、階段は1カ所ですね。もし階段がもう1カ所あればお父さんがぐるぐる回り続けられる部屋をつくれたと思いますが、どうですか。

諸江: 階段の追加は検討しましたが、『反住器』には視線と動線のずれがあるため、隣の空間を見るには回り道をしなくてはならないことから、私もそれを参考に設計しました。

ID0610 王 宇龍(京都精華大学 3回生)
「大地と繋がる図書館
－まちと文化を育てる新しいコミュニティ－」

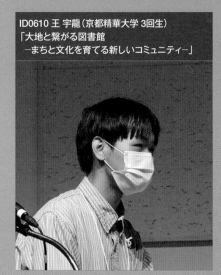

山口: 模型の半分でストラクチャーが見えている状態ですが、実際にはすべてに屋根がかかっていると考えていいですか。

王: はい。

大西: 屋根がとても特徴的ですが、壁が屋根にどこまでタッチするのか、どのくらいの高さに壁を設定しているかについて考えていることはありますか。

王: 壁と本棚が一緒になっています。高さは天井の日差しが入るように、屋根よりも少し小さく設定しています。人と人が出会えるようにこの丸い形に設計しています。

遠藤: 屋根の外にはどのように出るのですか。

王: 窓から出て人々は交流します。

松村: 屋根に登れるのが素敵で楽しそうだと思いましたが、危ないのではないでしょうか。屋根から滑って落ちそうです。屋根を遊べる空間にする配慮はしているのですか。

王: 昔の住居を参考にしました。こちら側は遊べる屋根にしています。

松村: 遊べる屋根と遊べない屋根で区域を分けているということですね。

ID0984 領家 明代(成安造形大学 3回生) 「響命の森」

松村: 居住するスペースではなく、巨大な遊具のようなイメージですか。

領家: そういうイメージでつくりました。

松村: 上の空いているところからは雨が降り込むし階段もむき出しですが、屋根の上に登るなどはできそうですね。体を動かすイメージが建築に反映されているようですが、具体的には、どの部分にどういう身体的なものが反映されているのでしょうか。

領家: まず敷地の中でも傾斜がある場所を選んでいます。その傾斜に特別に道をつくるというイメージではなく、線材になっている手すりかつ腰掛ける場所のようなところを掴みながら進むことで、体を動かすことにつながります。壁と壁の隙間も通りやすいように広くするのではなく、体をねじ込むような狭い部分をつくるなど、さまざまな種類の広さを持たせることで、体を動かしたりアクションが起きたりするようにしました。

遠藤: つまり、リハビリといった医学療法的な建築ということですか。

領家: 医学療法的なことはあまり考えていません。あくまでも屋外遊具として使う楽しい場所を想定しています。敷地内には体験教室ができるビジターセンターや古民家など既存の建物があるので、そういう部分とはまた異なる、研究目的ではなく楽しめて休息場所にもなるイメージでつくりました。

山口: 敷地の話が今出てきましたが、この場所に至るまでの道や場所性はどういう状態ですか。

領家: 敷地周辺図のオレンジで囲われたところが計画地で、中央の開けたところが田んぼになっており、田んぼと田んぼの間に通路があり、その通路の先に木々に覆われた傾斜地があります。そこまで行けるハイキングコースはありますが、その道を使う人が少ないため、古民家とビジターセンターの周辺に人通りが偏っている状態です。

平瀬: 手すりにもなっていない場所にはどのような機能があるのですか。

領家: 手すりにもなっていない場所は、陽の光が当たった時に影や線の光などが出てくるので、自分が隠れる影にならなくても、こういう影が出ること自体が空間体験の一つになるのではないかと考えました。

ID1044 松尾 侑希乃(京都大学 3回生) 「つぎはいでゆく、」

山口: つぎはぎによって魅力的な空間が生まれていると思いますが、一方で建築ではなく単なる展示計画のように見えてしまうところがあります。建築的にどういう提案がされていて、それに対してどうつぎはいでいくか、そういう面で話を聞きたいです。構造体や外景、ストラクチャー、あるいは周辺環境との調整などで、建築的に考えたことがあれば教えてください。

松尾: 周辺住宅と大学の校舎のスケールの中間くらいの大きさで、つぎはいだり、敷地側に寄せてつくったりしました。

大西: つぎはいでどこに屋根がかかっているのかなど、外観の全貌が分からないので説明してください。

松尾: 屋根はそれぞれのつぎはぎの建物に合わせています。

遠藤: キッチュな建築にならないように、どのようにコントロールしましたか。キッチュな方向に進まないための境界が必要だと思いますが、どこでそれを判断しているのか分かりません。つまり、無造作にどこかの風景を持ってきているように、借りてきているように見えます。自分の中でそれをコントロールするためのルールのようなものはあるのでしょうか。また、「つぎはぎ」というコンセプトはいいと思いますが、なぜ既存の建物をつぎはいだのか。既存の建物をつぎはぐ必然性が分かりません。

松尾: 一番の理由は、京都大学の博物館をつくることで、大学内の歴史ある建物を博物館の敷地におさめ、もともとある建物をつぎはぐことで新しい空間が生まれればいいなと考えました。

ディスカッション

光嶋：まず、建築新人戦は勝ち負けではありません。大事なことは、今日ここで既に行われた議論と、今から語られる議論。それをいかに自分ごととして聞けるか。それができると、間違いなく今後の伸びしろに影響します。つまり、これから話すのは8選に対する個別の話ですが、建築というのは複雑な存在で、その裏には皆さんの課題とリンクする接点がたくさんあります。だから、比べる必要はないけれど、自分の作品に関連付けて考える、つまり抽象的に思考することを、このディスカッションの中でしてください。

ID0102 吉村 優里（武蔵野美術大学 3回生）
「日常のうらがわを」

山口：ID0102吉村優里さんに質問です。暗さに着目したのはとても良かったけれど、この建築がまちの中にあって怖くないかが気になります。内部を暗くすることの副反応として、まちとの間に壁を立ててしまうことにならないでしょうか、それがややエゴイスティックに思えてしまう。また、プレゼンの最後に、通りからアイレベルで見たパースがありましたが、模型とあまり一致しませんでした。まちに対して、この建築がどうあって欲しいのか。そのあたり、葛藤でもいいので、どう考えたか聞きたいです。

吉村：実は私もスタディをしながらずっと考えてきたことであり、今も葛藤を抱えています。でも、この場所の周りは住宅やカフェ、個人店と、非常に密な路地というか、生活と密着している場所だったので、むしろ周りの人にとっては、開くよりも背を向けるほうが良いのではないかという結論に至りました。ただ、既存がとても閉鎖的で、一面に囲まれている壁には絵が描かれ、増築と改築を繰り返した混沌とした状態になっているにも関わらず、カフェなどが成立しているのがとても不思議なのです。実際に少し歩いてみたけれど、三方を道に囲まれている特徴的な敷地で、車や自転車では近づけないので歩いている人が多かったです。歩いていると、道から中がチラッと見える。そういうことが起きるのではないかと思いました。

山口：アイレベルのパースを見た時に良い意味で印象が変わったので、必ずしも背を向けていないというか、そこでせめぎ合ったのではないかという話を聞きたかったです。

吉村：入りやすいような工夫はしています。増田信吾＋大坪克亘が設計した作品で、照度が急に切り替わると怖い暗闇に見えるけれど、徐々に照度を落としていくと、スーッと入れるような柔らかな暗闇になるという話を参考に、1階の入り口のあたり

は軒を深めに出し、照度差を緩やかにする工夫をしています。

平瀬：吉村さんの作品に非常に好感を持っています。設計が「暗さ」と本人の体験からスタートしていることが、たくさんあるスケッチから分かります。現代ではなんとなくいろいろなものを開けばそれでいいという風潮がある中で、あえて「暗く閉じる」のがとても良い。一方で、外観のマテリアルがたくさんありますが、これらは中に反映されているのでしょうか。違いのある屋根素材が異なる反射光を室内に届けるとプレゼンボードに書いてありましたが、外はマテリアルが非常に強く描いてあるのに対し、中は抽象的に感じられました。それについてどう考えていますか。

吉村：まず内部に素材が少ないのは、空間を抽象的にというか、光が中心になって分節が起これはいいと思っていたので、素材を変え過ぎて建築の強さが出過ぎないようにするためです。屋根は外部環境として捉えており、内部に影響を及ぼすものなので反射を考えました。下は現状のままだと、ただの路地になってしまうことから、借景のように窓の外の景色を取り入れるため、現在のような形になっています。

ID0515 山下 瑞貴（奈良女子大学 3回生）
「都市の余白再生計画〈斜面地編〉ー獣道による 年月をかけた動く風景のデザインー」

山口：「取り戻す」という表現をしていましたが、そもそも奈良というまちは、自然環境を人間のために都市化してきた歴史都市ですよね。そのような都市において、唯一残った猿沢池の縁を人間が取り戻すというのは少しおかしな話だと感じました。都市化された都市を自然に返すことまで提案されていないと、非常にエゴイスティックのように思え始めました。ただ、これをきっかけに奈良のまち全体をリデザインするという問題提起のようにも感じられる。もし猿沢池だけでなく、そのほかの周辺に対して考えたことがあったら教えて欲しいです。

山下：この場所は人間に使われていないだけでなく、地盤が固まって分断され、自然や生物にとっても有効活用されていない場所です。人間の知恵は自然の一部であり、開発が進んできた現代なら、人の手を加えることで素晴らしい自然を生み出すこともできるでしょうし、むしろ、人間の手を加えて自然と人間が共存していくこと、自然を一つのパートナーとして一緒に生きていく手段として開発を考えています。だから、人間の手を少し加えて自然も人間も入ってこられるようにするのが、この環境

で人間が生きていくための手段の一つとなるのではないでしょうか。

山口：最後に言った「人間が生きていくための手段」が、あなたにとって大事なのですね。

山下：もちろん人間がつくるから人間の環境になると思いますが、生物たちにもいい環境になると考えています。

山口：人間と自然とが渾然一体となることを「取り戻す」と言っているのですね。

光嶋：山下さんの作品において「人間」という言葉と、自然が予測不能なもの、あるいはコントロール不能な他者としての自然、それに対する関わりが明快だと思いました。でも、人間のための建築だけではないというメッセージがある反面、何もつくっていないのですよね。そこにエゴイズムがあるように感じられるのがポイントですね。
一方で吉村さんの「閉じる・暗い」は、社会に対して「開く・つながる」という一つの傾向がコロナ前からあるけれど、それに逆行している。『陰翳礼讃』とはまた少し違う、明るい暗さ。大西先生が「暗闇に対する切実さ」と言っていましたが、この暗さも、人間の知覚するものとして、人間ではないものへの想像力の暗さ。それを山口さんは怖いと言いましたが、怖いですよね。山下さんが「生物」と言ったものも、ある種の怖さを持っているというか、自然に対してどう向き合うかという怖さ。暗さと自然は少し関係性があるのではないかと思いましたが、他の先生方の意見も聞きたいです。

大西：私も、山下さんの奈良の斜面地の案に興味はありますが、誰がやるのかが気になります。そこに対する意識がどれくらいあるのか。公園整備のような形なのか。例えば阿蘇の野焼きの場合、人

審査員の山口陽登

が茅を焼き続けるという営みが生物多様性を担保しており、人間の営みが自然の一部となって何百年以上も続いています。そのような営みに対する意識があるのか聞きたいです。また、例えば生態系のようなものを相手にする時には、規模の設定がとても重要です。この斜面のこの面だけでいいのか、どのくらいの範囲を自分の想定の中に取り入れているのか。それらの条件によって自らの考え方が示されると思いますが、それは与えられたものだったのか、自分で設定したのかを聞きたいです。

山下：1つめの質問ですが、この斜面地が使われていないことが問題視され、奈良県庁もどう再生して活用するかを考えています。そして、最初はデザインとして提案しましたが、2100年まで続ける予定なので、私一人でずっと続けられるわけではないし、私のデザインをずっと続けても意味がないと思っています。最初のデザインの手法として提案はしますが、奈良は非常に郷土愛が強く、ボランティア精神が根付いているので、ボランティアと鹿の愛好家によって、獣道の調査などを2100年まで続けてもらいます。それから、奈良県庁、鹿の愛好家、ボランティアの方に斜面地への提案をしてもらうことで、郷土愛にもつながっていくと考えています。

2つめの質問については、この三角地に提案することは課題で条件として与えられていました。でも、建築の提案などでは敷地境界線があるけれど、このようなランドスケープ的な提案では敷地境界線のどこかではなく、このあたりというように、都市の環境を踏まえた提案をすることが大事だと思っています。この緑地をつくることで、周りの動線や訪れる人の視線の抜けなども変わり、課題で与えられた三角地の境界線も、もはやなくなる。そこで初めて、この斜面地が都市やまちに溶け込んでいくというのが、今回の課題での私の敷地の捉え方でした。

ID0009 井上 ユカリ（武庫川女子大学 3回生）
「永い暮らし」
ID0575 諸江 一桜（秋田公立美術大学 3回生）
「母と父の家」

松村：ID0009井上ユカリさん、ID0575諸江一桜さんの二人に聞きたいです。二人とも個人宅のため、それぞれ身近な人を想像しながらつくっており、これを設計する必然性のようなもの、切実さが伝わってきました。抽象的な必要性ではなく、ある人が生活する姿を具体的に思い浮かべながら、その固有な生の切実さを表現するのは、どのような表現活動でも重要だと思います。一方で、それ以外の人にとって、この建築を建てることにどのような社会的な意味があるのか。もしかしたらそこに違う人が入居したら、どのような広がりが生まれるのか。つまり、ある種の一般性と社会性をアピールする言葉も同時に必要だとは思います。だから二人には、目に浮かんだ人以外が住むとしたらどのような形になるのか、どのような可能性があるのかを聞きたいです。

さらに、井上さんの作品で良いと思ったのは、三世代が世代を跨いで暮らしており、子どもが大人になるとか、孫ができるとか、ある人が亡くなるとか、いろいろなライフステージや経験が当然あるけれど、それらの生死を含んだ時間の経過を念頭に置いているのが素晴らしい。ただ、プレゼンでは、時間の経過を建築に取り込んだ意味や、どこに時間の経過が反映されているかがあまり伝わってきませんでした。おじいさんやおばあさん世代におそらくヒアリングしていると思うので、実際に経験したライフステージの時間の流れが、設計の中にどう組み込まれているのかを説明して欲しいです。

井上：住宅街の周辺を今も歩いていると、家が建ったり壊れたりと新陳代謝がとても激しいのに驚き、まちの要素のようにずっと変わらず残るものが、まちの人にとっての一つの拠り所になるので

審査員の松村圭一郎

はないかと考えました。家族が収縮したら、今よりもっとまちの人にオープンにできるのではないかと考えています。知識を伝え合うための図書室があるので、今まで全く別の暮らしをしていた人たちが一緒に住むことで良い化学反応が起こるのではないか、そして、そこに拡大家族という血縁関係のない人たちが住むことで新たなおもしろさや豊かさになるのではないかと考えています。

光嶋：井上さんの家で代々つながってきた「死を内包する」ということを分かりやすく言うと、仏壇のようなものです。仏壇があると、「おじいちゃん、ありがとう。私を見てくれているのね」と井上家の皆さんは思うでしょう。でも井上家ではない人たちは何とも思わないでしょう。それはある種の共同体をバインドしているのです。そうすると、排他性も必然的に生んでしまう。「日本人は素晴らしい」と言った瞬間に、日本人ではない人たちは含まれない。広く言うと、それは住宅が持っている家族のための空間であり、個別的な空間であることを質問したのです。その個別性と集団をつなぐ力は理解しましたが、そこにある排他性を意識していますか、無頓着ではダメではないかと松村先生は言われたのです。それに対して井上さんは、その排他性を取り込むために、地域の人たちが「あれは井上家だ」と言ってスクラップアンドビルドされないでそこに立ち続けることによる価値を話しました。一方で諸江さんはどうでしょうか。両親のためにつくった個別的な空間であるという。その個別的な空間が良いか悪いかはまた別の話で、排他性を持ってしまう時に、その住宅には排他性を乗り越えた普遍的な価値があるはず。つまり、両親ではない人もここに住みたいと思わせる普遍的な何かを聞きたい。顔が見える設計は素晴らしいですが、顔が見えるだけに排他的でもあります。あなた以外にとっても、いい住宅であることをアピールしなければいけない。井上さんの答えは、ずっと建ち続けて決して壊れないし、直しながら使っていくと解釈し

ました。建ち続けることで地域に馴染んでもらうイメージやアイコンになるということですね。

大西：スケルトンインフィルというと、更新可能なものと永続するものの二項対立でつくられることが多く、RCの躯体と簡易な可変的な部分で構成されるのに対し、井上さんの作品は、コンクリート・鉄骨・木製の建具がグラデーショナルにつくられているところがおもしろい。当初、私は床の鉄骨に気付かなかったので、コンクリートなのに何故このような小口なのか疑問に思っていましたが、時間の捉え方が変わらないものと変わるものを二項対立するのではなく、グラデーショナルに捉えているのだと思います。それについて、要素の設定の仕方の工夫をもう少し補足してもらえると、個人に閉じたものにならないのではないでしょうか。

井上：プレゼン資料に材料のダイアグラムを載せています。生活していく中で構築していくことと、逆に、構築の中から生活が生まれていくこと、これらの総合的な関係のためには二項対立ではなく、毎日変えられることと長い時間で変えられることを考え、グラデーションにし、そこに素材の柔らかさ、堅さのようなものを考えて加えていきました。

諸江：私は核家族のその先を考えました。私の家は典型的な核家族で、私という子どもが独立して実家から離れた時に、大家族であれば一人が抜けたところでそれほど関係性が変わりませんが、3人のみの家族だと私が抜けることで、夫婦の関係性がかなり変わることから、「核家族のその後の家族のため」を考えました。子どもがいる3人や4人構成の家族では、個室を二つに分けず、例えば一個のワンルームを空隙が貫通するなど、空隙で部屋を少しずつ区切っていき、ワンルームではあるけれど、落ち着いた空間とその空隙の中の団らんのような場所ができたらいいなと思いました。

光嶋：諸江さんの場合はひとりっこという切実な自覚があり、自分がいなくなったら両親はどうなるかを考えた。核家族の先として子どもがいなくなったら、他者を招き入れるボイドが必要ではないかというのを『反住器』から学んだのでしょう。それが、松村さんの質問に対する答えのような気がします。毛綱さんの母という個別的なところからボイドをつくり、そこに他者を招き入れる。それを、この住宅に取り入れている。それは普遍的なものかもしれない。そして、核家族という形態の先として、他者を招き入れることで住宅は家族という集団だけのためのものではないはずだと考えたのでしょう。

審査員の大西麻貴

松村：おそらく諸江さんは、井上さんの拡大家族のように、血縁ではない人も住む、シェアスペースのような家族のあり方に、この先変わるのではないかと見通しているわけですね。母と父がいつか亡くなった際に、結婚によってできた家族とは異なる人たちが住むスペースとして何かが生まれる場所があると、これまでとは異なる「家族」はいかに同じ空間で暮らすのか、という問いにも結びつくのではないでしょうか。

大西：諸江さんの作品は、『反住器』の再読や核家族の話だけでは説明できないきれいな模型で、マテリアルの選び方にしても、サッシ一つひとつを取っても、空間に対して自分のこだわりがある人なのだと思いました。建築は美しくあるべきなどといった自身の考えや、模型を何故このようにしたかを補足してもらいたいです。

諸江：この家を設計する時に、『反住器』だけでなく、いろいろな名作住宅を調べました。細かく言うと、窓のサッシなどはエシェリック邸（ルイス・カーン）などを、コンクリートと木については力強さと柔らかさを父と母に当てはめて表現しました。

ID1044 松尾 侑希乃（京都大学 3回生）
「つぎはいでゆく、」

平瀬：大学のキャンパス内にあるさまざまなものをつぎはぎしたプロジェクトで、図面や模型がとてもファンシーな色彩で、審査員からキッチュ・イミテーション・展示デザインのようだというコメントがありましたが、私はとても力作だと思います。ものの持っている記憶を博物館的にどう並置するかを考えたのは、とても面白いテーマだと思うし、複数の時間を同時並存させるやり方を考えようとしていると思います。保存や歴史にもつながるテーマで、非常に大きなテーマだけれど、それがあまり伝わらない模型だと思います。古いものを敬うのであれば、レンガがあるならレンガのような

審査員の平瀬有人

ものでつくるとか、石膏や金属のような時間を感じさせる素材でつくるなどすれば、投げかけるものも大分異なっていたと思います。とても面白いテーマなのに表現が少し違う。それについてどう考えましたか？

松尾：模型をつくる時は、空間がどうつながっているか考えているつもりでしたが、いろいろな素材で大学の建物ができていることに意識が向き過ぎて、模型でうまく表現できなかったと思います。

平瀬：図面表現にピンク色のものがありますが、実際にこのようなものがあるのですか？

松尾：同じ階を同じ色で塗り、いろいろな吹き抜けがあって1階が見えることや空間の重なりを示しています。

平瀬：つまりゾーニングを示しているだけなのですね。

大西：かつてのヴンダーカンマーが混沌とした状態だとして、そこに分類法が出てきてA to Zに分類する博物館になったのを、もう一度、未分類な状態のものに計画できるのか、あるいは、未分類な状態を現在の状態で分類すると、かつての分類とは異なるのではないでしょうか。いろいろな問題提起を感じますが、これからの博物館のあり方はどうあるべきかを表明してもらいたいです。

松尾：博物館を出たら、館内で見たものをきちんと覚えていない、つまり身近な知識として頭に入らなかった経験があり、そこから、例えば道を歩いている時に展示物が置いてあるなら楽しいだろうとよく考えていたことからこの案は生まれました。ものを無理に分類するのではなく、記憶に結びつくような場所に置くことで、自分ごととして、知識として得ることができるのではないかと思いました。

遠藤：それはとてもよく分かりますが、その時に建築家の仕事として、どういうことができると思いますか。何をすればいいのかを設計案として表明してください。

松尾：博物館をつぎはぎでつくった時に、建築をつくろうとは考えていませんでした。つぎはぎされた建物が、このように並べられたら楽しいに違いないと感覚的に並べ、ある程度放置するのが必要だと思いました。

光嶋：建築家が、建築に価値を与えるには主体性が大事だと思います。だから、山下さんのように最初のアイデア以降は自分が関わらないと言うと、人間のことしか考えられないのではないかという揺らぎがあります。建築家は、主体的に線を引くことで世界をつくることができます。あなたはキャンパスの縮尺を変え、いわばスケールダウンをさせたのです。それがあなたの主体性だと思います。これのスケールを教えてください。

松尾：4分の1です。

光嶋：なぜ4分の1なのですか。マテリアルと造形という2つの視点で、あなたは主体的につくりましたよね。設計の根拠として感覚的にかっこいいと言われるのは分かりますが、それをもう少し言語化して他者に共有する言葉を見つけないといけません。4分の1というのも、なぜなのか、5分の1では成り立たないのか。あるいは4分の1と2分の1と、場所によってスケールを変化させるのもあり得るわけです。なぜ4分の1なのかを答えられるようにしなければならない。

松尾：大学の建物がとても大きいのに対し、周りの住宅街が狭いところにギュウギュウに集まっており、その大きさの差が気になりました。それが大学の外と中を隔てている。だから、ちょうど中間あたりの大きさになるように——。

光嶋：京都大学がキャンパスとして持っているスケール感が、周りの住宅街のスケールに対して断絶を起こしているため、それを住宅スケールに落とすには4分の1だという判断をしたということですか。

松尾：はい。

光嶋：もう一つ気になるのが、形態に記憶が本当に定着するのかということ。自信を持ってプレゼンしていたけれど、素材と造形さえ同じだったら、スケールを変えても記憶が本当にパッケージされ得るのか。

松尾：素材と形のほかに、特徴的なディテールがあれば取り込みました。だから、全部を縮小したわけではなく、京都大学にある魅力的な空間を中につぎはいでいくことで——。

平瀬：つぎはぎの仕方に感覚的な部分がとても強く、もう少しストーリーがあると良いと思います。例えば3号館はなにと繋がるとどのようになるというイメージはありますか。なんとなく繋げたのですか。

松尾：例えば、京都大学の時計台が有名なので時計台を展示室に使用するとか、体育館も有名だから展示室にしようとか、中庭あたりのまとまった空間が素敵だから、それは崩さないようにしようとか。実際に歩いた中でいいと感じたものがうまく繋がるようにしています。

松村：この博物館に入ったら展示物を見なくても、建物内を歩くだけで、広いキャンパス全体の面白い空間を体感できることを意図しているのでしょうか。そこを強調してくれると、「つぎはぐこと」に納得できます。京都大学のキャンパス自体が既にいろいろな年代のつぎはぎであり、つぎはぎだらけのキャンパスの中の空間として、面白いものを博物館の中に再現して路地のように配置する。それによって生まれる偶発性のようなものと、京都大学のミニチュアの空間をつくり出す意義を言語化してくれたら、もう少し魅力が伝わると思います。

光嶋：先ほど井上さんと諸江さんに、この作品以外に同じ手法が通用するのかという質問をしましたが、松尾さんの作品も京都大学以外でも通用するはず。あなたの手法をきちんと言語化し、感覚に頼らずにルール化すると、先ほど大西さんが言ったような美術館のあり方や、新しいアーカイブの手法となる。かつてのヴンダーカンマーに戻るのではなく、現代におけるヴンダーカンマーのあり方のようなものができるのでは。美術館の歴史を簡単に言うと、裕福な人たちが城でコレクションを集めていたけれど、アートそのものを重視する風潮になると、アートそのものが素晴らしいから展示するのに一番

適切なのはホワイトキューブである、となりました。そこから今度は、グッゲンハイム美術館ができてホワイトキューブはつまらないとなった。現代におけるヴンダーカンマーがホワイトキューブよりも良いとなった時に、今日あまり語られていないのは、その普遍性。京都大学という個別性の先にある普遍性、アートそのものが何をどう展示するのか。そこから答えが出せて手法化されたら、おそらく美術館の新しい可能性を切り開きます。それは今後、卒業設計などで考えてみるといいと思います。

ID0984 領家 明代（成安造形大学 3回生）
「響命の森」

大西：ID0984領家明代さんは、手すりや平均台のようなものを通して、老若男女の使いたい気持ちや身体能力を触発するところがおもしろいです。それについて、考えていることがどのくらい射程があるのかを聞きたいです。また、生きることと身体性の触発について、どうしてこのようなことを提案したのか、もう少し話していただきたいです。

領家：もともと課題が、子どもと高齢者のための空間を考えるという内容で、それ以外の用途などは指定されていませんでした。「子どもと高齢者」という条件を聞いた時に、何歳までが子どもで、何歳からが高齢者なのかがとても曖昧でした。体が思い通りに動かなくなってきたから高齢者なのか、一方で子どもは危ないところに行ったら駄目とか、年齢

司会の光嶋裕介実行委員長

によって行動が制限されることは多いのではないかと考えました。でも実は、建築や場所は可能性を広げるためのものであり、安全過ぎる場所をつくるのは、人の行動を制限してしまうのではないか。そこで、行ってみたい場所とか、あそこに登ってみたいとか、探求心を刺激される場所をつくりたいと考えました。思いを共有するという部分は、開口を大きくすることで入ってくる日の光を温かいとか眩しいと感じたり、日陰に入ることで少し肌寒いとか涼しいと感じたりと、言葉で会話するよりも身体感覚のほうが深いコミュニケーションを築くきっかけになると考えて、このような作品をつくりました。

山口：人の行動を制限する建築の側面から考えるというのは、とても現代的なテーマだと思います。そうすると、『原っぱと遊園地』の話になりますが、「原っぱ性」がこの建築にあるのか疑問です。あなたが設計したもので自由を感じて欲しいのは分かるけれど、「こう感じて欲しい」「こう動いて欲しい」というのは、矛盾があるのではないかな。そこで悩んだのではないかと思いました。周辺の環境を見た時も、周りの自然環境が斜面地で山ですよね。そういう自然の力をもう少し借りると、つまり、もう少し床だけ差し込むとか、壁だけ差し込むことで、同じような価値観を実現するようなものができていれば、もう少し「原っぱ性」が生まれたのではないでしょうか。そのあたりで悩んだところを聞かせてください。

領家：そこは私も、スタディを重ねる段階で悩みました。中池見湿地は自然がとても豊かで、人が身を置いた時に、自然を感じようとして感じるわけではなく、木はそのまま自由に生えているし、風は自由に吹くというように、人間も人間で周りのことを考えて動くというより動きたいから動くというような、それぞれ思うがままに生きることで響き合うイメージから作品タイトルに「響命」という漢字を付けました。一見、自然と人工物が分かれているように設計したのも、自然と人工物は一体化するのが難しく、馴染むようなことはできても、人工物が自然物になりきることは難しいと考えたからです。あえて、自然の中で人工物が相対するような形をとることで、木の力強さや風の心地良さのようなものを対比で深く感じられる場所になったらいいと考えています。

ID0399 衣笠 恭平（京都工芸繊維大学 3回生）
「風化と構築」
ID0610 王 宇龍（京都精華大学 3回生）
「大地と繋がる図書館
ーまちと文化を育てる新しいコミュニティー」
遠藤：この審査における私の評価軸をお話しすると、私は建築の美しさでは選んでいません。それ

は、美しいかどうかは主観的な判断となるので、私の美しいとあなたの美しいは違うという前提に立って審査をしなければいけないといつも思っているからです。一方で、出展作品は学校の課題なので、立ち位置が違う作品をフラットに見るためにはどうすればいいのか。私は、作品の中の構想の強度を重視しています。つまり、各案が何に対してどう展開するか、その強度があるかどうかを見ないと、住宅と美術館では比べることができない。構想の強度に関して、住宅の案はどういう強度を持って公共化されていくのか、公共建築につながっていくのか。一方で、大きな公共建築の提案はどういう強度を持って公共化されるか。その人が住宅をつくったらどのようなことが起こるか。そこが大事だと思います。その点で、ID0399衣笠恭平さんは空間の話だけをしていたけれど、構造や設備の話がもっとないといけない。減築をすると、空間が減るので非常に不便になりますよね。そこをどう考えているか聞きたい。ID0610王宇龍さんはエレガントな建築だと思うけれど、プレゼンの中では空間の話しかありませんでした。この建築にはどのような性能があるかを教えて欲しい。例えば地域の風を受けるとか、雨を受けるとか。そういう性能をどう客観的に説明できるかを聞きたいです。

衣笠：まず、建築の美しさについての話がありましたが、僕は、近代以降の建築は、風化を過度に拒絶しているのではないかと思っており、今回の提案では、あえて風化を積極的に受け入れました。そうした懐の大きさがこれからのスクラップアンドビルドの時代において必要になってくるのではないか、そして、空間がなくなっていくことに関して、基礎を周囲に展開して増築部を木造にしていくことで、僕が死んだ後も、基礎や素材を生きている人々が構築していく、アフォードされると思っています。それによって、校舎の形はなくなっていくけれど、校舎が持っているプロポーションや質は増築部に受け継がれていくと考えています。

王：新しい図書館をつくるというのは、新しい技術やストラクチャーだけでなく、現地の文化、産業、ライフスタイル、昔の集落から新しい良いところを取り上げて新しい空間をつくることだと考えています。

遠藤：投票前に、全員に「自分の建築が誰を幸せにするか」を答えてもらいたいです。

井上：日々の暮らしの些細な出来事を大切にする人を幸せにできるのではないかと考えています。

吉村：SNSに疲れたり、リモートワークや家での勉

審査委員長の遠藤克彦

強や仕事に疲れたりといった現代の疲れた人たち、特に都心だと公園などもないので、そういった疲れた人たちに対して幸せになって欲しいという思いから始めました。オランダのニクセン（何もしないことによるリラックス方法）などのように、日本でも暗い中で過ごそうという試みをしている団体があり、そういう人たちを幸せにできるのではないかと思いました。

衣笠：風化していく様子は、均質化された都市の中でとても異様なものとして映ると思いますが、それがまちを歩く人々にとって、まちのこれからのあり方や過去を考えるきっかけになり得る場所だと思っています。それがずっと続いていくことで、これからまちに生まれ死んでいく人々にとって、このまちを考えるための場所になると信じています。

山下：生物との共生を提案する時に、対象の敷地だけでなく、周りがどう変化するかが大事だと思っています。ここを設計することで、周りのまちや人々、そして周りの生物との関係性がどう変化するかが大事であり、そういう周りとの関係性を踏まえ、生物全体が幸せになるような提案だと思います。

諸江：共同体というものに縛られて生きづらい人たち、緩やかに社会と関わっていきたいと思っている人たちを幸せにできると思います。

王：小さいころからずっと田舎に住んでいるので、都市に開いたものを考えました。そして、都市の中で田舎のような雰囲気をつくりたいと思っています。

領家：自分を解放したいと思っている人を幸せにすると思っています。

松尾：知識を求めるすべての人が幸せになると思います。

投票

光嶋: 審査員それぞれ1点（△）、2点（○）、3点（◎）の3種類の票で投票いただきました。結果はホワイトボードにあるように、ID0575の諸江一桜さんが9点と最も多くの票を集めました。票の点数でいくと諸江さんが今年の最優秀新人賞になりますが、それに対して異議があるかどうか……。ないようですので、今年の最優秀新人賞は諸江一桜さんに決定しました。次に優秀新人賞を3人選びたいと思います。点数を見るとID1044の松尾侑希乃さんが6点、そしてID0102の吉村優里さんが5点です。優秀新人賞3人のうち2人は松尾さん、吉村さんでよろしいでしょうか……。それではお二人に優秀新人賞を授与いたします。優秀新人賞は残り1名枠がありますが、得票ではID0009の井上ユカリさんとID0399の衣笠恭平さんが3点で並んでいます。どちらに賞を与えるか決めないといけませんが、同じ3点でも中身をみると井上さんは遠藤先生、平瀬先生、山口先生が1点ずつ票を入れた3点に対して、衣笠さんは松村先生が3点の票を入れた3点となっています。多数決だと井上さんということになりますが、松村先生から衣笠さんに3点を入れたことに対して理由などをお聞かせいただけますか。

松村: 私の審査の評価軸として反建築的なものを基準に選びました。空き家が日本全国に溢れている時代に新しい箱をつくる必要があるのか。むしろ空き家となったものをどうするのかが現代では切実な課題です。衣笠さんの作品は模型を見ても美しさを感じるものではないけれど、そこに至るまでのロジックを100年後、200年後を見据えてしっかり言葉にして話されていて響くものがありました。

遠藤: やはり一番重みのある3点の票を衣笠さんが得ているということについて真摯に受け止めてもいいのではないでしょうか。

光嶋: どちらにも票を入れていない大西さんはどうでしょうか?

大西: 今の時代に新しい建築をつくるかどうかという議論からすると、私は建築家なので、建築を建てることは未来をつくることだと思っています。もちろん空き家があればそれをよい形で活用していくべきです。ただ、そうではないところに新しく建築をつくること自体が悪という価値の中で、衣笠さんの作品が選ばれるとよくないのではないかと思います。新しく建築をつくることが問題ではなく、建築がどうやってつくられるかが問題なわけですよね。

松村: もちろんそうです。井上さんの作品も時間軸を捉えて手を加えていく作品ですが、やはりそこにためらいがあるかどうかが大切です。つくるということは地球環境に負荷をかけることだし、資源を浪費することだし、歴史的価値あるものを壊すことです。新しくつくることはそういった矛盾を孕んでいて、そんな拮抗する葛藤を自覚した設計かどうかが重要ではないかと思います。

大西: そうですね。確かに建築家の態度としては今まさにそれが求められていると思います。

平瀬: 衣笠さんの保存と復元ではない新しい道というテーマはとても好感が持てます。ただ、井上さんの作品については、なぜ鉄骨なのかという質問に対して答えた「変わる、変わらない、ちょっと変わる」というもう一つの視点がすごく新しいものではないかということは指摘しておきたいと思います。

山口: 評価軸は一言で言えず、複合的に良いと思えるかどうかで選んでいます。ただ、一つ言えるのはこの2022年の現代に、この建築を提案する意味があるかどうかをすごく重視しています。そういう観点からすると井上さんの作品も衣笠さんの作品も非常に意味があると思います。ですので、そこから先は自分が良いと思うものを選ぶしかないのですが、今審査員同士で議論をして考えが変わった人もいるかもしれませんので、2人の作品に絞って再投票してみるのはどうでしょうか。

光嶋: そうしましょう。それでは挙手でお願いいたします。井上さんの作品がよいと思う方（大西、平瀬、山口）、衣笠さんの作品がよいと思う方（遠藤、松村）。再投票により優秀新人賞の残り一枠は井上さんに決まりました。

	ID0009 井上ユカリ	ID0102 吉村優里	ID0399 衣笠恭平	ID0515 山下瑞貴	ID0575 諸江一桜	ID0610 王宇龍	ID0984 領家明代	ID1044 松尾侑希乃
遠藤克彦	1				3			2
大西麻貴					3		2	1
平瀬有人	1	2						3
松村圭一郎			3	2	1			
川口隔登	1	3			2			
計	3	5	3	2	9	0	2	6
	優秀新人	優秀新人			最優秀新人			優秀新人

各審査員、◎3点、○2点、△1点で三人に投票

建築新人戦2022 100選入選者交流会
エスキススクール vol.2

昨年度からの新企画。ゲストの建築家6名が、100選の中から24名(うち8名は16選のメンバー)を講評する。6つのグループに分かれた参加者は、順位付けに捉われず、どのような可能性があるか、批評性があるかを焦点にゲストと対話を重ねる。少人数制の濃密な議論により、作品だけでなく参加者自身の気付きが大いに与えられる機会となった。

前田 茂樹
（GEO-GRAPHIC DESIGN LAB.）

悩みながら何を取捨選択したのか、何を諦めて何をトライしたのか、他にどのような選択肢があったか、さらに進路についてもアドバイスできる。そして互いに緊張しないで話せるのがエスキススクールのなにより良いところだと思います。個人的には、単に課題を解くだけでなく、案に対する丁寧さや解像度を求めました。例えば小学校を地域に開くとしたら、どのような問題があるか、そこに馴染めない子どもがいたら、どのように物事を捉えていくか。住宅は登場人物が限定されて考えやすいが、3回生でパブリックな課題に取り組むと、より多くの人について考えなければいけない。ただ、パブリックな課題も住宅と同じ解像度で設計すべきと私は考えているので、4回生でもそこまで考えて設計するべきだし、卒業後もそれは考えていくべきことですね。

山口 陽登
（大阪公立大学講師 / YAP）

本人の説明と一緒に作品を見ると、より理解が深まりおもしろかったけれど、新人戦の審査では口頭でのプレゼンテーションが許されていませんよね。実は、建築としてはそれが正しいのです。建築は建築として自立する。それは教育機関での作品にも当てはまるのではないでしょうか。『ロンシャンの礼拝堂』の横に、コルビュジエはいません。訪れた人は勝手にロンシャンを鑑賞して、勝手にいろいろなことを感じて帰っていく。新人戦の審査も同様で、みなさんの話を聞いたからおもしろく感じたというのはあまり意味がないと思います。何を考えたかはもちろん大事だけれど、作品自体の良さが大事。そして選ばれた後に、どのように考えてこの作品が生まれたのかを壇上で聞くのが正しいあり方。建築にはそういう非情な一面がある。100選まで進んだのに16選に選ばれなかった理由を考える上で、やっぱりどこか建築としての魅力に欠けていたんじゃないかと疑ってみるといいと思います。

光嶋 裕介
（神戸大学特命准教授 /
　光嶋裕介建築設計事務所）

建築は自立した一つの言語であり、それを言葉やドローイングに翻訳する必要がある。ただ、不完全な翻訳ゆえに、空間と対話をしながらもっといい辞書（あるいは地図）を自分の中でつくり続けている。コルビュジエも言葉に訳してどう考えて設計したか話しているけれど、それが必ずしも万人に対する正解ではない。だから建築は、おもしろい。彼を知らなくても、そのつくった空間にワクワクできるのが建築の希望なのです。山口さんはそれが非情と言ったけれど、非情でもあり希望でもある。だから、エスキススクールはそれぞれの翻訳能力を鍛えているのです。建築家は歳を取らないと駄目だとよく言われるのは、若くては翻訳する絶対量（経験）が決定的に足りないから。そのために対話を重ねるしかない。作品を見て何を感じ得るかを重ねていく。自分の可能性や対話が不完全な翻訳であることを理解し、言語を愛する。楽しむこ

と。良い本をたくさん読み、良い経験をして身体的な経験でレベルアップするしかない。それらをフラットに話せるのがエスキススクール。評価なしで対話できることや昨日の懇親会なども地続きになって学びに繋がっているのです。

倉方 俊輔
（大阪公立大学教授）

荒削り建築。それが新人戦の良さだと思います。作品同士がそれぞれ削り合い、伸びがあって荒い。エスキススクールの対話で、いろいろ模索したことがより感じられます。見た目がきれいで終わるのではなく、自分の中で疑問をまとめて、学校のテーマの意図を嗅ぎながら追求してみる。荒削りなところも徐々に細かく削れるようになりますが、荒削りだった時のことを忘れて欲しくはありません。先ほど「建築が言語であり翻訳された言葉には正解はない」という話がありました、いろいろな建築や歴史を見ているけれど、自立した建築というのはそうそうできません。荒削りだった時の記憶を

捨ててはいけないし、捨てない人が建築家として残っている。つまり、捨てないことで良い建築ができると思います。

榊原 節子
（榊原節子建築研究所）

一次審査からみなさんの作品を見ていましたが、今日改めて模型作品と一緒に見ると、作品の見え方が異なります。特に住宅系の作品にとても説得力がある。住宅の設計で目立つ作品というのは、自分の物語として引き寄せられているからだと思います。例えば、自分ごととしてや家族の物語として、時間軸を持ちながら捉えられているのではないかな。そのあたりがリアリティとして模型の中に出てきている。一方で、大きな設計物になった時には、都市やまちの中での物語を時間軸的に捉えられているものは少し弱いのではないかと感じました。

堀口 徹
（近畿大学建築学部准教授）

新人戦に挑む学生は2回生と3回生が多く、そろそろ卒業後の進路についても考え始める人もいると思います。ぜひ大学院への進学も視野に入れて欲しいと思っています。大学院を出ていないと

採用してくれない設計事務所があるという業界的な傾向も気になるところではありますが、それよりも、3回生までの設計教育は言ってみればまだまだ基礎教育で、基本的には与えられた敷地やプログラムに基づいて、同じ設計課題に取り組むことが多いと思います。新人戦に出てくる作品には、充分ユニークな提案や、自分なりのテーマを立てているものもあり、すごいと思う一方で、やはりまだ与えられた課題の枠組みの中で基礎を固めながら設計に取り組んでいると思います。4回生になり卒業設計に取り組む中で、いよいよ自分なりのテーマや問題意識、興味や関心の方向性が見え始めて、自分なりの建築を通した世界との関係について考え始めるようになると思います。そこで就職して社会に出ていく選択肢ももちろん否定しませんが、卒業設計や卒業論文で芽生え始めた自分なりの建築観、世界観を大学院の二年間でさらに削り出して欲しいと思います。大学院を含めた6年間というまとまりで考えてみると、1回生から3回生までの3年間の次に、4回生に大学院を含めた3年間で、さらに一つ上の挑戦をして欲しいと思います。

一次審査座談会
「コロナ禍の影響と、3年後の大阪万博への期待」

【審査委員】光嶋裕介(神戸大学特命准教授／光嶋裕介建築設計事務所)、小林恵吾(早稲田大学准教授／NoRA)、榊原節子(榊原節子建築研究所)、白須寛規(摂南大学講師／design SU)、福原和則(大阪工業大学教授)、堀口徹(近畿大学建築学部准教授)、前田茂樹(GEO-GRAPHIC DESIGN LAB.)、山口陽登(大阪公立大学講師／YAP)　※敬称略

実感を持って、設計できるか

光嶋｜コロナが設計教育に与えた影響を含め、今年の作品への感想と100選選出の評価基準を教えてください。

白須｜評価基準としては、まず平面図を重視しました。パースなどで平面を表現している人もいますが、平面をしっかりスタディしている人は平面図を載せているはずです。また、非常に造形的な作品が多数ありましたが、造形がきちんとプランに影響を与えているかを見るようにしています。住宅の作品については、既存の考え方をどう変えているのかを見るようにしました。昨年の卒業設計をした人たちは、コロナのせいで製図室に突然行けなくなってしまった世代で、全体的にレベルが下がった印象を受けました。一方、今回、建築新人戦に出展した2年生や3年生はオンラインに慣れる時間があったためなのか、オンラインを介したスタディができているかのような印象を持ちました。

福原｜評価基準については、建築家のゴールデンルーキーの発掘が建築新人戦の大きな目的ですので、建築家を目指すにあたって主張が明瞭であるということを重視しています。また、意図の明瞭さに加えて、建築は社会的芸術と言われることもあるので、社会に対してどのような提案をしているのかはとても気になります。それからもちろん建築空間としての良し悪しも重視します。また、想定されているプログラムに対して、求められる快適さやアクティビティが十分満足するものになっているかという点についても吟味しました。それともう一つの視点として、何か新しいつくり方や構築の仕方を生み出している作品は拾い上げたいと思い注意して

見ていました。感想としては、1年生からコロナを目の当たりにした世代なので、社会の状況が変化する中でいろいろ試行錯誤しながらつくっているのだなと感じました。極端に個性的な作品は少なかったように感じます。ベーシックな建築の思考に立ち戻り、その中から自分の解を見つけ出せた作品が100選に入ったように思います。

前田｜選ぶにあたり、建築としてプロポーションの美しさはありますが、それがどのように使われるかをしっかり考えてプランニングした断面であることを重視しました。プランニングが徹底しているかどうかは、スタディを何回も繰り返してその形に至っているか、もしくは使われ方を考え抜いているかにかかっていて、それがプレゼンテーションに如実に表れます。リサーチにおいてもどうやって空間が使われるかを示されていないと丁寧さが感じられない。全体的に形になった時の丁寧さが、ものとして現れるところを毎年見ています。今年新たに感じたのは、多様性のある人たちの暮らし、例えばLGBTの人とどう一緒に暮らすかを提案した作品がとても印象的でした。もう一つは「暮らしをつくる」という課題で、暮らしをつくるとは何をつくるのかということにつながりますが、そういった基本的な部分から考えさせる課題があり、その二つとも最終的に100選に選ばれたので、当日どのような形でプレゼンテーションしてくれるのかは楽しみです。

山口｜評価基準に関しては、まずは空間が建築として素晴らしいかどうかを見ます。例年であれば、そこからどのようにストラクチャーが構成されているのか、どのようなコンセプトが提示されているのかというふうに、作品の成り立ちに興味が向かうの

ですが、今年は建築が生まれる根本に興味が湧きました。つまり課題に対して、自分がどういう目線で向き合って取り組んだのか、その動機についての興味です。コロナ禍を経て、これまでの価値観がぐらついている状況の中で、これまでの価値観をいかに信用し切らずに、自分なりの言葉や考えを、下手でもいいから紡いだのか。そして、それをどのようにして素晴らしい空間づくりに結びつけたのか。それこそがすべての建築関係者に求められているからです。学生ながら実践できている人に魅力を感じるし、そういう作品を発掘したいと思いました。リサーチをして問題提起をして、それをダイアグラムに直し、仮説を立てていくというある種パワボ的な、"これがあるからこうです"という順列的な形をつくろうとしている人ではなく、衝動的にこういうことがしたい、それはなぜだろうかと逆算的に考えている人の作品には非常にオリジナリティを感じて魅力的に見えました。

光嶋｜この3年間をコロナ世代という括り方をしてよいのであれば、模型の有無は、対面やオンラインによる演習の難しさとダイレクトにつながってくると思います。一人暮らしの家でも模型をつくることはできるけれど、オンライン化されたことによって、模型の優先順位が下がった。かつ建築新人戦の提出においても、模型写真は当たり前だと思っていたけれど、今年800近くある作品の中で模型写真は少数派となり、CGパースに取って代わられた。もしかしたら、大学で模型に代わるものとしてCGの評価基準が上がったのかもしれない。それが影響しているのか分からないけれど、似たような作品が多い。何百もの作品を短時間で見ると、どうしても類型化してしまい、すべてが一期一会のはずなのにつ

い既視感の方が強くありました。一方で、新人戦は2年生、3年生を対象にしているので、常識に収まらない熱意や熱量があり、そのような「建築家になりたい」という想いが評価基準につながっていく。当たり前に収まらないことは往々にして破綻しています。しかしその破綻は悪いことではなく、丁寧にやっていけば破綻は消えていきます。緻密さや丁寧さというのはスキルとして学べるけれど、破綻が持っている魅力は教育で身に付くものではないかもしれない。そうした偶然性というか、ある種の破綻を見つけようとしました。設計を器用に当たり前に収めようとしていることについては懸念しています。似ている作品が多く感じるのは、突出した建築家になると思える人が年々減っているのでしょう。熱量と破綻をもって戦うエネルギーや、設計が楽しいという素朴な気持ちは最終的に表現という形で見えてきます。何か自分なりの手応えを少しでも感じながら楽しくやること、それを改めて評価基準として考えていました。

堀口 | 評価基準は作品を見ながら決めていくこともあり、毎年同じかと言われると、同じところもあるし違うところもあります。課題によっては、与えられた敷地や設定条件の中で設計することが求められている課題もあれば、敷地や問題意識の設定にいたるリサーチまで求められている課題もあります。提出されたポートフォリオにはそういったアプローチの違いが表出されています。どこに比重を置くかはそれぞれ違うように思います。ただ、すべてに共通して意識した点は「実感」が伴っているかどうかです。もちろん、実際に敷地に行くことで与えられた範囲を超えて理解し、発見して、体感として得られる実感が出ることもあるでしょう。また、見えないものに対する距離感のような「実感」もあると思います。単にシングルラインで描かれた図面とダブルラインで描かれた図面では、その空間が具体的なモノで構成されているかどうかに対して得られている「実感」が違うと思います。時間軸を含めた場のつくられ方や使われ方を「実感」として獲得しようとしたプレゼンテーションであればまた違った表現になると思います。模型をつくったり、手描きで図面やスケッチを描いたりすることも「実感」を手繰り寄せることのわかりやすい方法ではありますが、手で考えるプロセスが図面などに表現されているかどうか。言い換えると、仮に設計課題という架空のプロジェクトだったとしても、設計して思い描き、つくり出そうとする世界に対する責任の芽生えがあるかどうか、ということかも知れません。ダイアグラムで留めず（ダイアグラムにもダイアグラムとしての実感はありますが）、図面、模型、CGなど、いろいろなものを総動員しながら設計課題を進めて、それらの異なる媒体をきちんと行き来することも大事だと思います。どれかが欠けていると、三次元的な空間、時間的な世界に対する「実感」は湧かないと

思います。大学で教えるときもそうですが、その「実感」を感じ取れるか、他者と共有できるか、ということを気にしています。先ほどの光嶋さんの模型の話題は、模型だけでなく図面にも言えると思います。モニターで見ているだけではなく、印刷しているのか。モノとして世界に出現させて、その手触り、質感を目で確かめているのか。それらしい植物を配置するとか、既製品のベンチの3Dデータを入れるとか、CADやCGのメニューも充実している今、それらしいリアルはいくらでもつくれるけれど、そこに生まれてくる世界に対する「実感」があるかどうかは全く別問題だと学生たちに問いかけたいですね。

榊原 | 今の実感の話を興味深くお聞きしました。リアルに設計している普段の自分たちにとって、"実感している"というのはあるリアリティとして感じますが、学生のみなさんにそれを求めるのはなかなか難しいかもしれません。どのように普段の課題の中で実感を掴み取るかとなると、空間を体験する、その図面をきっちり読み込むというスタディが、地道で長い時間がかかりますが、結果が伴ってくるのではないかと思います。そのため、コロナ禍でもいろいろなものを見に行くという、当たり前の方法で設計をするのが学生のみなさんにとっても重要ではないでしょうか。評価軸の話で言うと、大学で普段教えている時の評価軸として三つ持っています。一つは課題に対する着眼点とそれに対する発想力。二つ目は発想したものをどのように建築設計として組み立てていくかという設計力。最後はプレゼンとしての充実度。今日も全体的にそういう視点で見ていますが、やはり目に留まるのは、今まで見たことがないような作品や、パース、模型などの魅力を持った、何か気になる作品です。また少し前までは模型やパースに人の姿を描いて、吹き出しで会話を書き込んだものが結構多かったと思いますが、そういう傾向が減っているような気がしています。ある意味、それは建築設計をプレゼンする方法として好ましい方向に進んでいるのではないかと感じています。

小林 | まだ建築を学び始めたばかりの2年生、3年生に期待するとしたら、独自な視点や考えなど、何かしらの新しさがあるかどうかが一番重要ではない

かと思います。かつ、それをきちんと表現できているか。大学で教えていて、特に3年生あたりで表現力が乏しくなっている傾向を顕著に感じます。おそらくコロナ禍において学生同士、特に先輩後輩の関係における模型製作やプレゼンづくりの手伝いをする経験がなかったことが関係していると思います。授業の外ではあるけれど、本来であればもっと学べているようなことが足りていないのではないか。プレゼンの資料でも、もう1枚2枚あるかなと思って見ていると急に終わってしまった作品が結構ありました。そういう意味でも、自分の作品やアイデアを表現しきれていない印象でした。あと、課題の内容を見ながら作品を比べていたのですが、学生側も教員側も、コロナ前の議論やテーマの惰性が今も続いているような気がしました。おそらくコロナがだらだら続いているので、コロナを経た結論のようなものが成熟せず、コロナ前からの価値観が強く残っているのでしょう。今回何度か気になったのが、学生のタイトルと内容において、最もらしいタイトルなのに、内容が伴っていないというもの。学生もなんとなく、こういうテーマならこうするべきと、自分の中から出てきたタイトルというより、社会的なある種のコロナ前からの惰性の中から感じ取って付けているような気がしました。それは課題を出す側も一緒で、どちらかに振り切る課題内容にもできず、宙ぶらりんな状態のように感じています。

大阪万博が建築家に与えるもの

光嶋 | 建築新人戦は、大学間を超えて建築家を育てる建築家教育を議論する大会です。そして、大阪という場所性から、昨年は残念ながら急遽審査会には参加できませんでしたが、大阪万博のチーフデザイナーである藤本壮介さんに審査をお願いしました。大阪万博開催が3年後に迫ったということで、議論や物語、情報が開示され出しました。タイムリーな話題だと、若手建築家を20組採用し、ギャラリーやトイレ、休憩所などを設計させて、そのデザインが発表されたばかりです。一方、近年はコロナや環境問題など地球規模で経験する大きな物語の中にあります。このような時代において、2度目の東京オリンピックが昨年開催されて、3年後に大阪万博をやろうとしている。そうした大きな物語、あるいは成

1次審査会の様子

福原和則（左）、白須寛規（右）

前田茂樹

長する社会というような過去の成功体験に、我々は今一度「踊らされている」のか、「踊らされたっていいじゃないか」なのか、「踊らされてはいけないのではないか」なのか。大きな物語としての大阪万博をテーマにざっくばらんに話せたらと思います。

山口 | 若い人にチャンスが与えられたという視点で見ると、とても勇気づけられましたし、僕自身も応募することができ、とても良かったです。このプロセスを最大限活かして、今後も継続的に素晴らしい状況を生み出していく方法をしっかりと議論したほうがよいと思います。一方で、万博は、半年で解体されることがあらかじめ決まっている建築物です。未来永劫立ち続けるわけではないので、若い建築家にチャンスを与えられたとも言えます。これをきっかけに、永く建ち続けることを前提とする、本来の建築に対して、若い人にチャンスが与えられるように社会が変わっていくことが、僕らが目指すべきゴールポイントだと思っています。

前田 | 大阪に住んでいる我々としては、万博の跡地がどのように使われるかが、ブラックボックスになっているのが気になるところですね。今回応募した方の案を見ると、解体されるという前提を与条件として捉え、解体されたものを廃棄せずにどう活用するかも念頭に置きながら社会にコミットさせようとしているように思いました。万博の建物は全部廃棄しないようになっているとは思いますが、プロポーザル時にある程度の情報を公開するだけでなく、もっといろいろなところに公表してもらえるといいのではないかな。あと、若手の参加は公共の案件でそれができても、おそらく一般のプロポーザルでは年齢に公平性が認められないので、なかなか難しいと思います。しかし、ベルギーでは国の法律によって、プロポーザルに5名くらいショートリストで選ばれたら、参加時に報酬が払われるうえ、そのうちの一枠は若い人を対象としています。フランスも35歳以下の若い人、日本でいうSDレビューのようなところにセレクションされると、15年間、先ほど話したショートリストの1枠に入れるチャンスが回ってくるのです。それは、日本は建築が国交省の中にあるけれど、フランスは文化省の中にあるから。ある意味、建築は文化なので若い人を育てないと文化として成立しない。しかもEUに属すため、いろいろな

国から建築家がたくさん来るので、自国の若手を育てるのは文化として重要。だから、公共建築のプロポーザルに若い人を取り入れているのも文化として捉えるという理由が立つ。日本も万博に成功して建築を文化の一つとして捉える雰囲気が盛り上がるといいですね。

堀口 | 解体とその後のリサイクルについては気になります。1970年開催の大阪万博でも、お祭り広場にしても、メタボリズムにしても、仮設の建築祭典でもあるので、解体とリサイクルは当然包含していたと思います。そこを越えて、リサイクルや環境インパクト、物流や組み立て、解体のあらゆるプロセスにおいてどのような挑戦がなされるかに興味があります。大阪万博が無事に開催されたからといって、そこですぐに成否が分かるわけではない。そこから先の時間を見ていかないと大阪万博を成し遂げたことが分からない。70年の大阪万博も同様かもしれないけれど、それこそ土地利用も含め、大いに気になったのがパビリオンです。実は最近、ある建築家の評論を書きました。その人はパビリオン、東屋、公園の屋根などを設計したけれど、その人がやろうとしているのは建築未満ではないかと書きました。建築未満だけれど、逆にそれによって建築の可能性を開くように思えたからです。あたらしい世界への広がりを、空間的にも時間的にも感じさせてくれるような出来事として目撃したいですね。万博のパビリオンは、そのような期待を込めています。建築新人戦の話に戻ると、CGなどでスタディができるようになり、リアルに近いものは学生でもCGでつくれるようになりました。もしかしたらCGは建築以上の精度で、建築らしくつくれてしまう。一方、模型や図面はCGに比べ次元数や縮尺、質感など情報量が少なく不自由なメディアです。不自由なメディアで

あるが故に先ほどの「実感」が容易く得られないということになる。すでにある現実世界に不用意にすり寄って行けないからこそ、想像力が鍛えられるし、現実世界を少し違った視点で見直す、あるいは変え得るチャンスがあるのかも知れません。万博のパビリオンの話と違うような気もするけれど（笑）、建築に至らない図面や模型でスタディしたり格闘することは、設計課題ということに限らず、建築という行為に置いて重要なのかも知れません。

光嶋 | 東京オリンピックと比較するのが分かりやすいのではないかな。国立競技場のザハ・ハディッド案が潰されたのは単純にお金が原因でした。もちろん建築家からの論争もありましたが、世論が税金の無駄遣いという判断をして、安倍さんが最後に白紙撤回したというストーリーです。つまり、社会全体がコスパで物事を判断したということ。それは自分たちの鏡であり、自分たちも生活のあらゆるところをコスパで判断してしまっているのではないか。結果的に、隈研吾さんの案も「予算の中でこれだけ抑えているからいいですよね」ということが先行しました。本来であればドームの形にするのか開放にするのか、周りとの関係性など、建築的な多様な視点が隈さんなりにもあっただろうし、建築業界内にもあったのでしょう。でも社会一般には「今回は予算内でやった」という基準しか聞こえてこない。それがそっくりそのまま万博にも引き継がれ、「どのくらいお金をかけるか」とか「終わった後にカジノになるから」と聞こえてくる。どちらが高い安いというお金による強いものさしで物事を見てしまうのは、資本主義あるいは民主主義であるからしょうがないですが、一方でそれは分断につながる可能性があります。51対49の51側にいれば何を言っても通るけれど、49と負けて不関与というのも社会

堀口徹（左）、光嶋裕介（右）

山口陽登

小林恵吾（左）、榊原節子（右）

の分断です。だから、若手にチャンスを与えられたこと（実際は、79年生まれの私は80年生まれ以降というルールでコンペに参加できなかったのですが）は多様性につながり意義があると思います。社会の一つの鏡として、学生を含め、オリンピックや万博的な大きな打ち上げ花火を、建築家として目指す目標というか、建築を実現させる方法に転換させられるのではないでしょうか。

大阪万博が建築の可能性を広げる

福原｜万博で若手にパビリオン関連の施設を設計する機会が巡ってきたことは素晴らしいことだと思いますが、チャンスは万博の会場だけではないと思います。大阪という街に全世界から人が集まってきます。街として世界の人を迎えるので、いろいろな出来事が起こるでしょう。街の中に宿泊施設やインフラが必要になってくる。すると、いろいろなイベントが発生するので、それのために受け皿を準備しなければならない。そういう意味では、建築に対する注目度も非常に高まるようになり、建築家もそうですし、学生や建築に携わる多くの人々に果たすべき役割が発生するのではないでしょうか。だから、そこで建築をやっていることに胸を張っていかないといけないし、求められたらそれにきちんと応えていかなければならない。そういう意味では、パビリオンから始まる広がりの方に期待します。そこに建築に関わる我々との関わりが生まれ、チャンスにつながるといいですね。万博そのものについては、ひと時のお祭りとして華々しく終わってしまうところがありますが、そこから技術が発展し、建築に新しい視点を与え、仕事にも拡がりが期待できるので、そういう意味で肯定的にとらえてはいかがでしょうか。

光嶋｜これだけ情報社会になっている中で、万博がなお有効だという希望を十分に持てそうですね。

福原｜やはり、大きなチャンスだと思います。

光嶋｜そういう意味では、世論はどれだけお金を使ったのかが議論の的になるので、「コスパ」という価値観から脱却するお金ではない基準で建築の豊かさを話せるとよい。それは環境問題や大きなストーリーに地球規模的な課題に関わることだと思いますが、万博によって新しい可能性が建築内で

起こるはずなので、建築内に留まらず社会全体が建築を面白いと思ってもらえるきっかけになればよいと思います。それこそオンラインがこれだけ当たり前になり、デジタル社会もどんどんリアルになっていく中で、3年後にどれだけの人が来てくれるかは建築の力が問われていると思います。

福原｜そこは建築にとっては重大な問題です。実際に来てもらわないと、仮想現実との間の新しい可能性を求める建築側の立場が無くなります。すべてがデジタルで解決すると建築の存在が限りなく希薄になってしまいますからね。

小林｜おそらく70年代と比較すると、1920年、70年、2020年と、50年周期でしっくりくる気がします。建築の中で1920年、70年あたりは非常に重要だったし、50年単位で考えた時に、前回の大阪万博以降はオイルショックとなり、盛り上がった後のアフターパーティーで沈んでいるところに今で言う野武士と言われる方々が這い上がってくるきっかけになったわけですから。

光嶋｜その前の1920年の少し前はスペイン風邪ですよね。だから本当にパンデミックを繰り返していますよね。

小林｜今回の話を学生につなげて考えると、大阪万博で選ばれた若手の方々は、おそらく若いと言っても皆さんにとって先輩なので、そういう人たちの下の世代として、日本に万博以前から横たわる人口減少や高齢化といった問題に向き合わなくてはならない。君たちがある意味50年前でいう野武士世代だとするならば、非常に大変ではあるけれど、新しいことが生まれる可能性のある世代だと思い

ます。だからコロナに関係なく、1年生、2年生、3年生にはぶっ飛んだアイデアや、今までにないような考えを表に出して欲しい。万博を終えて、おそらく世の中もそういう考えに寛大にならざるを得ない時代になってくるという希望があります。僕は1978年生まれで、中間のような位置付けで、当然まだまだ新しいことを考えていく気持ちはあるけれど、時代との関連性で言うと、学生の皆さんはとても良いタイミングにいるのではないかという気がします。

光嶋｜時代が変化する少し後は、やはり種のようなものがそこにある。でも得てして当事者はそれに気付かないので、すべては事後的に歴史的に語られる。歴史的には先行世代より少し遅れてくる世代に高いポテンシャルがあるのは一つの利点ですよね。

小林｜サスティナブルの話で言うならば、今度、オランダの出版社から、建築家が考えていい建物をつくると、建物がとても長く使われるということを、世界中のいろいろなオフィスビルを例にまとめている本（『Back to the Office:50 Revolutionary Office Buildings and How They Sustained』）が出ます。サスティナブルを新しい物としてつくると言う前に、今まで建築家が関わってきた建物など、良い建物の評価が本来あるべきなのだと思います。使う側の愛情もあり、それがうまく合わさると建物はサスティナブルに生き続けるのではないかな。そういう建築自体の価値をもっと議論する必要があるでしょう。ただ、僕は一時的なものにも価値があると思っています。欲を言えば、先ほどの建築未満と言われても一義的にそれで良し悪しを判断するのではなく、異なる視点を入れることで、例えばサスティナブルというストーリーもまた違った見え方になるのではないでしょうか。

学生実行委員も一緒に記念撮影

Interview

ガラス工房 錬星舎・池上直人
建築新人戦の
トロフィーをつくって

光嶋裕介実行委員長の体制になった2019年大会から、受賞者に贈られるガラスのトロフィーを制作しているのが作家の池上直人さんだ。長野県中川村の工房「錬星舎」で、グラスやお皿、花瓶などの器を中心にガラスを素材にした作品をつくり続けている。30年以上、向き合い続けてきたガラスという素材への想い、また建築新人戦のトロフィーを制作するに当たり考えたことなどを伺った。

池上直人
1958年長野県伊那市生まれ。中央大学哲学科卒業後、東京ガラス工芸研究所でガラス工芸を学ぶ。1991年に自身の工房である錬星舎を高知県高岡郡越知町に設立。2002年に現在の長野県上伊那郡中川村に工房を移転し現在に至る。

液体から固体になる時間を作品に閉じ込める

池上：いまだにトロフィーとは何かはっきりとした答えが出ていませんが、毎年ガラスの可能性も含めて自由に造形させていただいております。普段は、使う具合や見える具合、口に当たる具合といったことを気にしながら吹きガラス（ガラスブローイング）で空気を器に変えていく仕事をしています。トロフィーの仕事は30年前に金沢の金箔屋さんにお願いされて以来です。制作の際にはトロフィーから「誉」というキーワードが浮かぶので、それは一体何なのかと考えます。平たく考えれば記念品ですが、長く置いても野暮にならないようなものをつくりたいという想いがありました。今年は4年目ということもあり、新たなアイデアにも挑戦したいとも考えましたが、正直いまだに悩んでいます。しかし、トロフィーづくりはとてもおもしろい試みで、普段の僕の仕事とは全く違うので勉強させていただくことも多いです。

トロフィーは讃える形でなければいけませんが、シンメトリーだと整い過ぎる、あるいは宗教的になる部分もあるので、アシンメトリーにしてどこかで流れやガラス特有の光の通路、屈折感、空気感などを内包するようにしています。特に僕はいつも素材として、液体だった頃の記憶をガラスに閉じ込めることを心がけています。吹きガラスは同心円上に運動させながら成形していくのでシンメトリーにつくった方が楽です。でもそこをいじらないとおもしろくならないのです。また、見てくれと存在感という言葉に表されるズレと両立のバランスが重要で、あまり見てくれを良くしてもいけないし、存在感自体を極めてもガラスのおもしろさが出てきません。要するに見事なものをあまりつくりたくないのです。学生のコンペという意識もありますが、心の中にいつでもそういう気持ちは持っています。

光嶋：トロフィー制作のお願いをしたときに「トロフィーとは何か」について議論させていただきました。その際に、池上さんの内的な部分から生まれる普段の創作活動とは違い、外的に与えられる依頼という形は作家に対して失礼に当たるのではないかと思いました。それでも依頼したのは、ガラスが持っている機能のおもしろさにありました。ガラスが液体だった頃の記憶という時間軸が持つ美しさもおもしろいですし、一方で飲むための器という機能美もあります。やはり美というものは用途と完全に切り離せないと思いますが、そんな中、トロフィーという器としての機能のないものの制作をお願いしたときに、純粋にただ美しいものをつくって欲しいと僕は言ったような気がします。それがガラスの可能性を引き出すのではないかと思ったからです。

そして、もう一つ依頼した理由があります。実は第1回から10回まで実行委員だった遠藤秀平先生は、コルゲート鋼板を曲げて有機的な建築を設計することで知られています。その遠藤先生が優勝トロフィーとして制作していたものが、日本でつくることのできる最大の太さとなる直径60mmの鉄筋を長さ15cmぐらいにカットした鉄の塊でした。先生曰く、「これは、コンクリートの中に入れることによって、建築を支えているもので、その素材という点がトロフィーの価値なのだ」と。遠藤先生が鉄ならと考えた際に鉄と対比してガラスが思い浮かびました。ガラスには透明感があるので、可能性しかない学生たちがこれから社会に出たときにエール

となって背中を押して欲しいという気持ちもあり、池上さんに依頼したのです。

池上：鉄もおもしろいですよね。鉄は錆びますが、それがとても人間に似ていて魅力的な部分だと思うのです。一方でガラスはほぼ全く劣化しない。一部の薬品では溶けますけれども僕らが触っているものは透明な「泥」であり、フレキシブルなものがインフレキシブルなものになる過程を通して作品になります。基本的に1200℃のガラスがどろどろの状態からカチカチの状態になるまで、作業中にいろいろ触れながら一つの作品として成り立たせるわけですが、その過程がおもしろいのです。インフレキシブルになってもガラスは常温であれば1000年経っても形は変わりませんが、状態においては1200℃で溶けているときのガラスの分子構造と何ら変わらないのです。建築用のガラスもそうですが、皆さんが目にしたり使ったりしているガラスはただ常温で固まっているだけの状態です。要するにそのときの状態が完成形となる不思議な物体なのです。人間は完成形を求めますが、「未分化でも人の目に触れて心地よかったらそれでいいのではないか」、「素材として未分化な感じがどこか形に留まっているのも魅力的ではないか」という解釈が僕の中にあります。ガラスは本当にフレキシブルな物体であり、組成は多少違っても作家などが扱うガラスは世界中で同じ透明などろどろしたものです。その点においてものづくりを考えるときに、この素材が何であるかという解釈がないと形にしてもしょうがないのです。これをつくりたいからガラスを使うのではなく、まず解釈をきちんと整理してからガラスに触れないと僕の場合は納得できないのです。透明にこだわっているのは、余分な色をくっつけないことであえて見事にしないように心がけているからであり、それは光嶋さんのご依頼に沿って制作してみようという動機になったので、苦しみながらも快くやらせていただいています。

光嶋：分子構造が変わらないということは、ある意味では温度という状態によって動きが止まってしまったということですね。1200℃で液体として動いている分子構造に形を与えなければならないわけですが、どのようにその「動き」を止めるかを見つけるところに作家としての葛藤があり、意識が向けられているのですね。また、お話の中に解釈という言葉が出てきました。僕が建築家として物をつくるときは一期一会であることを大切にしています。常に違う現場であり、クライアント自身も変化していくことが、建築をつくるおもしろさでもある。だから池上さんがおっしゃったように、作り手としての解釈は変わらないというわけではなく、少しずつそれ自体も動いている、というような感じでしょうか。あるいは、はっきりと言葉に表せられないからこそ作品をつくり続けているのでしょうか。

池上：ガラスというのはもちろん素手では何もできません。重力や遠心力、触ってもたわまないように変化させる道具などによって挟んだり叩いたりして形をつくり上げる、非常に手習いとしては難度が高い素材です。結局40年もやっていると手だか頭だかによって素材というものが勝手に結び付いてしまっているため、頭ではこういうものだと言語化はできますが、あえてしていません。若い頃はそこに悩

みましたが、今はもうぶり返して考えてはいないですね。

光嶋：作家として意味のないことをするほどつらいことはないので、どうしても意味を求めてしまうのですよね。この「意味」以前に、そもそも人間の生きるという営みの中に「つくる」という行為がもたらす根源的な「喜び」というものがあるような気がしています。それは言語化することと言語化できない両方の意味があるからやっている感じでしょうか。

池上：そうです。素材を扱うことは素材に寄り添っているとはいえ、手と物が近くなるので脳みそが排除されるような感じはありますね。コップ1個仕上げるのにも音楽家が一曲仕上げるように止まることがないのです。ガラスの場合は焼き物のように他力本願もなく、段階的にじっくり様子を見る時間はなく、しかも素材が常に動き、回転もしています。その中でものを見極めていかないといけません。基本的には制作の過程で多くのものが天地を逆にするという手順があるため、ガラスが冷めるまでは正しい天地での完成形を見ることができないので不思議ではありますが、その感覚に慣れていかなければいけません。非常に難しく一筋縄ではいかないのです。

光嶋：池上さんの作品はアシンメトリーにすることや反転させることにより具体的な形を考察しているため、見飽きることがありません。これはどうなっているのだろうかと考えさせられる、パッと見ただけでは分からない仕組みによるものだと思います。建築新人戦のトロフィーでも毎年空気を掴んでいます。大きな球体によって透明な空気を掴んでいること、そこに小さな気泡として空気をさらに含んでいることが、これから建築家になっていく学生たちのように無垢で純朴なものに僕は感じました。今日のお話で、この空気にこそ池上さんの哲学が結晶化しているんだとも感じました。ガラスという素材が空気を掴んだことによってトロフィーになったという成り立ちに僕は勝手に納得してしまいましたね。

見事なものは求めず、偶然性や違和感を仕込む

学生：ガラスの化学変化に対して、いろいろな解釈をしながらつくっているとのことですが、そういったものづくりに関してどこから着想を得ていますか。

池上：まずは仕事モードではなく遊び感覚でガラスが成し得る可能性を手触りで確認する実験をしています。また、現場は火が燃えていますし非日常的な空間なので、作業中は背中の神経が一本違う感じなのですね。僕は普段ダラダラしていますが、火の前に立つと別人になってしまいます。40年もやっているとその感覚に慣れてきますが、とにかくガラスの冷める速さは尋常ではないので、朝10時から夜7時まで別人になることが僕の性格上必要です。緊張状態が生身の人間とし

工房での制作風景

ては少しつらいですが、刻々と変わるものにどう対応していけばいいのかを常に考えながらガラスの変化を見ています。僕がやっているのは、どろどろからカチカチになるまでの振れ幅のなかで常に考えることですが、それに至るまでの過程のメモはしますが結局は体で覚えるしかありません。

学生：具体的な注文と自分の好きなものをつくる場合では意識も変わりますか。

池上：まず、僕の作風において可能なものを仕事にさせてもらっています。僕は若い時から具体的な形を心がけてきたので、薄いものも得意だしトロフィーのような塊も得意です。実は、ガラスは1mm厚くなるだけで冷め方が異なり、速さも変わってくるのでつくる際の動きが違ってきます。さらに建築新人戦のトロフィーは一個しかつくらないので、本当は1カ月ぐらい練習をすればいいのですが時間も予算もないので、小さい秀作1個から大きいものをつくり、その3個目くらいに本物をつくる勝負の仕方で制作しています。

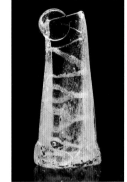
2019年大会のトロフィー

光嶋：建築の場合はエスキスをしますが、ガラス作家はそれをご自身でやるわけですよね。それは反復するほどより良くなるものなのですか。それとも、やりすぎることによってつまらなくなってしまうことはありますか。

池上：あります。先ほど言ったように常に一発勝負の時間でつくっているので、回を重ねるほど良くなるかというと、ものによってはそうならない。ものに対する練り込み方が違う部分があるので、常に一回勝負でできるような手と頭の目論見を持ち、その緊張感を大事にしないと何回つくってもおもしろくないなと感じることはあります。

光嶋：依頼を受けて制作に向き合うことに対して、自由につくってもよいという環境におけば名作が生まれるかというと、そうではないと思います。先ほどの「自身の作風において」という言葉が示すようなことは大事ですが、それに加えて素材として40年間向き合ってきた徹底した技術との兼ね合いが重要なのだと、改めて感じました。

池上：「こういう形にする」というのは頭ではありますが、非常に偶然的な要素も仕込むことで二度とできないようなものをつくることも多少遊びとしてはやりますね。

光嶋：全てを作為性の中に収めてしまうとものづくりとしてつまらなくなってしまいます。でも建築家がそれを言うと無責任なようにも聞こえてしまうのです。建築は命を預かるので、用途はやはり重要ですが、それ以外のところで美しさや空間の良さを説明したい。だから僕としては、設計者として使い手に裏切られたいという思いがあります。

池上：僕も作為性だけではいけないと思っています。きちんとしたものよりも少し妙なもの、違和感をガラスに練り込むという意識はあります。要するに職人としてはちょっと未熟なので、何か企てるものとして別の頭がどこかにありますね。先に話しましたが、あまり見事なものを求めることはしないです。

光嶋：それは素材や自然に向き合うものづくりにおいて、すごく素敵な考えですね。ある種の謙虚さを感じます。自分のコントロールが効かない偶然性を愛でると言ってもいいかもしれません。生きるか生かされているかをガラスという素材と向き合うことで勉強させられました。本当にありがとうございました。

学生WORKSHOP
「街とつながるベンチを考える」

2022年8月5日（金）・6日（土）に開催された、学生実行委員主催のワークショップ。学生実行委員60名が10班に分かれ、1日目に類設計室の「フリースペース・類」にて、「まちとつながるベンチ」をテーマに案を作成。8日（月）は会場を総合資格学院 梅田校に移し、班ごとにプレゼンテーションを実施し、教員実行委員（光嶋裕介、白須寛規）が講評を行った。

【企画概要】
近年、コロナによる外出制限も緩和され、街全体がかつての日常に戻りつつある。活気が戻った街を見たとき、今まで気づかなかった街の在り方を発見できるのではないか。そんな思いから街とつながるベンチを設計テーマとした。敷地は中崎町駅から天満駅周辺の6カ所とし、各グループで一つ選ぶ。敷地はリノベーションされた店舗が入る商店街付近や、住民が多く通る病院横など利用シーンが異なる。敷地周辺の年齢層も若者から高齢者まで敷地によって異なるため、その点についても考えてもらいたい。
※敷地を選定しやすいように候補を挙げているため、班によって別の敷地が良ければ各自選んでも可とする。

敷地①

敷地②

敷地③

敷地④

敷地⑤

敷地⑥

【敷地】
① 中崎町商店街の中
② 中崎町駅の中
③ 扇町公園
④ 高架下
⑤ 病院付近
⑥ ライフ近くのガードレール内

【スケジュール】
2022年8月5日（金）　フリースペース・類
13:00　ワークショップ概要説明・敷地説明
13:30　各班に分かれて設計
　　　　※敷地はLINEグループを用いて事前に決定。
　　　　　敷地調査は任意で行う
17:00　中間発表
18:00　終了

8月6日（土）
13:00　各班に分かれて設計
　　　　設計が終わり次第、シート作成
18:00　終了

8月8日（月）　総合資格学院 梅田校
17:00　ワークショップ概要説明・敷地説明
17:15　講評会（発表1分、講評5分）
18:00　終了

1班「積み重なり 花咲く ベンチ」

光嶋:ベンチを花と表現することで、どのような豊かさが生まれるのか。メタファーによって、新たな価値が付け加えられるといいですね。創作には必ず破壊と構築が必要ですが、まだまだ破壊が足りなくて、構築によって新しい豊かさが生まれていません。キューブを重ねる手法についてもいろいろな事例を見て欲しい。藤本壮介さんがロンドンで制作したインスタレーションでは、さまざまなスケールのキューブを入れ子状にして3種類くらいを組み合わせています。君たちは、なぜ50cmなのかを徹底的に考えてみてください。普通の椅子は高さ42cm程度だから、50cmは少し高過ぎる。また結局は椅子になってしまっているのも良くない。ジャングルジムの魅力は、鉄棒として遊んだり展望台のように使ったりと、アフォーダンスが多様であること。藤本さんのインスタレーションでは、椅子とテーブルもある。さらに真南に建物があり日陰をつくっている。つまり、キューブの積み重ねが、単なる椅子ではなくなっている。問いがなければ、どのようなデザインでもよくなってしまう。一方で、解決するのが難しい問いを設定すると、良いデザインになる可能性が生まれます。

白須:グリッドでつくられる立体的な形は基本的に白く、人やものが積み重なっているのを遠景で見ると、非常に有機的な重なりに見えます。グリッドや幾何学的な形を有機的な形と離すことで、有機的な形をより魅力的に見せられる。そのため、人が白ではないほうが、層状の重なりがよく見える気がします。そして、椅子は42cm、机なら72cmという一般的なモジュールから外れた寸法を用いると、有機的な存在とは別の構成となり、有効になると思います。つまり、グリッドを50cm、1m、1.5mという抽象的な寸法でつくることは、椅子でなければいけない理由になるのではないか。また、感覚的に設計しているところを言語化できると良くなります。メタファーは、その中の一つであり、共感できるような一つの共通点を挙げるようなこと。だから、どう置いたかではなく、相手に共感してもらえるポイントと

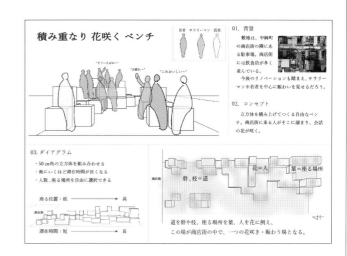

して挙げ、そこを軸に考えられるようになると共感を得やすい。

光嶋:3個で何ができるか、5個で何ができるか考え、数が増えればバリエーションが増えます。このようにマトリックスをつくった上で現状の形になったのならすごい。でも、これからはコンピューターにバリエーションを出させる時代になりますが、問いの設定や判断は建築家が担います。マトリョーシカのようにスケールを変化させ、6面体にせず5面体にして、1個開ければ上に重ねられる。横向きにすれば棚になり、4面体なら筒になる。アイデアはどんどん展開していきます。素材によっては予算が厳しくなりますが、それに対して最小限の材料で最大限のボリュームがつくれるマトリックスを考えることが必要です。

2班「素材の森」

光嶋:「原初的な空間形態が円」というのは何を参考にしましたか? 原初の話になると、プリミティブハットを思い浮かべます。建築の始まりは、洞窟なのか森なのかという議論がありますが、森のプリミティブハットという考えは、森で木を切って梁と屋根を架けると、今までになかった空間が現れ、その小屋こそが建築の原初だというもの。原初というのであれば、プリミティブハットという発想に対して対抗できるくらいの強度がある提案をして欲しい。気候によっても原初の形態は変わります。北国では、土を掘って竪穴式にした、円形のハットがかぶさった家が原初だと考えますが、南国では高床式の浮いた小屋にハットがかぶさっているのが原初でしょう。北国的な原初の家では、地面を掘るという操作が必要です。つまり、北国の円形は地面を掘るという操作を経て初めて円形になる。そして、レベル差が生じる。ところが、あなたたちはフラットな地面の上で円が原初の形態にしているところが弱い。平面的な円だけでは空間は立ち上がらないので、円錐形など立体で円を展開できたらおもしろかったね。もう一つ、肝心のベンチがS字で、造形的にも構造的にもベンチと円形の木が分離し、建築が木と対立してしまっている。木から空間の原初を考えるなら、例えば藤本さんのように、木にそのまま円盤を刺す(「ハンガリー音楽の家」)とか、津川恵理さんの「さんきたアモーレ広場」のベンチのように徹底的に円盤だけで造形すると良かったかも。

白須:樹木が既存ならば日陰ができて、人がくつろいだりして溜まっていたはず。なので、樹木の枝が広がっていく様子を抽象化して円形にしたという説明のほうが納得できます。おそらく空間の原初よりも、木の持つ可能性を追求したかったのではないでしょうか。説明としては、日陰の面積が増えることで滞在する場所が拡張され、樹木の持つ日陰の可能性を広げるとすると良いのかな。ただ、新たに円盤を架けると、すでに既存の木が心地良い日陰の空間をつくっているのに、さらに日陰を増やして暗くしてしまう。さらに、この建築によって新たなアクティビティが生

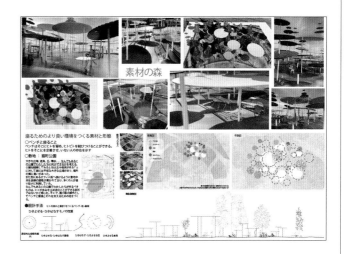

素材の森

まれていないと意味がありません。例えば、円盤屋根を架けることで、空間に奥性が生まれ、アクティビティが生まれるとか。それに対してうってつけのベンチがあるなら魅力的ですが、単にベンチが置かれているだけ。せっかくなら、木のつくる環境に関連した一体的なベンチを考えるといい。

光嶋:具体的な改善策としては、まず普通のベンチをやめることだと感じた。というのも、木の空間が心地良いのはやはり木漏れ日があるからです。例えば円盤を切り抜いてドーナツ状になっていれば、木漏れ日にもなるし、ベンチがそのまま回ってきてテーブルにもなる。そういう操作で、樹木の下だからこそその良さが出せるのではないかな。また、素材ごとに円盤のくり抜き方を変えることで空間の質をそれぞれ変化させる。最小限の操作で、木の下の空間ができたなら優れた提案になるんじゃないかな。

3班「森のかくれ家」

白須:上にかかっている白い布のようなものは屋根ですか? 日本では、湿気や水に対する意識が強いので、屋根に対しては、もう少ししっかり考えないといけない気がします。また、使われ方が非常にインテリア的だと感じました。ベンチの幹に置かれるものは本ですが、いらない本を持ち歩いている人はいないと思います。現状のデザインだと、空き缶などが置かれる危険性があります。ベンチをインテリアのスケールでつくっているので、確かに人やものは集まるし、蓄積されるという話は説明できると思う。でも、そこに集まるものが、無条件にいい人やいい物と美化されているように感じました。

光嶋:アフォーダンスという意味において、単なるイスを超えた存在になっていて、おもしろい提案だと思います。ただ、このような造形は端材が多くなります。そのため、有機的な造形にするところと、そうではないところを分け、ネガポジのデザインにより端材を出すことなく造形できると良かった。縦の曲線はリブとして効いているけれど、板のところはベンチの座面のみが飛び出しており、結局ベンチという枠から抜け出せていない。ベンチ以外に、ものが蓄積する棚にもっと権限を与えるなら、上のほうにも、もっと飛び出している部分があると良かった。棚についてもものを置きたくなるまで設計して欲しい。また、アーカイブするというアイデア自体は悪くないけれど、安直に「本」をアーカイブしているのが、青空文庫など既存のものに捉われているような気がします。青空文庫は、駅前などで人がたくさん通るから成り立っており、この敷地は通過点というより、この場所に人が滞留することになるのですよね。それを考えると、自ずと何をアーカイブすべきか、そこで何が行われるかを考えられるでしょう。また、都市の自然の在り方として盆栽的なものが良いとすれば、例えば植栽を置くにも、棚の上にツタ系の植物を置いて垂らすと、現状の膜屋根ではなく、自然の木漏れ日のような天井にできる。屋根の機能を強化したいのであれば、一番上の円盤をもっと広げて重なり合

うようなデザインにして、円盤上を雨が流れていくようにできる。水の流れから音をデザインできるかもしれない。ポテンシャルを感じましたが、安直に「本」を選択している点は危険だし、まだまだ開発の余地があります。常設性か仮設性かも考えられ、例えば3カ月間限定の仮設で建つとしたら、実験的にこのベンチをやってみてもいい気がするし、解体した後に、いろいろな場所に展開するという使い方も想定できますね。

白須:メインパースを見ると敷地から少し足が出ていたので、仮設性を表す意図的なものだと思っていましたが、そうではないようですね。パースも平面図も少しだけ足が敷地外へはみ出していますが、模型だと足が敷地内に収まっているので、もし仮説性を表現したいなら徹底して仮設物であることをアピールしたほうが良いでしょう。

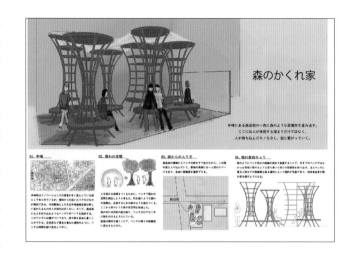

4班「＋中崎」

白須:特徴的な配置になっているので、配置に関する説明が欲しい。また、プレゼンシートの平面図は、屋根伏せ図ですよね。幅が広いのは、ベンチではなく屋根を上から見ているから。それから、動線を記した図で、「公園を横切る人の動線」が屋根の長手の辺を直交するように記されている。でも立面図を見ると、下がっているほうの軒高がとても小さい気がします。パースでも、人の背の高さより低くて1,300mmくらいのような気がする。つまり、この動線は、現状の寸法だと実現できないと思います。

光嶋:ベンチが経年変化で曲がるというアイデアはおもしろいけれど、これだと曲がる前に折れてしまいそうですね。構造的には三角形をつくらないといけないから、左のキャンチになっている角から、右の柱に向かって、右下に向かって入れないと成立しないから、頑丈にしないと経年変化で凹むまで持たないでしょうね。

そしてデザインの一貫性について考えないといけません。思い出すレベルで、切ったり貼ったりするのでは良い提案になりません。この案のおもしろさは、立面では三つのシェードと四つのベンチに見えるが、つくり方の構造が共通しているから不思議な統一感があるところ。ただ、そもそもデザインを揃えるのは正しいのか。シェードは、4本柱で全部持ち、6本で中央を支えている。ベンチは、きちんと三角形でトラスを組んで片方で持たせることができるなら、シェードの傾きも揃えるのがいいのではないか。現在は大きいものと小さいものが同居している状態になっていますが、そこまでデザインを意図し、意志を持って落とし込むことを徹底していないから、かなり恣意的に見えてしまいます。

また、人の流れをつくろうとしているなら、軸線として、その軸に沿わせる必要があります。現状の配置だと、雨に濡れたくないから軸に沿って歩くか、逆に90°振ってゲートとしてくぐろうと思わせるとか。動線的にある構築物が中途半端な

ので、木の周りに行くと、通常は木のシェードとして木漏れ日がベンチの役に立つけれど、木がないためにシェードをつくるなら、大きいものと小さいものの関係性を含め、もっと精度を上げなければならない。さらに、簀状なので、モアレのような木漏れ日的なものになるかもしれない。そうすると雨は防げませんが、雨を防ぐ必要がなくて走って通っていけばいいかもしれない。「＋中崎」というテーマであれば、＋の部分を意図的につくってあげるべきです。例えば角度を揃える、揃えないとか、3パターンの鋭角、鈍角、90°のような広い意味での構造、それをもっとデザインの中で徹底させれば、豊かでおもしろい空間になったのではないかと思います。

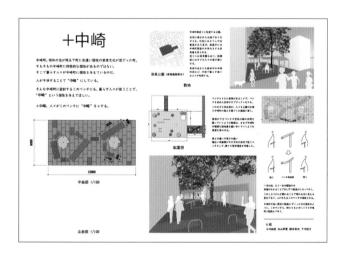

5班「Retro Beans」

白須:プロセスを書いたほうがいいですね。結果だけ書かれると、直感的にいいと思ったことを主張されているように感じます。色についても同様で、レトロなイメージが共感されるようなメッセージ、例えば「この中崎町のこの色をレトロと考えた」といった説明があるといい。見る人にどうしたら共感されるかを考えてプレゼンテーションして欲しいです。

公共的な場所、つまり、誰でも使うという性格と少し合っていない感じがしました。対象が使うことに積極的な人に限定されている気がします。ベンチに座る際に、すでに座っている他者に「引き伸ばしていいですか」とは、おそらく言わないと思います。引き伸ばすとしても、他者と目を合わさずに伸ばすだろうし、既に誰かが座っていたら座らないでしょう。だから、引き伸ばすという行為を積極的に手助けするような工夫があると良い。つまり、登場する人の積極性に頼って、建築でできる努力をさぼったように見えてしまいました。

光嶋:引き伸ばさず仕舞っている状態では座れないのですか? プラスチックの外側と内側は、普通にイームズチェアであり、造形も似ています。紙や段ボールを使ったフランク・ゲーリーの椅子や、吉岡徳仁のHoney-popに近い。もっと引っ張るとスカスカになって座面が落ちるでしょうけど、そこまで考えていないですね。伸びきった時に地面に非常に近くなるという変化もあるとおもしろいと思います。今は広げた状態で一人しか座っていないけれど、両サイドに1人ずつ座ることはできるのですか?「Beans」が半分の状態でも座れるのかな? ちなみに君たちからすると、レトロというのはいつなのですか?

学生:昭和です。1970、80年代あたりです。レトロなデザインについて考えた時に、駅構内の壁が青いタイルで現代的だと考えました。一方でレトロについてはみんなで話し合い、暖色もありましたが、色を調節していき、「これがレトロ!」というタイミングを見つけました。そのように、かわいいとか、レトロっぽいのを……。

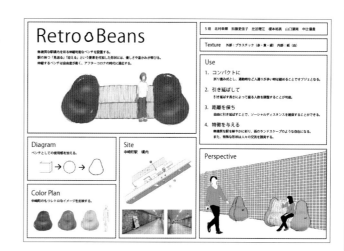

光嶋:「かわいい」、「かっこいい」などの言葉は変遷するし、ジェネレーションギャップもある。それを議論することで価値観を見出せるようになっていくと、発想としてはおもしろい。展開力については、例えばプレゼンシートにある赤・緑・黄の三色から、信号のメタファーを思い付き、信号なら中央を黄色にするなど、デザインの手続きにおいて、常に予想外の点と点をつなげるべき。「Beansだから角が丸いほうがいいね、レトロだからかわいくするには豆にしよう」のような一つひとつの手続きと、「ちょっと待って、もう一つの点をどう結びつけるか」を考えたらデザインのミソとなる。信号のメタファーから、これを見たら「止まれ」「行け」といったメッセージ、そして、レトロのメタファーに飛んで新しい意味を与える。黄色いBeansは「開けてもいい」とか、違うメッセージを絡み取れるようなデザインにまで発展させるといいですね。

6班「悪戯基地 〜高架下で彩るプロローグ〜」

光嶋:「マイナスのイメージから"危険"を取り除く」という一文と、「悪戯基地」というタイトルがシャープで特徴的だね。問題は、いたずらの個性が持つ新たな価値があるか。危険は万人が避けたいものですが、クライマーは危険な崖に燃えます。その危険を取り除いて「いたずら」とし、「いたずら」を避けたい人からすれば、「いたずら」の価値は危険の価値とたいして変わらないので、対象は「いたずら」をされたい人にするとか。また、「いたずら」を例えばアートにするとか、ストレス解消で卵を割るとかにつなげてもいい。二項対立の「危険」と「安全」に「いたずら」をスライドさせて考えたのは良いと思います。

白須:キューブを組み上げてつくることに関して、私たちが影響を受けたのは、山本理顕さんの「邑楽町役場庁舎」です。ブロックで庁舎をつくる仕組みが明解で、荷物を縛る金属のベルトと強力な磁石を組み合わせて建物にしています。ブロックの中が空洞だから、パイプを通してパイプスペースにもなるし、構造的にも保つ。設計者ではなく、参加者によって建築がつくられるという、民主制を市庁舎という建物で実現しようとした非常におもしろい試みです。これらの自由の度合いが、どういう影響を及ぼすかを考えると、君たちの作品は、ブロックを動かすことの楽しさが今のパースでは把握しづらい。キューブの重さや持ちやすさ、安全なのか、構造的に保つのか。客観的な説明があると良い。

「"危険"を取り除く」というフレーズは気になります。「無敵の人」という言葉があります。いいと思って広げていった社会ですが、そこから排除された人もいて、そのような人がリスクを顧みず、大きな憎悪として対象を限定せず行動し、事件となることが最近増えてきました。そこには、いいものを広げていくというモダニズム的な世界観、資本主義的な構造が影響しているのではないでしょうか。自分たちがいいことだと思って広げたことに対して、良くないものが見えてきたころだと思います。だから、先ほどのフレーズに違和感を覚えました。

光嶋:どれだけいいものでも仲間外れをつくってしまう。例えば建築新人戦がどれだけ素晴らしいとしても、出展するかしないか、実行委員に入るか入らないかで境界線があります。そして、その共同体をつなぐ磁石は他方で常に排他性を持っている。自分事として、いかに他者への想像力を持つか。クライマーにとっては危険が生きがいだから、それを取り除くのが絶対の正解ではないのです。51対49で選挙に勝ったからと一方的に進めるべきではなく、負けた49とも協調した社会を考えなくてはいけない。建築は社会的なものだから、相反する志向の人々の思いをどうすべきかという道徳や倫理の問題を考えることが重要なんだと思います。

白須:いたずらというのは良いかもしれませんね。共同体的な正しさから言うと少し間違ったことかもしれないけれど、それをすることで外から見ると活動が回っているように見えます。正しいとか正しくないということを乗り越える可能性がある言葉だと思います。

7班「カラマル ～中町商店街の中～」

白須：ベンチの置かれている場所はどこですか？

学生：商店街の通路に置くことを想定しています。商店街の通路幅が5.4mあり、その中央にベンチを設置し、ベンチの両側に通行用の道を残すことを考えています。

白須：現実的な問題として、5mしかない商店街の通路に対して、3mのベンチは大き過ぎるように思います。このベンチの段々の寸法はいくつですか？

学生：蹴上げが300mmで、奥行きが600mmです。

白須：なるほど。私たちの感覚と、君たちの感覚の間でズレがあるように感じます。解釈のズレが生じているのは、商店街の中にベンチを置いた様子が絵に表されていないからです。寸法を聞いて「狭くないかな」と私たちは感じましたが、あなたたちからは「いえ、狭くないです」という返答しかもらえない。これは、建築を語るうえで寸法の大切さがよく分かる事例でもありますね。

光嶋：「カラマル」というコンセプトを伝えるなら、なおさら、その環境を描かなければならない。絡まるのは君たちの設計したベンチそのものではなく、その周辺の環境なのだから。パースに人が描かれているけれど、その周辺が描かれておらず、実際にベンチを置いた時のイメージが伝わりません。5.4mしかない商店街に3m近い幅のベンチが置かれたら、邪魔だと感じるのが一般的な反応だと思う。仮にこれが、商店街の呉服屋から飛び出して、そのまま2階の店まで上がれるというアイデアだったなら、通路に設置する意味はあると思います。今はそれが不明確です。ただ、設計したベンチ自体の案は非常におもしろい。「カラマル」というテーマがよく考えられていると思う。札幌に、イサム・ノグチのつくった滑り台が置かれているモエレ沼公園という公園があります。周辺には商店や公園があり、その周りを子どもたちが走り回って、大人がパフェを食べている。その中央に彼のつくった丸い滑り台がドーンと置かれている。これは、滑り台があるからこそ生まれている環境の絡まりなのです。ここのおもしろさは、デザインされ過ぎていな

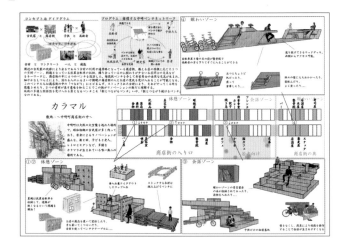

いこと。つまり、提供された部品でいろいろな使い方が想定できる点です。コンクリートに木を刺してみるとベンチになったり、ベンチ下にパレットを貯蔵したり、別の人がそれを自由に使ったりする。使う前にストックしてもいいし、廃材を捨てないで取っておいてもいい。そういった、ものの溜まり場として機能しているのが興味深い。そのシステムだけを設計しようとしたのなら、今のプレゼンでもいいかもしれません。でも、君たちの提案は、周辺の環境との絡まり合いを大切にしているはずです。敷地との関係性がしっかり分かるような示し方をしたほうが良いでしょう。素材的に見ても、固いコンクリートと朽ちる木など、組み合わせの妙のようなものを感じるし、時間性までも見出される造形である点に魅力を感じました。あとは、ベンチ単体ではなく、商店街の場所に落とし込めたら、より良い提案になると思います。

8班「やすらぎを求めて」

光嶋：とてもいい案だと思います。ただ、プレゼンシートの右下のイラストは、大地を抉っているようですが、内側の茶色い部分は何で仕上げているのですか？

学生：木材です。

光嶋：あら、木材で仕上げてしまうのですか。大地なら土だと思ったんですよ。これだけ地面を掘ったら、土が出てきますよね。掘れば、地質的にむかしの時代の土が出てくる。発掘好きにはたまらないでしょう。なぜ肝心の断面を木で覆ってしまうのか。もう一つ質問すると、くぼみがなぜ四角いのですか？ 法面がないと崩れるので、90°ではなくて法面をつくります。そこがデザインの主要な部分なのです。土留めといって土を留めなくてはいけない。椅子も90°ではないですよね。くぼみのベストな深さはいくつなのか。そうやって考えると、くぼみはとてもおもしろいと思います。穴を掘ったら土が出てくる。そして、グレーのベンチは土でできている。掘った土で固める版築という技術があるので、きちんと固くつくれば土壁を四角くできる。版築なのでSDGs。ごみを出さない。麻はいらない。くぼみの操作だけで、もっと角度をデザインすれば、膜屋根もいらない。柱も太過ぎる。大地の操作だけでデザインしたら審査員が藤森照信さんだったら絶対実現する。形が重要です。

白須：膜屋根だったら膜屋根でいいと思います。グラウンドに対して傾斜しているので、傾斜している膜屋根があると最高ですね。ポンピドゥー・センターの広場も、傾斜しているだけで人を座らせるようになっている。今回はベンチが題材なので、ベンチによっていかに魅力的な空間をつくるかにチャレンジして欲しかったです。断面図は非常に魅力的ですね。手を加えた部分を矩形で、元の地形を斜面で表現されていて、その出会いが新しい場所を生んでいることがわかります。重要なのは、鉛直方向の寸法で、これくらい出てればこんな風に使える。これくらい凹んでいれば視線がこれくらい変わってくるなど、具体的に表現できて

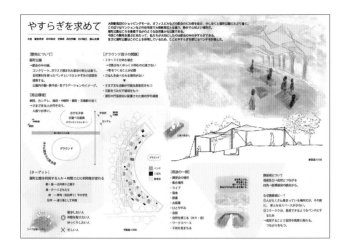

いればさらによかったのかなと思いました。この考察は規模が大きくなっても重要です。建築を魅力的にしていくときに断面の考察、特にこういった既存の傾斜面を扱うときはとても重要になってきます。

9班「街と病院の結節点」

光嶋:「サーペンタイン・ギャラリー」を参照しましたか?

学生:参照したのは、藤本壮介さんがロームシアター京都で設計した「アメノシタ・パビリオン」です。

光嶋:一個一個の木材がアンリアルに見えます。これは何×何の材で想像しましたか?

学生:200×400mmの長さ4mです。

光嶋:藤本さんがつくられたパビリオンの材は120mm角の柱だと思いますが、それに比べて相当大きいようです。普通に考えたら集成材で考えるべき。ただ、空間としておもしろいし、実現しそうな気がします。一方で、大阪のO・S・Kがモチーフと聞いた瞬間に気持ちが萎えてしまいます。メタファーはバレないほうがいい。アントニ・ガウディのサグラダ・ファミリアは、中に入った瞬間に柱が上に行けば行くほど細くなり広がっていくから、森を思い浮かべます。だから、ガウディはわざわざ森をつくろうとしたと言葉にする必要がない。つまり、メタファーではない。でも、12本の塔から12音階の楽器をイメージし、バルセロナのカタルーニャのファミリアだからLOVEを演奏するための楽器をつくろうとしたと言うと、メタファーになる。つまり、サグラダ・ファミリアを見て楽器をイメージする人はいない。だから、O・S・Kも上手に抽象化して消さないといけない。O・S・Kからスタートするのはいいけれど、そのままSで帰結したのは良くないし、空間性においてKが邪魔をしています。スタートラインを変えていくようなドライブ力が必要です。またO・S・Kと聞くと、馬鹿っぽく感じる。馬鹿っぽくやるなら、もっと徹底的にやらないといけない。

白須:それを逆手に取ったことを、磯崎新さんのポストモダンなどでやっていましたが、その文脈でやるならかっこいい。ただ、「大阪をモチーフにしているからいいよね?」と言われたら、空間的に悪いアイデアでも賛同しやすくなり、建築を勉強していない人も肯定しやすい。つまり、そこで思考停止になってしまう。モ

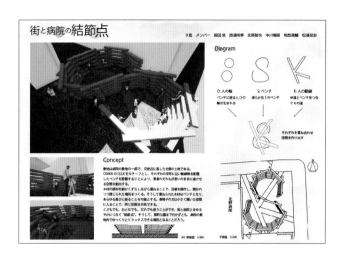

チーフに頼るのではなく、君たちは空間を勉強しているので、空間の良さや周りとの客観性を説明して、形を決めて欲しい。

光嶋:ポストモダニズムがまさにその時代であり、磯崎さんはモンローチェアをつくりました。それはマッキントッシュという建築家がデザインした椅子をベースにしており、座面を低くして、非常に高い背もたれにマリリン・モンローの体のようなカーブをつけました。その椅子を見てマリリン・モンローだとは思いませんよね。でも設計者である磯崎さんは、「これはマリリン・モンローの曲線です。そこに座ると抱かれている気分になる」と言うのです。O・S・Kとやっていることがほぼ同じですが、その価値を考えて欲しい。良いか悪いかは自分たちで考えてください。ただ、今回は良い空間になっているのはすごい。ただ、もっとドライブさせてOでもSでもKでもない状態にして欲しかった。

10班「RETRIS-RETRO×TETRIS」

白須:レトロなイメージというのはもしかしたら期間限定なのかもしれません。時代が進めば、現在の新しいものもレトロとして扱われる可能性があり、逆に今レトロだと感じているものがリバイバル的に新しいものとして現れる可能性もあります。時代を背負った意匠を扱うときは、その「賞味期限」も考慮に入れる必要があるかもしれません。レトロなイメージを取り入れているのは、5班と同じだけれど、レトロというのはどの年代を考えていますか?

学生:70、80年代くらいです。

白須:本作品は、「中」の字の解体が重要になってきます。ベンチの配置を解体しているのなら、その下にあるタイルはどうして45°に振られているのでしょうか? 屋根のデザインもテトリス的な要素があるのでしょうか。あるいは3つの要素として、サーフェスとしての地面、座るためのベンチ、屋根がありますので、下のタイルと上の屋根について考えたことを教えて欲しいです。

学生:下のタイルはレトロなイメージ、上の屋根は青のすりガラスにしました。

光嶋:45°に振った理由は?

学生:敷地に合わせました。

白須:なるほど、それは読めなかったな。敷地周辺の状況が分かる何かがプレゼンテーションのなかにあるとよかったですね。そうすればこの質問はなくて、もっと本質的な部分に質問が及んでいたのかもしれないですね。自分達で当たり前にわかっているものも、実は聞く人はまったく分かっていないことが多いので、ぜひプレゼンボードを「初めて見る目」で見直してみてください。足りないものが見えてくると思います。

光嶋:遠くと近くで見え方が変わりますが、フラクタルという幾何学の概念があり、同じ関係性のものが違ったスケールで同居しているという意味を持っています。下のタイルは40°くらいの「中」の字を解体しているデザインで、レトロなタイルで

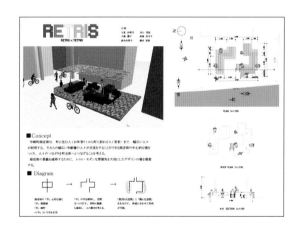

組み合わせる。それが5倍くらいの大きさでベンチの中にある。そこに2倍くらいの窓があるとフラクタルになります。フラクタルによって自然の法則のように複雑で豊かな生態系ができ上がっている。特にグループワークでみんなの意見を共有すると、バラバラなデザインが生まれるけれど、フラクタルの考えがあると役に立つと思います。ところで、現状の案だと中崎商店街を豊中公民館に変えても文章が成り立つ気がしますが、それは周辺環境が読み込めていないということになるかもしれません。自分たちが感じたことや、中崎商店街らしさが文章に表れていません。中崎商店街らしさについてしっかり書けば、空間への転換の仕方がもう少し具体的になってくるはずです。もっと感覚的なものでも良いのです。建築が担うのは正しさのみではないし、そこの感覚の解像度を上げていくべきです。また、敷地境界線の寸法が描かれていないため、そこを考えていないのが表現されてしまっています。ものの形、大きさは考えられているけれど、それらをどこに置くのか。周辺環境を理解していない見え方になります。だから、文章や寸法の解像度をもっと上げて欲しかったです。

建築新人戦に出展された素晴らしい模型を、会場に来ることができなかった人にも見てもらいたいという思いで、この特集を企画した。100選に選ばれた作品の中から、建築新人戦書籍班の班員が特に目を惹く模型の制作者にインタビューを行い、その制作の裏側を少しだけ聞いたので、ほんの一部ではあるが、手の込んだ模型たちをぜひ見て欲しい。

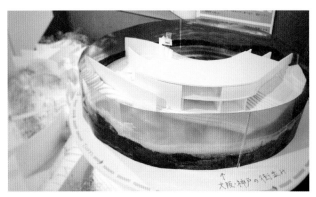

ID0001 児玉さくら

Q. 全体的な模型をつくった流れを教えてください。
A. コンタ模型をつくり、その後にコンタを少し削りながら中の空間の分かる模型をつくりました。また、景色を切り取ることがメインだったため、景色がどのように見えるのか分かるような小さい模型もつくりました。

Q. 制作人数を教えてください。
A. 1人

Q. 制作にかかった費用を教えてください。
A. 4千円(スチレンボードは学校から支給)

Q. 模型素材で工夫した点はありますか。
A. OHPフィルムに、見える景色を印刷することで中の模型を見せつつも、そこから見える景色を分かりやすくしました。また、模型の着色はプレボでメインに使っていた3色(白、銀、深緑)のみを使うことでプレボとの統一感を出しました。

Q. 最後にアピールポイントはありますか。
A. 模型が回ることがポイントです。写真にある模型は模型の下に100円均一で買った回転テーブルを付けています。こんな景色が360度見られるんだ!と好奇心をもって見ていただけたらなと思い、付けました。

ID0241 小川七実

Q. 全体的な流れを教えてください。
A. 6世帯の集合住宅を設計しないといけなかったので、6つの家が全部違う家具とか違う配置とかにするために、形だけ最初につくって、そのあとは一個一個スタディしながらつくりあげたのを、最後に立ち上げました。柱などがまっすぐに立っていませんが、スタディしながらつけて貼り替えることを繰り返したからです。内部空間の添景をすべての世帯で違うものにしようとしたので、全部くっつけて外してまた違う添景を入れるなど、ひたすらしました。

Q. 制作人数を教えてください。　A. 全部一人でしました。

Q. 費用はいくらかかりましたか。　A. 台の段ボール以外で、3万円くらいです。

Q. 模型素材で工夫した点を教えてください。
A. 住居の部分は木造ですが、銭湯付き住宅という課題だったので、銭湯の部分は鉄骨にしたいと考えました。でも柱は鉄骨の部分が太くならないようにしたかったので、スプレーで変えたり、木造だとわかりやすいテクスチャーにするなど、また、内部が見えるようにあえて壁を入れていないのですが、壁がどのように入るか表現したかったので筋交いとかを入れて表現するようにしました。

Q. アピールポイントを教えてください。
A. 祭りの日の模型をつくっているので、親近感が湧くような、その町の活気づいている様子が分かるような勢いのようなものを表現しているのがポイントです。

ID0481 辻周斗

Q. 全体的な模型をつくった流れを教えてください。
A. 全体的な流れとしては、枠組みや壁などをレーザー加工機で図面からおとし、三角形の屋根はCGから図面化してレーザー加工機から持ってきてそれを組み合わせてつくりました。

Q. 制作人数を教えてください。
A. 制作人数は初めのほうは1人で、最後のほうは時間がなかったので2人で制作しました。

Q. 制作にかかった費用を教えてください。
A. 費用は約1万円くらいでした。

Q. 模型素材で工夫した点はありますか。
A. 模型素材で工夫した点は上の芝生のところを一枚ずつ変えて貼っているところです。

Q. 最後にアピールポイントはありますか。
A. アピールポイントは下の岩の部分をこだわったので見てほしいです。

ID0549 大塚史奈

Q. 全体的な流れを教えてください。
A. CADデータで出した元の図面に手を加えながらその場で変更していきました。

Q. 制作人数を教えてください。
A. 一人でしています。

Q. 費用はいくらかかりましたか。
A. これ以外にもスタディ模型を60個くらいつくっているので、それも合わせると5万円くらいです。

Q. 模型素材で工夫した点を教えてください。
A. 学校で白模型を指定されていたのと曲線を使いたいので、ソフトボードで自在に曲げられるようにしました。あとは集合住宅だったので、住宅のところとテーマのところで分かるようにバルサとRCのところで素材が分かるようにしました。

Q. アピールポイントを教えてください。
A. 大きい模型は1/30でつくったんですけど、それは細かいところまで見せたかったからです。手すりとか窓枠までつくるようにしました。小さい模型は土地との調和を見せたかったので周辺の建物をただのボリュームだけにするのではなく、窓もしっかりつけました。

ID0023 角岡紗衣

Q. 全体的な流れを教えてください。
A. まず発泡スチロールを削り地形をつくりました。水を表現するため薄く透明なフィルムを貼ってから、地形を固定しました。地形の傾斜やスケール感を調整しながら絵の具で着色し、土や石などのテクスチャーを付けました。美術館や道をつくってから植栽を植えていったのが大体の流れです。植栽はスケール感を気にしつつ、湿地部分はススキのような植栽の繊維を一本一本付けていきました。

Q. 制作人数を教えてください。
A. 全部一人でしました。

Q. 費用はいくらかかりましたか。
A. 2、3万円くらいです。

Q. アピールポイントを教えてください。
A. 美術館という名前で出しましたが、ランドスケープに力を入れていたので、悠々さと繊細さのスケール感を表現したところです。

ID0457 竹村敬太郎

Q. 全体的な流れを教えてください。
A. 曲面のようなところをモデリングでつくりましたが、それを形にするには、粘土でないと厳しくて、このような形になりました。内側に金属のネットが入っていて、それで形をつくって、外に粘土を貼りました。

Q. 制作人数、期間を教えてください。
A. 人数は、たまに1人手伝いに来てくれる人がいるぐらいで、基本的に1人、たまにお手伝いあり。期間は、粘土が結構固まるのが遅くておそらく2週間ぐらいかかりました。

Q. 費用はいくらかかりましたか。
A. 費用は、中のネットがすごい高かったです。それでも、3万円ぐらいでした。店にあるもの全部を買うぐらいの勢いでした。

Q. アピールポイントを教えてください。
A. 実は手前に置いてある小さい模型もお気に入りなんです。3Dプリンターで出しているのですが、そちらも結構綺麗にできています。ただ、粘土の模型は断面模型なので、手前の全体模型と比較していただけると有り難いです。

ID0892 北村美結

Q. 作品をつくるにあたっての全体的な流れを教えてください。
A. 1/50でつくることが課題で決まっていたので、1/50で模型をつくりました。まず柱は木製で設計していたので、店でカットしてもらい、自分でやすり掛けをした木を実際に模型に使いました。中の家具はバルサを使って細かく形をつくり、その後着彩をすべてに行いました。畳は井草を買いそれを細かく切って畳の形にしました。ただバルサが壊れやすいので家具は一部折れているところもあります。

Q. 何人で制作されたのですか。
A. 一人でつくりました。そのため、模型の制作にはかなり時間がかかり、一週間半で完成しました。

Q. 制作にかかった費用を教えてください。
A. 費用は全部で3万円くらいしました。

Q. 模型素材で工夫した点はありますか。
A. フローリングをつくるのに、実際に木の板を買って筋を入れて水性のペンで溝だけを着彩し、それを水で洗うと溝だけに色が残り、その上から絵の具で着彩をしてフローリングっぽさを出しました。

Q. 最後にアピールポイントはありますか。
A. 小さい家具の形状とかをバルサで曲げるのがとても難しかったので、そこがアピールポイントです。

ID1098 小川幹太

Q. 全体的な模型をつくった流れを教えてください。
A. まず、図面を起こしてから、大きなシンボルツリーがテーマとしてあったので、今回その枝上に組むのは造形状難しく、3Dプリンターを使って印刷していき、そこから木の構造・小物をつくって、自分の手でつくれるものは、いろいろスチボとかを活用しながらつくっていきました。

Q. 制作人数、期間を教えてください。
A. 基本的にはほぼ1人でした。最後に植栽とかを植えてくれた友達がいて、展示品とかも一緒につくってもらって完成しました。制作期間は2週間か3週間ぐらいですかね。

Q. 模型の費用はいくらでしたか。
A. プリンターを買うところを含めないと、大体3万円ぐらいですね。全部含めるとプリンター自体が10万円ぐらいしたので……これ以上は話すのをやめておきます。

Q. 最後に模型素材で工夫した点だったり何かありますか。
A. 自分の今回の設計趣旨的に、未来をどんどん想像していくかたちで考えていたのです。だから、元々その展示室で飾られていたものが、竣工当時を表しています。それが未来に進むたびに、周りの植物がどんどん入っていくことを表現したかったので、結構その差がはっきりわかるような模型のつくり方と、あとはこれが何の作品なのか分からないと思うので、ちゃんと美術館というのは分かるように、美術品を結構細かく丁寧につくりました。

Interview_01
岡田 翔太郎
[2012年度 優秀新人賞]

──新人戦に出展された理由を教えてください。

一つ上の先輩など、優秀な先輩方が出展されているのを見ていて自分も出したいと思いました。2回生の時も出展したのですが、その際は16選で終わりました。でも、2回生は設計の授業が始まったばかりだったので、何が良くて悪いのか分からないような状態で、自分なりに良いと思ったものをまずつくりました。優秀な先輩たちにも見てもらい、いろいろアドバイスをもらいました。そうやって先輩や先生に見せて評価をいろいろ聞き、そこから手探りで模索していました。3回生になったら、徐々に自分の中で良いと思うものがある程度固まってきて、他とは違うものをつくりたいとか、そういう考えが出てきました。

──2回生の新人戦では、どのようなことを考えていましたか。

さまざまなところから集まった100作品が会場に並ぶと、すごくいいと思ってつくった自分の作品も、全員が気合いを入れてつくってくるため、あまり目立たないと思いました。その中で見た人を惹きつけるには、他とは違うことをやらないといけない。評価対象になることの難しさを感じました。

──そこから3回生になり、どのように考えましたか。

現在の学生コンペについては分かりませんが、当時の私は模型をとても大事にしていました。建築を口頭で説明するのがあまり好きではなかったし、

OKADA ARCHITECTS事務所／2F:宿泊施設Room
（設計:岡田翔太郎建築デザイン事務所）

話が上手くても模型や空間が良くなければ意味がないと思うこともあり、3回生では、建築の空間をしっかりつくり、誰がどのように使うかを徹底して考えて一つひとつの空間を丁寧につくっていました。だから少し複雑な感じになっていたこともあり、当時の審査員には「やり過ぎ」と言われたんだと思います。

──アジア建築新人戦についてお聞かせください。

審査員の竹山聖先生には、プレゼンが良かったと褒めてもらいました。英語でのプレゼンは初めてだし、アジアの他の国の学生も来ていたので、とても刺激になり貴重な経験を積ませてもらいました。海外の学生の作品は、日本よりもっと造形的というか、形や空間をつくることに一生懸命な作品が多かったように思います。CGも多かったですね。

──新人戦から卒業設計の間に、コンペなどには取り組まれましたか。

アイデアコンペにはあまり出していないかもしれないです。2・3回生での建築新人戦がメインで、Design Reviewなどにも出展しました。学内の課題の延長でできるコンペのみ参加していたかな。アイデアコンペよりも、きちんと中身のある設計課題を通じてじっくり考えることが大事ではないかと思っていました。学校の設計課題は期間が長いのに対し、アイデアコンペはそれほど時間をかけられるか分からない。実際、私はあまり時間をかけられなかったです。設計課題になると何カ月もかけ、自分の中で何度も自問自答しながら、プレゼン方法も

ずっと考え続けていました。そうやって粘り強く時間をかけて自分の中でブラッシュアップしていくのが大事ではないかと思います。

──具体的にどのようにブラッシュアップをしましたか。

4回生で鵜飼哲矢先生の研究室に所属しました。先生は細かいことまでは言わないので、作品を見せて少し話した時に、おもしろい、おもしろくないという先生のリアクションを一つの軸に置いて参考にしていました。

──その後、卒業設計ではどのようなことに取り組みましたか。

卒業設計は学生生活の最後であり、一番気合を入れる作品ですよね。だから、自分が一番具体的に考えられることとして地元を取り上げました。ずっと生まれ育ってきた場所でテーマを大きく広げ、単なる一つの空間をつくって終わりではなく、場所を変えるような建築をつくる。それで場所が大きく変わるようなものを想像してみたかったのです。

──卒業設計の後についてもお聞きしたいです。

石川県に戻って事務所を始めました。実は、当初

岡田 翔太郎
1990年石川県生まれ。九州大学芸術工学部環境設計学科卒業。2014年より岡田翔太郎建築デザイン事務所主宰

重層長屋の家（設計：岡田翔太郎建築デザイン事務所）

はどこかのアトリエに入ろうと思っていたため、自分でいきなり立ち上げるつもりはありませんでした。卒業設計では地元をテーマにしていたので、地元の人たちに作品を見てもらいたく、地元の加賀屋という有名な旅館の会長さんにお願いしたら模型のケースをつくってくれ、展覧会のようなものも大々的に開催してくれました。それをきっかけに仕事の依頼が届き、事務所をやることになってしまったという感じです。就職などを考える間もなく始めましたが、最初はやはりいろいろ大変でしたね。

──地元で独立して働くことの魅力を教えてください。

そもそも家を建てるのに設計事務所を選ぶという文化があまり根付いていない地域なので、自分の事務所に依頼するお客さんはこだわりの強い人が多いです。一般的には工務店が職人とやり取りをしますが、私の事務所では職人と直接やり取りをすることが多く、腕のいい職人にお願いして細かいところまで一緒に話し合います。いいものをつくるうえで、職人と距離が近いことは良い影響をもたらしていると思います。それは地元で仕事をするうえでの魅力の一つだと思いますね。

──学生たちへのメッセージをお願いします。

建築にはいろいろな方向性がありますが、まずは自分がおもしろいと思うものを徹底的に追求し、建築新人戦のように、審査員や同年代のいろいろな人に見てもらえる場所にどんどん挑戦するといいと思います。

Interview_02

佐々木 良介
［2012年度 優秀新人賞］

──建築新人戦の提出前から、新人戦当日、アジア建築新人戦のことをお聞かせください。

建築新人戦の前に夏休みを利用して、1カ月間ほどヨーロッパを旅していました。当時は3回生で、建築を学び始めてしばらく経ち、教科書や作品集でよく見かけるコルビュジエの建築を一度訪れてみたいと思い、ヨーロッパに向かいました。ロンシャン礼拝堂やラ・トゥーレット修道院、スイス学生会館など、多くのコルビュジエの建築を訪れることができました。コルビュジエの建築を訪れた際の感動は今でも思い出すことがあります。当時を思い返すと、建築新人戦の一次審査用の作品を郵送してすぐに日本を発ち、ヨーロッパ各国を回り、その後帰国すると、急遽徹夜しながら必死に二次審査用の模型の手直しをした記憶があります。というのも、ヴェネチア・ビエンナーレを現地で見て触発され、今のままの模型では表現として弱いと思いブラッシュアップしたのです。ちょうど伊東豊雄氏らの日本館の展示が金獅子賞を受賞した年だったのですが、その他にもザハ・ハディッドやヘルツォーク＆ド・ムーロン、ヴァレリオ・オルジアティなどといった各国の建築家の展示を見て圧倒させられました。それらの展示に圧倒される中で、生意気にもそれらの展示と自分自身の模型を比べ、まだまだブラッシュアップが必要だと痛感しました。そして、帰国後に何とか模型を完成させて無事に二次審査を迎え、その後ソウルで開催されたアジア建築新人戦にも参加することができました。その際、ソウル市内の建築を見て回りました。

建築新人戦の前後にヨーロッパ各国や韓国を訪れ多くの建築を見ることができたうえ、建築新人戦を通して国内外の同世代のさまざまな作品も見ることができ、自分自身の視野が急激に広くなりました。思い返してみるとほんとうに貴重な経験でした。

──その後、卒業設計ではどのようなことに取り組みましたか？

実は、4回生の夏休みにまたしても1カ月間ほどヨーロッパを旅して、その後帰国してから卒業設計に取り組みました。コルビュジエの建築を前の年に存分に見て回ったので次は西洋建築史に出てくる建築をまとめて見てみたいと思い、再びヨーロッパに向かいました。アテネからスタートして少しずつ北上して行きベルリンで終わりという道のりで、古代ギリシャの古典主義建築から始まり、古代ローマ、ゴシック、ルネサンス、バロック、ロココ、そして新古典主義建築までを制覇しようという計画でした。ギリシャではアテネのパルテノン神殿やデルフィの遺跡などを訪れ、途中、イタリア、スイス、オーストリアなどを挟み、最後にベルリンでシンケルのアルテス・ムゼウムなどの新古典主義建築を訪れました。各国の建築を訪れる中で、建築には特定の時代を超えた普遍的な価値があることを身を持って体感しました。その直後に卒業設計を始めたこともあり、思い返すとその直近の旅の影響を強く受けた卒業設計となりました。その結果、卒業設計では特に用途を持たない神殿のようなものができあがりました。

──大学院時代はどのようなことをしていましたか？

大学院では岸和郎研究室に所属していました。修士論文に取り組むと同時に、もう一方では、岸先生の実務の設計活動にも携わっていました。中国

佐々木 良介
1990年滋賀県生まれ。京都大学工学部建築学科卒業、同大学大学院修了。在学中は岸和郎研究室に所属。2016年より岸和郎＋ケイ・アソシエイツ勤務

アーメダバードの繊維業会館（2022年撮影）

齋藤 弦
［2012年度 8選］

──新人戦に出展した作品の意図を教えてください。

入学してすぐ東日本大震災が起きたことで、建築のつくり方が、形を重視する傾向から、プログラムや地域をどうするかという視点に移っていった時期でした。でも私は、形と空間をしっかりつくりたかったので、ハードや空間性という視点から3.11に対して答えを出せないだろうかと思って課題に取り組みました。世間では「地震」というと東北地方ばかりが注目されていましたが、一方で千葉県の九十九里なども多くの人が亡くなっていたのに、「来た津波より少し高い防潮堤をつくれば大丈夫」という計画が進んでいたことに対するアンチテーゼとしてつくりました。それから、当時は「人と違うことをやらなくてはいけない」という強迫観念に駆られていたので、コンクリートでとんでもない模型をつくろうと、50分の1の模型をコンクリートでつくりましたが、とんでもない重量に。新人戦のスタッフの方には大変ご迷惑をおかけしました（笑）。

──人生の契機は？

「建築で功績を上げる」という焦りがあり、3回生くらいまで切羽詰まったものづくりをしていました。でも新人選に出展したことで、いろいろな人に出会い、大学以外のコミュニティが初めてできました。学外のコンペに出展し、いろいろな人と話してフィードバックをもらいながら楽しくものをつくりたいというマインドに変わっていきました。それが新人選を境に生まれた。これが私の人生の契機でした。

安徽省での寺院の再建計画や、上海のオフィスビルの改修計画、京都大学桂図書館の新築計画など、さまざまなプロジェクトに参加してきました。卒業後は、岸和郎＋ケイ・アソシエイツに所属し、結果として継続的に各プロジェクトに携わることができました。

──仕事において印象に残ったエピソードはありますか？

これまでにインテリアや戸建ての住宅といった比較的小さなスケールのものから、オフィスビルや集合住宅などの大きなスケールのものまで、国内外のさまざまなプロジェクトに携わってきました。それらのプロジェクトを通して感じることは、幸いなことに建築は図面や模型が共通言語となり容易にコミュニケーションが取れるということです。海外のプロジェクトでは、現地の設計事務所や施工者との協働になるのですが、言語でのコミュニケーションが難しい場合でも、図面やモデリングデータでやり取りをすれば容易に意思伝達ができますし、「こちらのほうが意匠的に綺麗」とか「構造でこれだけの寸法が必

要」とか「これはコストがかかる」などという話は、国ごとで多少の差はあっても、普遍的な話なので、案外スムーズに話を進めることができます。このような共通言語で国を超えてコミュニケーションを取れること、そこが建築の魅力のひとつだと思います。そんな中で、先月に仕事の関係でインドに行く機会がありました。10日ほど時間を取って、インドとバングラデシュのムガル帝国時代の建築やコルビュジエやカーンの建築を訪れることができました。アーメダバードの繊維業会館、サラバイ邸、サンスカル・ケンドラ美術館と、コルビュジエの建築を訪れた際には、10年前にヨーロッパでコルビュジエの建築を初めて訪れた際の感動、あるいはそれ以上の感情を覚えました。今では密かな計画として、10年後に南米を旅して、アルゼンチンにあるコルビュジエの建築、クルチェット邸を訪れ、また10年越しにコルビュジエの建築と再会できることを楽しみにしています。

──学生たちへのメッセージをお願いします。

建築新人戦は出展することを通して多くのことが学べると思いますが、展示を見に行くだけでも十分な学びになると思います。模型や図面を見るだけでもプラスになると思いますので、できれば会場で実物を見られると一番いいですね。ぜひ建築新人戦に訪れてください。また、最後になりましたが、ここ数年はコロナの問題があり国内、海外ともに移動しづらい時期が長らく続きましたが、ようやく少しずつ動けるようになってきているかと思いますので、自由な時間を確保しやすい学生の間に、ぜひさまざまな建築を訪れてほしいと思います。

ラ・トゥーレット修道院（2012年撮影）

齋藤 弦
1991年神奈川県生まれ。千葉大学工学部建築学科卒業、同大学大学院修了。2016年竹中工務店設計部。2020年Strings Architecture設立

──竹中工務店に就職した理由は?

簡単に言うとアトリエ系に好きな建築家がいなかったからです。また、コンセプチュアルな部分を考えるのはもちろん好きですが、ドローイングだけで終わるのが嫌で、最後は「もの」を建てないと意味がないと思っていました。最初のコンセプト立てや、現場に入ってものをつくる寸前まで施工図レベルで検討するといったものづくりの仕方など、自分の思いに一番近いのが今の会社でした。それと、竹中工務店で当時活躍していた建築家たちは、ディテールがとても上手な人たちだったので、建築家に憧れるように彼らに憧れて入社しました。

──2020年から始めた個人での建築活動(Strings Architecture)のきっかけは?

一般的にゼネコン、組織設計は、スパンの長い仕事が多く、規模にもよりますが、短くてもプロジェクトの最初期から竣工まで5年程度かかる。それで、短いスパンで実現するものづくりをしたい欲求が生まれたからです。また自分の能力がどの程度個人として通用するかを試したかったこともあります。

──私はランドスケープ専攻なのですが、景観建築などについてはどう考えていますか?

実務上では、景観を考える際に「地域の伝統素材を使用する」といった安直な提案をされることが多いです。しかし私は前史から遡り、かなり昔の地形的なレベルまで分析するようにしています。「どういう変遷でその地形ができ、どうして人が住むようになり、どのように街ができ、今の景観があるのか」を考え、今の時代に引用すべきことをランドスケープに持ち込むことが好きです。大きい時間軸を知った上で今の状況を見るようにすることで、次に繋がるものづくりができるようになります。それが実際の仕事で

勝どきのタワーマンション(設計:Strings Architecture)
(C)中村晃

純粋な形で表れるわけではありませんが、自分の中にそういうマインドを持っておくことは大切ですね。

──今後、仕事でやっていきたいことは?

当面の目標としては会社で3年前から携わっている横浜のプロジェクトを完成させることです。そこでは、チームで街区全体のデザインから実施設計まで進めてきました。もっと近い目標だと、個人活動における初めての新築です。RCの混構造の住宅を設計していますが、それをメディアに出せるレベルに仕上げたい。個人での活動は営業活動も頑張りつつ、長い目で見ながらやっていくつもりです。

──会社と個人では規模も自由度も違うと思いますが、実際にどう感じていますか?

それぞれに面白さがあります。個人活動はすべて自分でコントロールできますが、逆に言うと、自分の引き出しの範囲でしかものをつくれません。学生さん

Strings Architectureにて設計中の住宅のパース

は設計者の職能をデザインすることだと思いがちですが、規模の大きいものはいろいろな専門家や関係者が関わるので、設計者は調整役を担うことも多い。ただ、それをうまく調整した時に、思いがけないものができたり、そういう舵取りをするおもしろさが、大きい仕事にはあります。今は、個人と会社の仕事のバランスがうまく取れていて、いろいろな仕事のおもしろみを味わえていますね。

──学生へのアドバイスをお願いします。

建築だけに集中しないほうがいいです。大学生になるまでは昆虫の研究や音楽に集中していたため、いろいろな雑学を持っていました。今でも意識的に建築以外の趣味を全力でするようにしています。建築以外の分野の知識や雑学、人脈をつくるといい。特に学生のうちは学べる環境がたくさんあります。例えばプロダクトデザインやランドスケープデザインの授業も受けられます。設計課題で余裕がないとは思いますが、大学を存分に生かし、いろいろな知識を身につけることが設計活動に深みを与える。実体験の知識に裏打ちされた説得力は、ネット上で調べたリサーチとは比較になりません。

齋藤さんと取材担当の書籍班メンバー

建築新人戦2022

■サブタイトル
「編む」

■応募概要
登録期間：2022年6月1日（水）〜8月13日（土）
提出期間：2022年8月16日（火）・17日（水）
応募資格：4年制大学・3年制専門学校：3年生まで（3年次の前期までの課題作品）
　　　　　短期大学・2年制専門学校：2年生まで（2年次の前期までの課題作品）
　　　　　短期大学専攻科：1年生まで（1年次の前期までの課題作品）
　　　　　高等専門学校：4・5年生（4年次から5年次の前期までの課題作品）
　　　　　以上の建築学生が対象　※グループでの参加は不可　※一人1作品まで

■展覧会
会　　期：2022年9月17日（土）〜19日（月・祝）
会　　場：梅田スカイビル タワーウエスト3階

■一次審査（100選選出）
日　　時：2022年8月19日（金）
会　　場：総合資格学院 梅田校
応募登録者数：1139作品（応募大学：110校、応募都道府県：32）
審査作品数：797作品
審査委員：光嶋 裕介（神戸大学特命准教授 / 光嶋裕介建築設計事務所）
　　　　　小林 恵吾（早稲田大学准教授 / NoRA）
　　　　　榊原 節子（榊原節子建築研究所）
　　　　　白須 寛規（摂南大学講師 / design SU）
　　　　　福原 和則（大阪工業大学教授）
　　　　　堀口 徹（近畿大学建築学部准教授）
　　　　　前田 茂樹（GEO-GRAPHIC DESIGN LAB.）
　　　　　山口 陽登（大阪公立大学講師 / YAP）

■二次審査・公開審査
日　　時：2022年9月18日（日）
会　　場：梅田スカイビル タワーウエスト3階 ステラホール
審査委員長：遠藤 克彦（茨城大学大学院教授 / 遠藤克彦建築研究所）
審 査 委 員：大西 麻貴（横浜国立大学大学院Y-GSA教授 /
　　　　　　　大西麻貴＋百田有希/o+h）
　　　　　　平瀬 有人（早稲田大学芸術学校教授 / yHa architects）
　　　　　　松村 圭一郎（文化人類学者 / 岡山大学准教授）
　　　　　　山口 陽登（大阪公立大学講師 / YAP）

■主　　催：建築新人戦実行委員会
■特別協賛：総合資格学院
　　　　　　アーキテクツ・スタジオ・ジャパン株式会社
　　　　　　株式会社コラボハウス一級建築士事務所

100選 選出者紹介

凡例
ID・氏名／所属大学・応募時の学年
作品タイトル
コンセプト

0001　児玉 さくら／武庫川女子大学・3回生
景を風景に

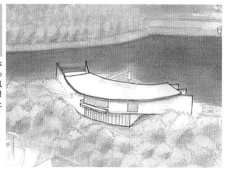

その場所から見える全体の眺めを"景"、建築によって切り取られた眺めを"風景"、またその過程を"風景化"とし、風景化に着目した設計を行う。

0005　根城 颯介／京都大学・3回生
魅惑のアーカイブ

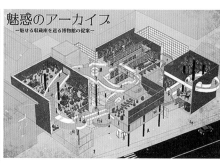

博物館の心臓部とも言える収蔵庫は、ほとんどの博物館では目に見えない場所に隠されている。目に見えなければ、その物の価値や多様性、存在すらも実感できないのではないだろうか。従来隠されている収蔵庫に通路を通しそれを展示空間とした魅惑のアーカイブを考える。

0023　角岡 紗衣／近畿大学・3回生
流れ彩どり移ろう～甦る大地～

水の都「大阪」の原風景を投影し、大阪本来の大地を甦らせる。水、風、光、草木、天候、季節などの自然要素によって刻々と表情が移ろう。美しい風景を最大限に取り入れた美術館の設計論である。

0036　佐古 統哉／東京理科大学・3回生
暮らし染み出る壁の家

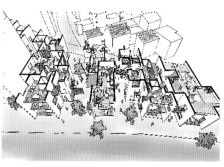

まちを歩き身体スケールのアイデアを集め、さまざまな建具で住む人の個性が現れる、住み手が自在に環境を変えられる柔軟な家を考えた。住人が思い思いの建具を動かして他者との距離感を自分の感覚で構築してゆく身体スケールの暮らしが展開される集合住宅を提案する。

0040　森 恭彰／大和大学・3回生
ゲシュタルトの森――日常の図地反転――

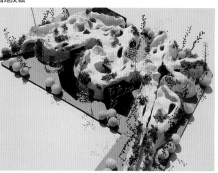

子ども集団の多様性を受け止めるフリースペースを、また子どもの発達段階に合わせたさまざまな形態の空間や素材、自然が響き合うランドスケープ的な環境体をつくり出し、子どもたちの好奇心と想像力を誘い出す子ども園「ゲシュタルトの森」を提案する。

0066　松山 こと子／芝浦工業大学・3回生
スキマオフィス

オフィスと歩行者の希薄な関係性に対し、スキマ空間による都市への表面積を増やす手法を用いて設計した。考え事をしてまちを歩く人が、その心の声をとめるようなスキマ空間、その先での経験など、小さな情景と大きな構想を大事にした。

0073　牧田 実夕／静岡理工科大学・3回生
結いのたより

失われてしまった地域のコミュニティを再生するためのアーティスト・イン・レジデンスの場を提案する。訪れた人々はアーティストとつながり地域をつくる担い手となる。また、地域に根付くこの建築は地域の核の役割を果たす。

0075　松村 真友子／東京電機大学・3回生
ムスビメ――SITE

運動に恵まれた周辺施設を生かし、周辺敷地と校舎を「屋根と体育館」を中心に緩やかにつなぐ。そして、住民と子ども達の「運動・遊び」を起点としたさまざまな活動を促すオープンスクールをつくり、そのまま地域施設として転用できるコミュニティの「ムスビメ」をつくる。

0076　山本 拓二 / 大阪工業大学・2回生
六甲人の誕生

住民に「六甲人」という住まい方を提案する。六甲人は、六甲山を円循環的な山に変え、彼らの人生も円循環的なものになる。
現代人と六甲人の生活を繰り返していくうちに、住民は六甲人になっていく。
彼らの住まい方が伝播・継承していくために、「六甲人」という枠組みと「六甲人の家」を設計した。

0082　米田 律輝 / 九州大学・3回生
Water Museum on the River

都市部の河川上に渓谷のような空間を導入。渓谷の空間構成上の特徴を読み解き、立体的に建築形態に落とし込む。空間そのものを鑑賞することで、普段意識しない水との関わり、河川の防災や環境を見つめ直すきっかけとなる、人・都市と自然の媒介となる美術館とする。

0176　丸山 周 / 東京理科大学・3回生
交響性──つながる情景をめざして

都市の機能性と合理性の裏で圧迫された人々の感性のスケールを呼び戻し、湾曲した壁とその周りに展開する住居や隙間の空間に共鳴させる。人と空間の重奏や変化をさまざまな情景へと昇華させ、場所性を纏った新たなつながりのカタチ、すなわち交響性の総譜をつくり出す。

0215　石井 大治朗 / 横浜国立大学・3回生
まちにおおきく住まう──山手と元町の間の崖線緑地をまちのみんなの居場所を作る──

横浜市中区の山手と元町の間にある放置され過ぎた崖線緑地を、周辺住民の居場所に変えるための建築とランドスケープを設計した。震災後の乱開発で元町と山手の間は直線的に坂道を登る構造が強くなった。失われた地形と暮らしが共にあるまちの豊かさを取り戻すために、山手と元町の間の崖線緑地をまちの住民の居場所にして、2つのエリアを緩やかにつなぐことを提案する。

0241　小川 七実 / 法政大学・3回生
「ハレとケ」〜狭小住宅を再構築した住空間〜

門前町として栄えた池上。そこに住む人々の暮らしには「ハレとケ」が存在する。ここでは、池上における住空間を再構築し、"銭湯"という地域のコミュニティ空間に付着させる事で実現する、豊かな住空間と新たなコミュニティ文化を形成する集合住宅を提案する。

0285　法兼 知杏 / 法政大学・3回生
偶然の出会いを生む贈り物──モノを中心に考える新しい集合住宅の提案──

贈り物は人と人がモノを通してつながる手段である。返礼を期待しないからこそ真の応答がある贈り物。そんな贈り物（贈与の行為）をしたくなるような空間を持った集合住宅を提案する。贈与の行為は人から人、人からまちへと連鎖し、贈与で溢れるまちになる。

0305　佐藤 碧 / 法政大学・3回生
波揺蕩う──ウチ、ソトの空間が波紋する集合住宅──

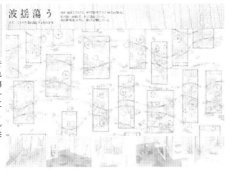

雨が一滴落ちただけで、その空間のウチとソトが入れ替わる、その空間を"揺蕩い"と呼ぶ。曲線壁のフレームによりシーンが連続することで、私の暮らしが揺らぎ、そして周りの住戸に波紋していく。商店街の揺蕩いと共に、揺らぎは増幅していく。

0322　塩澤 樹人 / 法政大学・3回生
旁々行路〜千鳥壁を用いた空間の多様性〜

大学図書館とは図書館であるべきなのか。従来の図書館とは違い、空間に図書が付随し、多機能に使える空間であるべきである。本大学では校舎の移動が活発である。直線的になっている移動に対し、「千鳥壁」による人を引き込む溜り場的空間を図書館として提案する。

0342　長澤 里空 / 法政大学・3回生
都市を仕立てる ハンガーラックによって構成され、地域を縫い合わせる職住一体型集合住宅

人工的に縫われた服によって起こる偶発的なコミュニケーションによって人と人が縫われ、服飾業界における社会問題を解決するようなリサイクルシステムを内包した集合住宅の提案。

0349　小林 大馬 / 法政大学・3回生
偶発的体験、帯びる緑

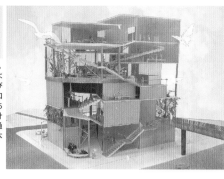

本を探す。手に取る。読む。メディアやSNSの発達により、日々大量の情報を浴びる中、図書館は主体的な知の拠点として機能し、私たちの好奇心をくすぐる。本設計ではさらに、体験・行動を通すことで知の深化を図り、本の価値を高める。

0370　奥田 真由 / 法政大学・3回生
学び場のらく書き

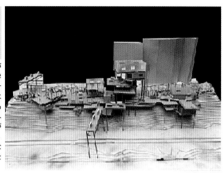

独りよがりの学びに他人が介入することで能動的に学ぶ様子を浮世絵と共に設計する。消えてしまう知識ではなく議論を通し残り続ける知識が必要だ。浮世絵の外濠には自分と他人の時間が重なり、今でも面影が残る。用意された教科書に自分なりの答えで学びに落書きをする。

0383　南 茉侑 / 武蔵野大学・3回生
Spot　ひとりひとりのSpotから街のSpotへ

住宅は個人の自由と集団の利益との境界線なのか。「唯一の自由の場」であった住宅から、個人の自由な発想・行動が社会に影響を与える住宅を考えた。
一人ひとりにスポットライトを当てた空間が、敷地内そして周辺環境に影響を与え、まちの賑わいの中心へと変化してゆく。

0391　徳毛 雄大 / 神戸電子専門学校・2回生
1.17―語り継ぐ建築―

これは「記憶と痕跡をつなぐ建築」である。
今回の計画において、阪神・淡路大震災を自然災害の恐ろしさや悲しみといった「負」の要素だけで捉えるのでなく、未来に語り継ぐための「正」の要素としても捉え直し、その双方の想いを建築に表現したいと考えた。

0395　池田 公輔 / 東京都市大学・3回生
巻き上がる斜めの形態

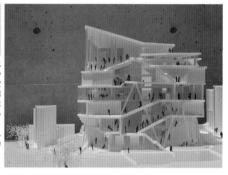

都市の水平垂直の世界に現れた、「斜め」という第三の世界。この性能は、積層空間の上下のつながりを再構築する。これを投影した本キャンパスは、斜めに開いて溜まる豊かな空間を生む。動線によって巻き上げられるさまざまな空間で、偶発的な交流や学びを演出する。

0411　小幡 直 / 京都大学・3回生
Mimesis and Genesis of Street

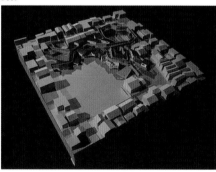

生徒が感じる学校とまち（Street）とのギャップを埋めるために、校舎は周囲の建物のスケールに合わせながらまちに擬態（Mimesis）する。
また、校舎の下に現れるパサージュ空間は住民と生徒らの豊かな活動が行われる新たなまちを創造（Genesis）する。

0426　増山 朋華 / 早稲田大学・3回生
居場所探しの世界旅行

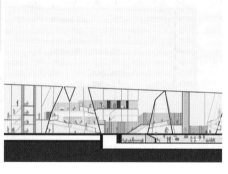

多様な人々が集う新宿区。大自然がテーマの本棚など、身体スケールや言語に捉われない無国籍な空間が万人を受け入れる。狭間を彷徨いながら5つの大陸を横断していく中で、新しい自分の居場所を見つける図書館。

0428　水野 翔太 / 大阪公立大学・3回生
覗き見の場―円が創る積層ランドスケープ

人は目で出会う。私たちは多くの情報を目から得るが、始まりも目からであると考えた。このパブリックプレイスで名前も知らない人との新たな出会い、人とのつながりを生む場所をつくりたいと思い、円形を積層させランドスケープのような建築を設計した。

0431　竹原 佑輔 / 法政大学・3回生
誘/偶発性に富む

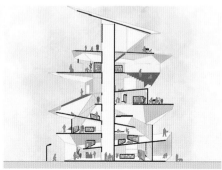

公共性は共有される空間とそこで行われる人々の行動により誘発されるものと思われる。真にひらかれた空間は、人々に公共性を感じさせ、一人ひとりにあった新しい使い方や居場所を与えるような空間であると考える。そこでそのような行動を偶発させる空間を提案する。

0441　宮瀬　駿 / 早稲田大学・3回生
大学活動を地域に開く本の渦 ―シンジュクラーニングコモンズ―

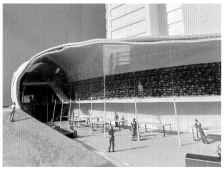

敷地周辺では、大学の人流と地域の人流という大きな二つの人流が交わることなく通過するだけになっている。そこに、大学にとっては実社会との接点となり、地域にとっては新たな学びに触れられる場所となるような、大学活動を開き地域とつなげる図書館を設計する。

0457　竹村 敬太郎 / 法政大学・3回生
投下と保存

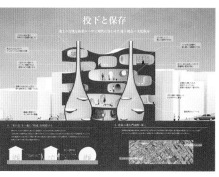

現代において文化の保存をよく目にする。建造物としての文化「見た目」の保存がなされる中、文化を形成した活動「用途」は変えられ、つながりが無くなっている。今回は新しい形状を投下することによって銭湯とその周りの生活が生きる建築を設計する。

0481　辻 周斗 / 神戸電子専門学校・2回生
Contour

六甲からの夜景や、北野異人館・中華街のような異国情緒あふれる街並み、農村部と都市部といった魅力あふれる場所は多くあるが、観光客の足数は減少傾向にある。都市の中において神戸の魅力を発信し、神戸の自然を体験・景色を眺望できる、観光文化センターを計画する。

0510　宮本 葵成 / 大阪工業大学・3回生
ミャクミャクとツヅク...。―新時代の学舎―

本提案では敷地すべてが校庭であり、子どもたちの遊び場となることを意図した。どこを走るのも登るのも自由である地形のような形態の校舎にすることで、子どもたちの自由で自発的な発想を受け入れ、後押しする。そのような場所が大都会、大阪にこそ必要ではないだろうか。

0526　山口 沙礼 / 神戸大学・3回生
介する世界

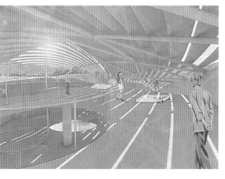

彫刻家・名和晃平の美術館。人々が電子機器を介して見る世界の様子を彼の作風である媒介を用いて三次元の建築に展開し、より身体的なスケールで表現する。ルーバーを介して周囲の自然を感じ、自然と建築がつくる空間自体をも芸術とし、身体全体で芸術と関わる美術館をつくる。

0539　毒島 美空 / 早稲田大学・3回生
痕跡を重ねる―情報化社会に対する「余白」の図書館―

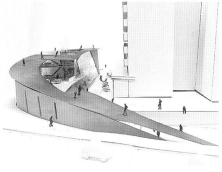

社会の制約の中で残されつづけた「都市の余白」であるこの土地に、情報化社会に対する「余白」の図書館を考える。情報化し得ない人の「痕跡」を残す本や中古品を扱うことで、情報以前の人の感情を刺激する。痕跡を積層する行為をテーマに設計する。

0541　印南 学哉 / 名古屋工業大学・3回生
港湾の根幹

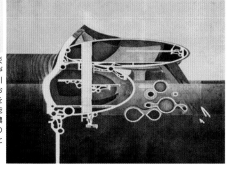

経年によって確固たる防災機能を果たすための改修が迫られている名古屋港堀川河口の防潮水門。更新における国際的な港への発展を担うデータセンタ、持続可能な運用を可能にする塩分濃度差発電との共生は後来の名古屋港湾を支える基盤となる。

0543　菅原 慎司 / 神戸大学・3回生
都市という名の土が降る

愛知県瀬戸市にある陶土採掘場跡地、せとものの材料として長い歴史とともに粘土が採掘されてきたこの場所に今、トンネル工事の残土が運び込まれようとしている。

0549　大塚 史奈 / 東京都市大学・3回生
水たまり、ヒトたまり

ヒルサイドテラス横にあるこの敷地に集合住宅と新たな暮らしを提案するという課題において「水たまりのようなコミュニティ」を設計する。水＝人、たまり＝人の集まる場所と考え、"空間を掘る"という手法を用いてまちや住人と関わることができる「水たまり」を設計する。

0586　石田 翔 / 京都大学・3回生
大学ノ狭間ニ

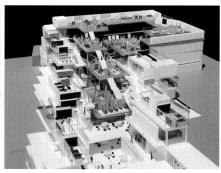

研究室や講義室が谷のような地形をつくり出し、その谷間に展示空間が大きく連なる。そこは展示物と大学とが一体になった、ここにしかない大空間である。さらに展示を囲む大学施設としての空間は通りにも表出し、博物館はまちに対する大学の顔となる。

0596　福本 翔大 / 早稲田大学・3回生
貫く学び

早稲田に散在する異なる性質の人々とその活動を、スラブによって区別し配置しながら、上下階をつなぐボリュームを多様な行為や活動が漏れ出す新たな学びの空間として提案する。ボリューム内にはスラブ上の活動に合った本が置かれ、本をきっかけに人々が劇的に出会う。

0624　松本 渓 / 早稲田大学・3回生
—たい— 対 —つい—

「対」をコンセプトに、本館と対である記念館を設計。吉阪が提唱した思想には、二項対立的要素を含むものが多く存在する。"たい"反対の関係、"つい"二つで一つとなること。一見矛盾しているようにも思えるこの言葉が吉阪のさまざまな思想を表すのに適していると考えた。

0635　吉田 希 / 早稲田大学・3回生
工場音で綴る

高田馬場の特徴である、多くのバックグラウンドをもつ人々の普段は生まれることのない交流をデザインし、そこから触発される学びの姿を設計した。自由提案スペースには本のリペアと生産の工場を設ける。工場設備や機械音が響く空間を想定した。

0645　小野寺 陸人 / 明治大学・2回生
斜壁が織り成す光の輪舞曲—柔らかな光が作品の魅力を引き出す—

斜壁やさまざま形の壁を用いることで、建物内に自然光を引き込む。周囲の人の目を引き、立ち寄ってもらい、地域に彩りを与えるそんな美術館を設計する。

0650　黒沼 和宏 / 横浜国立大学・3回生
居場所を配るおおきな家

まちの人たちが自然と集まってくる「まちの象徴」となる場をつくる。そのために、住宅の機能の一部をまちに開き、豊かな地形を利用して多様な居場所を内包した建築をつくる。それはまちにとっての「おおきな家」となり、この場を通してまちで暮らす人々がつながっていく。

0605　山内 深貴 / 共立女子大学・3回生
カゼグルマ図書館

赤羽台団地形状で見られるL字型の建物ボリュームを受け継ぎながら、単に人々が集うコミュニティセンターに留まらず、まちに向かって活動していく拠点となる建築を提案する。

0631　大坪 橘平 / 京都大学・2回生
病めるときも、健やかなるときも

病めるときも、健やかなるときも

2032年には一般的に普及していると想定される同性婚のカップルによる3人親の新家族"クローバーファミリー"。本作品では実際にクローバーファミリーとして生活されている杉山文野さん一家を住人と仮定し、LGBTsに対する建築的アプローチの一例を示す。

0637　関口 知輝 / 京都大学・3回生
編む—方法論としてのヒモの理論の実践—

編む —方法論としてのヒモの理論の実践—

子どもが関係を育むこと、知識を得ることが「編む」ことに近いと感じ、編んで小学校を設計した。そこで、ゾーニングを編むことで豊かな学びの場をつくることとした。活動を分類し、その分類を概念としてヒモに見立て、絡ませることで設計を行う。

0648　金谷 百音 / 神戸大学・3回生
立ち止まる、あわい。

国道を敷地内に内包し、山と信濃川に囲まれた立地で「都会の忙しさから逃れ、立ち止まる事のできる美術館」を設計する。伸びやかな構造体が構造的、意匠的側面を持ち、その軽やかさや虚構感がピカソの画風とマッチする。ピカソの時間性と多視点性を建築に落とし込んだ。

0662　平井 祐輝 / 横浜国立大学・3回生
再チャレンジできる集合住宅

誰にでも仕事と住める場所が用意されていて、支援者をはじめとする他者との関わりによって、新たな経験や生き方を身につけていく。そういう暮らしの中で自分の生き方を見つめて、元気になって再チャレンジに向かっていける集合住宅。

0663　三宅 祥仁 / 大阪公立大学・3回生
丘のある地下美術館〜三角公園とともにある記憶の継承〜

「アートとは衝突である」と考える。さまざまな表現が一点に集まり、ぶつかり合う。そんな風景の中にアートという存在があるのではないだろうか。
この場所でずっと起こってきた（起こっている）衝突の風景を受け入れ、馴染むことのできる丘のある地下美術館を提案する。

0669　東 正悟 / 法政大学・3回生
青山調和境界線

本敷地の青山は「住宅スケール」と「都市スケール」、「低層」と「高層」がぶつかり合う場所であるが、境目となる場所の設計がなされていない。そこで、これらを調和し、境界線となる図書館を提案する。

0671　藤田 淳也 / 九州大学・3回生
空気と葉の庭

地面から生えた大きな葉が建物を包み込む。葉の裏と表に生じる表情豊かな空間は、多様性を包括し、世代を越えたつながりを生み出す。敷地の周囲の道を三次元的に建物に巻き付け、豊かな半屋外空間を構築する。また風を効率的に建物に取り込み、建物の内部を巡らせる。

0677　田中 万尋 / 近畿大学・3回生
混色にまみれ、はじまりを過ごす

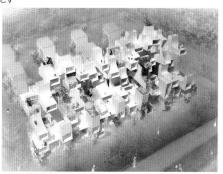

人それぞれが持つ個性や生活の様子が滲み出ることにより、学びの集合体となる集合住宅を提案する。ここで時を過ごす人々は、滲み出た個性にまみれ、自分の知らない生き方や生活を学ぶ。そして自分のこれからの生活の仕方や拠点について向き合い、考えはじめる。

0688　國本 旭 / 近畿大学・3回生
人間讃歌 戦死者のための記念碑

私たちは、平和についてどこで考えるのだろうか。平和を考える場所として、世界史上初めて原子爆弾の落ちた広島の地に美術館を計画する。地上一面に戦死者のための石碑が建ち並び、さらにその石碑は地下へ伸び、展示空間をつくることで、平和を考えるきっかけを与える。

0689　橋本 菜央 / 法政大学・3回生
迂曲道をゆく〜想像を誘う2種類の壁、「知」と「経験」の道を歩く図書館〜

文学と芸術のまちである神楽坂に「知」と「経験」が連続する図書館を提案する。迂曲する2種類の壁を用いることで先の見えない空間ができる。「見えない」空間を想像し歩き芸術という経験により何かに出会うことができ、人と人とを本がつなぐ。

0698　中村 紗也佳 / 奈良女子大学・2回生
ここ掘れここ掘れミーアキャット

この住宅は、ミーアキャットの習性を利用し、住宅の土壁や土床に彼らが穴を掘ることによって、常に住宅の形が変容する。住民である起立性障害を患った少年と、規則正しい生活リズムであるミーアキャットが共に生活することで、少年の病気を治癒することを目標とする。

0713　藤井 幹太 / 近畿大学・2回生
ワタシトアナタノイエ

夫が外で働き、妻が家事というスタイルは、旧モデルになりつつある。特に最近は夫妻共働きが増えている。この変化と同様に夫婦の住まい方もさまざまなスタイルがあるべきであると考え、新たな夫婦の住まいとその住まいが与える人と人の関係性を提案する。

0741　荻尾 明日海 / 関東学院大学・3回生
幾重にも、生まれる。〜重なりが生み出す出会い、ともに暮らす私たち〜

スラブから階段へ、住人の生活が滲むように広がっていき、他の住人や自然との新しい出会いを生む。地形が生み出すスラブとの重なり、住人の滞在期間の重なり、動線の重なりが幾重にも重なり合い、新しい出会いを次々と生み出していく、そんな新しい住まいを提案する。

0757　原 洋子 / 芝浦工業大学・3回生
集住コミュニティの持続可能性

人生の中で暮らし方は変化し続ける。従来の集合住宅は均一なことが多く、快適な暮らしのためには、変化の度にライフスタイルに合わせた住み替えが必要となる。そこで、ライフサイクルのさまざまなフェーズに寄り添った同じ敷地内での引っ越しで完結する集合住宅を提案する。

0766　半田 晃平 / 北海道科学大学・3回生
透過する律動～札幌市大通公園に溶けこむ美術館～

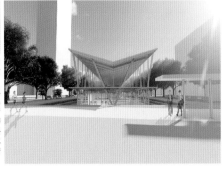

札幌市大通公園に多様な人々に開かれた美術館を設計した。
既存通路と既存樹木への視線を建築の形状に落とし込み、透明性の高い構造体で支えることで大通公園に溶け込ませる。市民の散策路の一部となり、誰もが気軽に訪れ、芸術に触れることができる空間とした。

0823　尾崎 菜々莉 / 名古屋造形大学・3回生
まちの学校—学びの場を木で再編する—

岐阜県白川町の過疎集落地にある廃校を増改築し、大工訓練校・図書館・食堂などを複合したまちの学校をつくる提案。時間や年齢を限定せずあらゆる人々が学べる場として地域から学び、未来を考え、交流も生まれる空間をRC造のフレームに木構造を組み合わせて生み出す。

0843　大池 智美 / 芝浦工業大学・2回生
みせるウチ、つなぐソト～視線と動線が生み出すコミュニティ～

この敷地周辺の住宅は公園に面してブロック塀を築いており、視覚的・社会的に閉ざされている。そこで人の動線と視線という二点に着目し、公園にもまちにも開放的な三軒の住宅兼店舗を設計し、地域のコミュニティを生み出す場となることを目指す。

0847　松岡 義尚 / 広島工業大学・3回生
狩猟的学問ノスゝメ

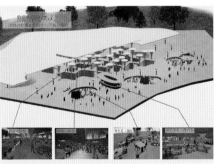

学ぶことの喜びを忘れた現代人に眠る学問への欲求を狩猟採集民的な行為で呼び覚ます。学問を狩猟採集化させる大学内複合施設。

0860　金子 千裕 / 北海道大学・3回生
いろどり団地

人々は生活スタイルや好みに応じて、自らの住空間をいろどり、変化させていく。そんな住み手のいろどりの行為を住戸外へと拡張することで、団地という均一な住空間がさまざまな表情を見せるようになる。これは、人々のいろどりによる団地再生の提案である。

0803　西田 真菜 / 近畿大学・3回生
町の拠点となる小学校—地域住民動線と学校動線で螺旋を編む—

学校の役割は教育に留まらず、交流の場になろうとしているが、フェンスが学校を周辺地域から孤立させてしまっているように感じる。地域の見守りによってフェンスを排除しながら、地域住民動線が学校動線を撹拌することで、まちの拠点となる学校を提案する。

0824　照井 遥仁 / 横浜国立大学・3回生
街と共に生きる大学～横浜防火帯建築の潜在的価値と都市型大学の暮らし～

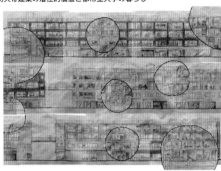

戦後横浜の復興拠点として整備された防火帯建築は"防火"という役割を終え、戦後復興の遺産建築となりつつある。そこにはこのまちの暮らしの骨格があり、環境が変わった現在では、これからの時代の防火帯建築のあり方がある。形としての遺産ではなく、記憶としての"財産"となる防火帯建築の新しいかたちを提案する。

0845　野口 舞波 / 大阪工業大学・3回生
順光つつみつつ　逆光にほどけて…。

2022。手には常にスマホという世界と私をつなぐ媒体。
…ふと足を止めてみる。
ここにもまた本という媒体。
それは、人と人、トキとトキをつなぐ記憶媒体。
進化し続ける情報社会にも、もう一度立ち止まり、今を見つめ直すきっかけを…。
…さぁ、今日はゆっくり歩いてみよう。

0857　岸 ちひろ / 東京電機大学・3回生
CUBE-HOUSE

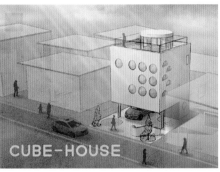

私は立方体が浮かんでいるように見える住宅というのをコンセプトに設計した。ただキューブ状の建物をつくるのではなく、あえて曲線を多用することで直線が際立つようにし、立方体感を強めた。

0869　松岡 蓮 / 九州工業大学・3回生
うごく。ひろがる。

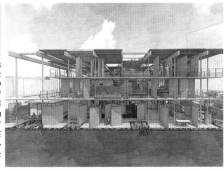

サードプレイスとしての市民センターでさまざまな活動を許容するためには、活動の場を住民が決めることができる「場所の自由度」が必要であると考えた。そこで可動性のある壁で場をつくる方法を考え、自由な場所でのさまざまな活動がまちにあふれるような市民センターを提案する。

0878　渡辺 賢太郎 / 関西学院大学・3回生
Accum 2.0──共存的更新とアクティビティの積層化──

神戸文学館と王子動物園の機能を変えず、複合施設を設計することとした。平面的なまちの広がりに対してあえて縦軸に展開する本施設は、まちのアクセントとなり、人の流れに緩急をつける。幅広い文化的な活動は賑わいを立体的に展開し、地域に還元される。

0886　菅野 瑞七 / 仙台高等専門学校・3回生
農家劇場

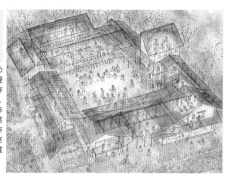

農場がひとつの舞台のような創作の場"農場劇場"を提案する。観光客や演劇創作に没頭したい演劇家に対し、宿泊の場を提供する。稲作を生産し、演劇家は農作業の情景をもとに演劇を制作する。そこでつくり引き出された作品は、最終的に鑑賞者によって精製されていく。

0892　北村 美結 / 信州大学・3回生
共栄──寺子屋という空間で共に繁栄していく──

新型コロナ感染者が国内で発生してから2年。コミュニケーションの機会が減り孤独、孤立への不安が社会に広がっている。今後、人が集う空間はどのように変化するべきか。密を防ぎながらさまざまな人が集うことができる、新たな学びの場として芹田小学校は生まれ変わる。

0903　森田 彩日 / 横浜国立大学・3回生
光を探す家

光を探す家は、山道の中で光を探しながら生活する居住単位だ。山道を上ると木々が鬱蒼と茂り、だんだんと暗くなる。すると、枝葉や草の道が一部明るく光っていることに気付く。光をたどると木々の間に美しい太陽を見つける。この光を探す動作を居住単位に取り入れた。

0915　正木 咲花 / 東海大学・2回生
ヒラク──ウチをソトに開いてアソブ──

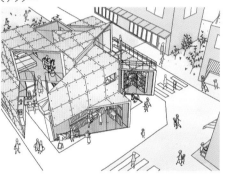

私たちが住む住宅の多くは壁に囲まれているので、家屋内にある土間という空間は必然と内側にくる。近所付き合いの希薄化が進む現代で普段内側に向かっているもの、収まっているものを「ヒラク」というアソビを行い、新たな関わりの場を生むドマのある住宅を提案する。

0926　佐山 響 / 東京工業大学・3回生
古材の継承

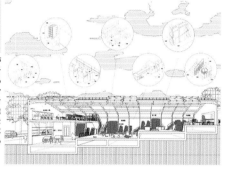

本設計では、この北馬込が最木密地域であること、そして空き家が多いことから古材が生み出されるポテンシャルが高い点に注目し、その資源の循環の中で現在途絶えてしまっている「古材を整える」工程を行うことにより、古材を将来へ継承することを目指す。

0931　永谷 峻 / 近畿大学・3回生
流れる暮らし、余白と住む

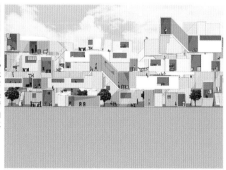

現在の集合住宅に見られるボックス型住宅の集合体は部屋をブラックボックス化させ、孤立させる。住宅を細長い動線のようにすることで生活に流れが生まれ、余白による活動が住人を活発にする。

0934　川村 幸輝 / 文化学園大学・3回生
時の美術館

時間の経過を寛容に受け入れることこそが、自由で美しい空間をつくりあげるのではないだろうか。美術館としての体験が美術館内に留まらない「時の美術館」は、環境と時間の共生により構築されていく"時の怪異性"と"経年性における価値"を創出していく。

0949　寺岡 知輝 / 大阪大学・3回生
大屋根でつなぐ──賑わいを再編する複合運動施設──

地域のスカイラインを、トレースした連続切妻の大屋根によって覆われた運動複合施設を提案する。敷地全体を包む大屋根の下では多様な交流が生まれ、「つなぐみち」が駅と商店街を結ぶ。地域の賑わいを再編し、昭和の風景を継承する新たな地域のシンボルが実現した。

0962　泉 貴広 / 神戸大学・3回生
Sense of Gravity

加速度的に進歩している重力認識を受け入れるため地球上にいる我々に求められるのは根源的な認識を振り返ることだと考える。ウォルター・デ・マリアの重力を突き詰めて創られた作品を通して、我々にとって重力について思考し、新たな認識が芽吹くミュージアム空間を提案する。

0966　川本 乃永 / 近畿大学・3回生
余白と共感

現代の集合住宅は、壁によって各住戸が完全に区切られ、住人同士のつながりが閉ざされているように感じる。この集合住宅は、各住戸が壁を共有し、壁の隙間からそれぞれの個性をもれさせることで、共に暮らすという意識を持たせ、新たなつながりを生み出す。

0968　鳥居 春那 / 広島工業大学・3回生
人を結ぶ街の花

人と地域の成長が感じられる建築こそ豊かで賑わいのあるまちをつくり出すと考えた。大学付近のこの敷地では学生と住人の生活が交わり学生は地域によって育てられ、地域は学生と住人の成長によって豊かになる。この複合施設が近隣社会を豊かにし人の人生を支える。

1064　松永 賢太 / 法政大学・3回生
縉く、反芻する─修辞法を用いた空間化の提案─

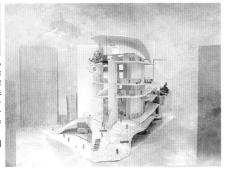

私は文学表現の修辞法から建築空間を創造する。来訪者が空間を読み、空間を解釈することでふるまいを形成し、読書体験と結び付けて新たな情報として提供する。それらが呼応することで都市全体がつながっていく、新しい情報のハブとなる図書館を提案する。

1079　仲村渠 琉久 / 大阪産業大学・3回生
Office with voids

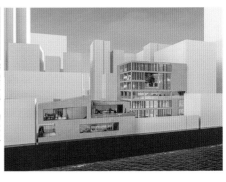

従来のオフィスは、フロアが積層しているのみ。外部空間もビルディングの表面に設置されているのみで内外が流動的になっていない。そこから、voidを使って、切断された「縦のつながり」と「外とのつながり」を考え直す。

1098　小川 幹太 / 千葉工業大学・3回生
シンボルツリーから派生する自然。ひと、まち。

現在の東京では豊かな自然環境は少ない。しかしそんな東京でも豊かな自然がある。それは上野公園。私はそんな豊かな自然を上野公園に立つ現代美術館から自然を派生させ、東京に豊かな自然をもたらす計画を考えた。豊かな自然はあらゆる生物に恩恵をもたらす。ひとが自然を運び派生させ緑豊かなまち、東京があってはどうだろう。

1104　石井 菜子 / 早稲田大学・3回生
町をグラデーションする

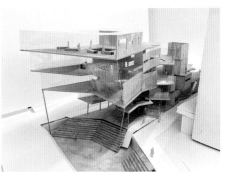

敷地周辺にはさまざまなスケールの空間が存在する。周囲の環境から形を読みとり、配置を反転しグラデーショナルにつなげることで、まちのスケールの異なる空間が連続するような場、背景の異なる人が、共鳴し合う場をつくる。

1136　山田 隼輔 / 名古屋造形大学・3回生
KOKAGEYA　街とつくる・まなぶ駅舎

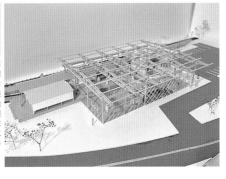

大工と林業の町、岐阜県白川町にある駅舎と大工訓練校を建て替え、家具工房を取り込んだ複合施設。廃線になったプラットホームと線路を生かしながら、ヒノキ製材でつくる大屋根の下で、まちの人の拠り所、訪問者にはまちのシンボルとして、多くの人が交じり合う建築。

1141　平井 琳大郎 / 早稲田大学・3回生
大地からの解放～地から這い出た思想が成す形が持つ力～

吉阪隆正は有形学を用いて建築という形を媒介して世界平和を訴え続けた。記念館建築では彼の有形学や大地と人間の関係性を再解釈することで、彼が実現したかった世界平和の尊さを体感し、その意思を受け継いでいく。

審査対象者一覧

凡例
ID・氏名／学校名・応募時の学年
「タイトル」課題名（取組時の学年）

1・児玉 さくら／武庫川女子大学・3回生
「景を風景に」レストハウスの設計による自然
景観の風景化（2回生）

2・半田 洋久／芝浦工業大学・2回生
「発酵するイエ、発酵するマチ」
ホームオフィスのある家（2回生）

3・山崎 翔大朗／工学院大学・3回生
「変わらないもの、本のある風景」
カフェのある本屋（2回生）

4・本山 嵩／北九州市立大学・3回生
「なびく」黒崎メディアセンターの設計（3回生）

5・根岸 颯介／京都大学・3回生
「魅惑のアーカイブ」現代のヴンダーカンマー
（3回生）

7・春野 秀昌／名古屋市立大学・2回生
「その美術館は柔らかい。（一人ひとりの感じ方
を許容する美術館建築」現代美術館（2回生）

8・今村 優花／大阪芸術大学・3回生
「incline」環境と向き合う家（2回生）

9・井上 ユカリ／武庫川女子大学・3回生
「永い暮らし」三世代で住む家（3回生）

11・田口 麗／明治大学・2回生
「くるり―山としての美術館―」
イサム・ノグチ美術館（2回生）

12・望月 絢介／日本大学・2回生
「招く丘」子ども食堂―まちの居場所（2回生）

15・武田 翔／神戸芸術工科大学・2回生
「ご自由にお書きください。」神戸まちなか広場
（2回生）

16・渡邊 光輝／摂南大学・2回生
「ゲニウスロキ」中之島公園を臨むワークプレイス
（2回生）

18・先本 凌／九州大学・3回生
「BRANCH」多様化する地域ニーズに応える
コミュニティセンター（3回生）

20・小林 由実／日本大学・3回生
「躯体に住む」代官山コンプレックス（3回生）

22・佐原 志央理／東京工芸大学・2回生
「公園から始まる」都市のアトリエ付き集合住宅
（2回生）

23・角岡 紗衣／近畿大学・3回生
「流れ彩どり移ろう～甦る大地～」美術館（3回生）

26・檜垣 勇翔／北九州市立大学・3回生
「痕跡を纏う」メディアセンター（3回生）

27・牧田 実夕／静岡理工科大学・3回生
「結いのたより」袋井芸術村（3回生）

28・岩井 直哉／関西大学・3回生
「非日常を囲む」
コンテンポラリー・アート・ミュージアム（3回生）

29・相川 隼哉／慶應義塾大学・2回生
「離散と連続～落水荘をグラデーショナルに解く～」
デザインスタジオ（住まいと環境）（2回生）

31・小畑 智皓／立命館大学・3回生
「時と記憶の器―在るべき姿を求めて―」幼老
複合施設―多世代交流を促進する空間の創造―
（3回生）

36・佐古 統哉／東京理科大学・3回生
「暮らし染み出る壁の家」これからの日常、
つながるかたちを再考する（3回生）

37・森下 あゆ／名古屋工業大学・3回生
「はたけぐらし」円頓寺地区にすまう
―現代・未来の町屋―（3回生）

39・工藤 朱理／日本大学・3回生
「MIX mix～クスクス～」代官山コンプレックス
（3回生）

40・森 恭紀／大和大学・3回生
「ゲシュタルトの森―日常の図地反転―」
地域交流棟のある認定こども園（3回生）

41・劉 潤武／青山製図専門学校・2回生
「「大学」の道」街とつながる美術館（2回生）

42・石川 風大／名城大学・3回生
「常滑アパートメント―長期滞在を軸とした
“日常”交流施設―」体験・滞在型余暇活動施設
（3回生）

45・若原 ななこ／関西学院大学・3回生
「出会いがうまれる道」
関学発祥の地に建つメディアセンター（3回生）

46・大野 真／滋賀県立大学・3回生
「躍動するストリート」滞在のリデザイン（3回生）

50・大道 菜々花／近畿大学・2回生
「種蒔く家～きっかけを作る屋上菜園のある住まい
～」社会的活動の場を内包する〈住宅〉（2回生）

51・中村 渓卓／明星大学・3回生
「それぞれの家 それぞれの色」多世代交流型
集合住宅（3回生）

53・小島 拳人朗／金沢工業大学・3回生
「多様化するこども園」地域のこども園（2回生）

54・吉里 聡太／神戸芸術工科大学・2回生
「ずらして魅せる。」神戸まちなかファクトリー（2回生）

55・竹内 優／関西大学・3回生
「この橋は仮設足場？」屋根をもつ歩行空間
―教室棟と凛風館のつなぎ方を考える（2回生）

56・小早川 瑛子／奈良女子大学・2回生
「さるさわいけの釜所」認定こども園（3回生）

59・横山 絢乃／東京都市大学・2回生
「四方から四季を感じる」夫婦が利用する週末住宅
（1回生）

61・原田 実紀／日本大学・3回生
「まちの路地、ろじの劇場」
シアタースペースの設計（3回生）

64・山田 祐菜／奈良女子大学・2回生
「縁」テナントビル（2回生）

65・髙橋 侑臣／日本大学・3回生
「グラデーション―二つの機能を連続的につなぐ」
代官山コンプレックス（3回生）

66・松山 こと子／芝浦工業大学・3回生
「すきまオフィス」オフィス建築（3回生）

67・神保 太亮／日本大学・3回生
「代官山都市論」代官山コンプレックス（3回生）

68・木村 愛／東京電機大学・2回生
「知識の市場」図書館の設計（2回生）

70・山根 遥／大和大学・3回生
「のぼる、ひろがる」コーポラティブハウスの計画
（3回生）

71・中山 太陽／東海大学・3回生
「UNCAGE」リンカクのないイエ（3回生）

72・齋藤 巧／九州大学・3回生
「みんな、これかと」学生寮（3回生）

73・牧田 実夕／静岡理工科大学・3回生
「結いのたより」袋井芸術村（3回生）

75・松村 真友子／東京電機大学・3回生
「ムスビメSITE」『未来の小学校』を設計する
（3回生）

76・山本 拓二／大阪工業大学・2回生
「六甲人の誕生」セカンドハウス（2回生）

77・矢部 完太郎／東京電機大学・2回生
「マキアガルマチ」小規模空間の構成による複合
建築の設計―周辺地域を魅力的に活性化する
施設デザイン（2回生）

80・山田 ひな／名古屋大学・3回生
「生活の断面を繋ぐ」
子育てコミュニティの集合住宅（3回生）

81・狭間 雄大／日本大学・3回生
「商学校」自分の通った小学校の再生（3回生）

82・米田 律輝／九州大学・3回生
「Water Museum on the River」
環境設計プロジェクトF（3回生）

83・奥田 朝子／法政大学・3回生
「日常に根ざす新しい日常」
緑の中のメモリアルアーカイブズ（3回生）

84・鹿又 悠雅／日本大学・2回生
「SPLIT&ConnecT」8mキューブ（2回生）

86・篠田 朋樹／日本大学・2回生
「Cut.Unit.Box.Eight」8mキューブ（2回生）

87・西山 大地／日本大学・2回生
「Space By Surface～層になり重なる面～」
8mキューブ（2回生）

89・髙山 翼／京都府立大学・3回生
「回遊る小学校」2040年、あなたの子どものため
の小学校（3回生）

94・濱 ゆとり／日本大学・3回生
「流れ出るもの」シアタースペースの設計（3回生）

97・加藤 誉位／愛知工業大学・2回生
「成長」まちかびアート（2回生）

98・長坂 茉咲／京都工芸繊維大学・2回生
「関わり方のステップを踏む」
北山通りの集合住宅（2回生）

101・長津 海月／日本大学・3回生
「土手のうえ 青空見える 君の学び舎」自分の
通った小学校の再生（3回生）

102・吉村 優里／武蔵野美術大学・3回生
「日常のうらがわを」都市の環境単位 富ヶ谷
（3回生）

103・松本 維心／早稲田大学・2回生
「きっと誰かに会える」拡張する「すまい」― 住宅
と生活様式の更新による郊外の再生（2回生）

104・藤田 紘／法政大学・3回生
「軒下会議」Bathhouse Apartment（3回生）

105・熊谷 翔大／近畿大学・3回生
「森へ位相」現代美術のための美術館（3回生）

109・猿山 綾花／東海大学・3回生
「流転する住宅」リンカクのないイエ（3回生）

110・坂井 祐菜／武庫川女子大学・3回生
「環～集い広がる～」三世代で住む家（3回生）

112・松本 凌／神戸電子専門学校・2回生
「通路としての建築」中規模設計課題―B（2回生）

113・上川 海人／大阪電気通信大学・2回生
「帆を張る集合住宅～人と自然の共鳴～」
水辺の集合住宅（2回生）

120・松野 奈々海／大阪電気通信大学・2回生
「住人の解放と閉鎖 縦と横の繋がり」
水辺の集合住宅（2回生）

121・川原崎 涼葉／大阪電気通信大学・2回生
「多世代が憩う場所」水辺の集合住宅（2回生）

124・高橋 丈二／大阪電気通信大学・2回生
「囲む、見守る」水辺の集合住宅（2回生）

128・平原 大輔／大阪電気通信大学・2回生
「集合住宅とコミュニティ施設」
水辺の集合住宅（2回生）

135・町田 空大／芝浦工業大学・3回生
「Form～地形操作による公共性～」成熟社会に
おける文化拠点としての図書館（3回生）

139・安藤 颯汰／大阪電気通信大学・2回生
「交流できる集合住宅」水辺の集合住宅（2回生）

147・飯ヶ谷 禅／東京電機大学・3回生
「未来へのプロムナード」『未来の小学校』を設計
する（3回生）

158・竹本 泉美／大阪電気通信大学・2回生
「和やかに」コミュニティ施設付賃貸集合住宅
（2回生）

162・木下 裕翔／近畿大学・2回生
「2×4（ツーバイフォー）タンジェント」
社会的活動を内包する〈住宅〉（2回生）

163・大久保 杏実／立命館大学・3回生
「纏う」構造と光:水辺のチャペル・バンケット
（2回生）

166・本村 祐樹／芝浦工業大学・3回生
「風通る学び舎」小学校と公共施設（3回生）

167・石塚 菜々美／東京電機大学・3回生
「紡ぐように交わる～能動的な場で学年を超えた
交流を～」『未来の小学校』を設計する（3回生）

168・安藤 朋恵／東京理科大学・3回生
「子供が行き交う街と学校」自分の通った小学校
の未来化プロジェクト（3回生）

169・稲富 沙紀／東京理科大学・3回生
「交じりあう視線」未来の学校建築（3回生）

171・九富 沙耶乃／大阪工業大学・3回生
「2sides」新駅に隣接するこれからの地域図書館
（3回生）

172・長谷川 愛／慶應義塾大学・2回生
「暮ラステラス」デザインスタジオ住まいと環境
（2回生）

173・渡邉 修司／近畿大学・2回生
「成熟する家」
社会的活動の場を内包する〈住宅〉（2回生）

174・山本 奈瑠実／安田女子大学・3回生
「天気と遊ぶ幼稚園」
地域に開かれた幼稚園（3回生）

175・橘 愁／法政大学・3回生
「見せて魅せる―職人がつなぐ人とモノ―」
ナンドが紡ぐ集合住宅―者とモノが交換する
地域の家―（3回生）

176・丸山 周／東京理科大学・3回生
「響響性―つながる情景をめざして」これからの
日常、つながるかたちを再考する（3回生）

180・渡邊 隆之介／立命館大学・3回生
「介在する"主"と"従"―都市:自然と呼応しない
建築―」構造と光:水辺のチャペル・バンケット
（2回生）

184・出原 若奈／立命館大学・3回生
「感性で話そう」幼老複合施設―多世代交流を
促進する空間の創造―（3回生）

185・山口 瀬南／武庫川女子大学・2回生
「ゆとりに住む」家族のための家（2回生）

190・酒本 壮太／大阪電気通信大学・2回生
「世代格差を越えたコミュニティー」
水辺の集合住宅（2回生）

192・岡田 陸豊／大阪電気通信大学・2回生
「トライアングル・タウン」水辺の集合住宅（2回生）

194・岡田 梨里亜／名古屋工業大学・3回生
「学んで、守って、繋がって」ライブラリー・カフェ
＠吹上小学校前（3回生）

195・米光 陸／立命館大学・3回生
「感覚を開く丘陵」幼老複合施設―多世代交流
を促進する空間の創造―（3回生）

197・堤 紅葉／関西大学・3回生
「地と美が絡み合う」
コンテンポラリー・アート・ミュージアム（3回生）

198・上原 万奈／神戸電子専門学校・2回生
「recollection」中規模設計課題―B（2回生）

200・志賀 桜空／九州産業大学・3回生
「個性の表出～日常が紡ぐ新たな日常～」
集合住宅設計実習（3回生）

201・佐藤 響／日本女子大学・3回生
「生活させる家」都市の中の棲家（3回生）

202・山條 泰史／大阪電気通信大学・2回生
「自然と繋がる集合住宅」
水辺の集合住宅（2回生）

203・成行 正汰／関西大学・3回生
「風景と呼応する美術館」
コンテンポラリー・アート・ミュージアム（3回生）

206・池本 成貴／神戸芸術工科大学・3回生
「小山の洞窟―原始的に憩い、いまを読む―」
新しいメディアスペース～これからの公共建築を
考える～（3回生）

207・劉 辛越／武蔵野美術大学・3回生
「山登りのように」学びと仕事の共同体（3回生）

210・松村 拓音／日本大学・3回生
「境界」8mキューブの小住宅（2回生）

212・村上 茉鈴／宇都宮大学・3回生
「自然と人の関わり合いから考える」建築と時間
～機能に依存しない建築の創造～（3回生）

214・三上 光生／日本大学・3回生
「Laminated Garden」代官山コンプレックス
（3回生）

215・石井 大治朗／横浜国立大学・3回生
「まちにおきる住まう―山手と元町の間の
崖線緑地をまちのみんなの居場所作る―」
街のキオスク・元町（2回生）

217・悦田 愛子／神戸電子専門学校・1回生
「まわりまわる住まい」演習課題（8）（1回生）

218・田村 陸人／近畿大学・3回生
「受動的建築をめざして」
地域の居場所となる小学校（3回生）

220・池田 士恩／前橋工科大学・3回生
「新しいライフスタイルでのコミュニティ」［ポスト
コロナ］の前橋中心市街地に建つ集合住宅（3回生）

221・四方 崇雄／神戸電子専門学校・2回生
「NEXT」中規模設計課題―B（2回生）

224・松下 昇司／大阪電気通信大学・2回生
「おうち時間を楽しく これからの地域交流を」
水辺の集合住宅（2回生）

225・中村 光佑／日本大学・3回生
「HYGEERIUM」水族館（3回生）

226・門谷 采実／日本大学・3回生
「共存ノチ共生」水族館（3回生）

227・大貫 壮玩／日本工学院八王子専門学校・
2回生
「生活と植物と都市の密な関係」集まって暮らす
（2回生）

231・今中 優佑／立命館大学・3回生
「貴生川の人にとって山とは」幼老複合施設
―多世代交流を促進する空間の創造―（3回生）

235・松井 みのり／近畿大学・3回生
「ROAD～人と空間をつなぐ道～」美術館（3回生）

236・井原 豪太／神戸電子専門学校・2回生
「泡の飛翔」中規模設計課題―B（2回生）

237・川嶋 伸岳／香川大学・3回生
「無秩序の中にある活気」
市民に親しまれる美術館（2回生）

239・荻原 千恵子／東京都市大学・3回生
「都市のウラとオモテ」都市大キャンパス（3回生）

240・小林 祥太朗／立命館大学・3回生
「斜交―斜め材の重なりで生まれるイエ的空間
による多世代間交流施設の提案―」
幼老複合施設―多世代交流を促進する空間の
創造―（3回生）

241・小川 七実／法政大学・3回生
「「ハレとケ」～狭小住宅を再構築した住空間～」
Bathhouse Apartment（3回生）

242・東野 葉月／神奈川大学・3回生
「MIX―庭.光.影―」地域に開かれた小学校
―学校×公園+α―（3回生）

審査対象者一覧

245・勝間田 靖久 / 青山製図専門学校・3回生
「結びの本棚」アトリウムと交流施設をもつ地域図書館(2回生)

246・中川 優宏 / 工学院大学・3回生
「秋葉原ジャングル—来たれ、好奇心探索家—」廃校を活用した新しいコミュニティ施設(2回生)

248・西舘 翼 / 青山製図専門学校・3回生
「緑の中で学ぶ小学校」都心に建つ小学校(2回生)

253・川島 瞭 / 日本大学・3回生
「Various Scale Town—疎と密の狭間に—」代官山コンプレックス(3回生)

254・伊藤 佑郁 / 大阪公立大学・3回生
「INCLINED〜ホワイトキューブからの脱却〜」現代アートのための小美術館〜アートとは何か?(3回生)

255・長嶋 玲伽 / 日本大学・3回生
「Stadium × Campus」サテライトキャンパス(2回生)

256・大西 亮輔 / 立命館大学・3回生
「色とりどりの郷愁」地域とつながる国際学生寮(2回生)

257・白崎 暉 / 法政大学・2回生
「つつむ つなぐ つどう」絵本ライブラリーをもつ幼稚園(2回生)

258・石橋 千都 / 大同大学・3回生
「折り合う」光と風の建築—快適な外部空間をもつオフィスビル(3回生)

259・寺田 彩夏 / 岡山県立大学・3回生
「透明の境界」美術館〜境界を設計する〜(3回生)

260・澤田 明里 / 名城大学・2回生
「可変する部屋—フェンスを使った暮らし—」自室の設計(2回生)

262・長野 耀 / 近畿大学・3回生
「斜壁に棲まう—階層によって生まれる階調の変化〜」集合住宅(3回生)

264・吉森 優菜 / 早稲田大学・3回生
「孤独に集まる路地のもり—モノローグの空間の集合住宅〜」地域のポテンシャルをつなぐ Waseda Activator Hub —Activate Waseda—(2回生)

267・柳内 あみ / 神戸大学・3回生
「まちをあるきつつ、まちをあみていく。」面構造によるニュー・ミュージアム空間(3回生)

270・猿渡 心夕 / 大同大学・3回生
「曖昧に繋がる」光と風の建築—快適な外部空間を持つオフィスビル—(3回生)

273・門馬 昇汰 / 芝浦工業大学・3回生
「招き過ぐ部屋」地域と交換する集合住宅(3回生)

275・乾 翔太 / 京都大学・3回生
「なわばりの拡げかた」SCHOOL／小学校(3回生)

277・萩原 悋斗 / 神奈川大学・3回生
「木の葉小学校」地域に開かれた小学校—学校×公園+α(3回生)

278・矢野 禎規 / 法政大学・3回生
「無空間Activity」What is the library?(3回生)

280・渡邉 りお / 愛知産業大学・3回生
「光に包まれる子ども図書館」こども図書館がある地域活性化施設(3回生)

282・日比野 雅俊 / 名古屋大学・3回生
「Flow and Stagnation by Walls」Public Library in CHIKUSA(3回生)

283・比護 遥 / 日本女子大学・2回生
「Interlangled House」都市の中の棲家(2回生)

285・法果 知杏 / 法政大学・3回生
「偶然の出会いを生む贈り物—モノを中心に考える新しい集合住宅の提案—」ナンドが紡ぐ集合住宅(3回生)

286・井上 奈央子 / 多摩美術大学・2回生
「気づきあい、学びあう」子供と大人の関係—子供の空間(多摩美付属創造の森幼稚園)—(2回生)

287・梅本 拓実 / 大阪電気通信大学・2回生
「開と閉、個と共」水辺の集合住宅(2回生)

288・前田 愛花 / 神戸電子専門学校・2回生
「木もれ日」中規模設計課題—B(2回生)

289・鈴木 涼斗 / 芝浦工業大学・3回生
「異世界書架論—庭園の現れた方を変容する都市の抜け道図書館」地域の公共複合施設 成熟社会における市民の文化活動拠点としての図書館(3回生)

292・山田 遼真 / 武蔵野美術大学・3回生
「AperTUBE in Tomigaya」都市の環境単位 富ヶ谷(3回生)

295・安部 航一 / 大阪公立大学・3回生
「渾然一体—内と外 公と私を繋ぐ中間領域—」NEW PUBLIC PLACE —「私」と「公」が共存する建築—(3回生)

297・王 妍 / 大阪電気通信大学・2回生
「人と人とのつながりを深める集合住宅」水辺の集合住宅(2回生)

298・馬越 康輔 / 立命館大学・3回生
「壁が織りなす空間」幼老複合施設—多世代交流を促進させる空間の創造—(3回生)

301・若菜 一咲 / 大阪電気通信大学・2回生
「静と動をつなぐ住宅」水辺の集合住宅(2回生)

303・安達 志織 / 京都大学・2回生
「ズレる視線」2032年の家(2回生)

304・二渡 杏 / 芝浦工業大学・2回生
「移動する始点」SIT-ARCH FabLab(2回生)

305・佐藤 碧 / 日本大学・3回生
「波揺蕩う—ウチ、ソトの空間が波紋する集合住宅—」内と外(3回生)

306・廣田 滋 / 滋賀県立大学・3回生
「復興する原風景」滞在のリデザイン(3回生)

307・田邊 琴音 / 法政大学・3回生
「リングが生む出会い—人と本がつくるウチとソトの境界線—」法政大学市ヶ谷図書館(3回生)

308・後藤 広大 / 日本大学・3回生
「OverHang」代官山コンプレックス(3回生)

309・宮田 太郎 / 日本大学・2回生
「コマワリの家」谷中の住宅(2回生)

310・千藤 颯太 / 日本大学・3回生
「額縁 空間としての芸術」代官山コンプレックス(3回生)

311・青山 紗也 / 愛知工業大学・3回生
「ツナギノマチ—町中に溶け込む学び〜」30年後を見据えた学校を構想する(3回生)

312・木幡 優咲 / 法政大学・3回生
「流る>図書館」探索・散策・創作の図書館(3回生)

313・松本 直也 / 大阪工業大学・2回生
「時層を紡ぐ」セカンドハウス(2回生)

314・安住 天希 / 宮城大学・3回生
「広場と路地裏」宮城大学学生寮の計画(3回生)

316・西岡 洋亮 / 関西大学・3回生
「大屋根の知へ〜4つの異なる敷地特性に接する子ども園〜」千里山こども園(3回生)

318・伊藤 綾香 / 日本大学・3回生
「Sumikiri house」代官山コンプレックス(3回生)

319・茂垣 孝輔 / 法政大学・3回生
「都市の大学図書館〜シェルが引き出す学生の可能性〜」法政大学市ヶ谷図書館(3回生)

322・塩澤 樹人 / 法政大学・3回生
「旁々行路〜千島壁による空間の多様性〜」大学図書館(3回生)

323・児玉 栞 / 琉球大学・3回生
「人と建物が共に成長する図書館 おいたつ」拡張する図書館(3回生)

325・荒木 大 / 京都大学・2回生
「懐疑主義建築」Pavilion(2回生)

327・桂 良輔 / 大和大学・3回生
「わたしとクス／キのものがたり」地域交流棟のある認定こども園(3回生)

329・中村 綾 / 東京理科大学・2回生
「人を利する木に包まれて〜梨直売所×仕事場×住宅〜」私の住まう将来の住宅(2回生)

330・宇出 春音 / 京都大学・3回生
「三世代小学校」SCHOOL／小学校(3回生)

332・富永 玲央 / 日本大学・3回生
「浮揚する大地 人と大地を巻き込む海の駅」海の駅(3回生)

333・宮元 詩乃 / 日本工学院八王子専門学校・3回生
「スキマを育てる集合住宅」集合住宅+(3回生)

335・水野 祐紀 / 慶應義塾大学・2回生
「ファンズワース邸を都市に取り込む —inside out の手法—」デザインスタジオA —住まいと環境—(2回生)

336・桑原 健 / 慶應義塾大学・2回生
「Road Villa」デザインスタジオA —住まいと環境—(2回生)

337・志磨 純平 / 慶應義塾大学・2回生
「マイレア邸を再構築する」デザインスタジオA —住まいと環境—(2回生)

339・高橋 穂果 / 慶應義塾大学・2回生
「ENBI ROOM—4.4平米の未完の無秩序空間—」SBC実践建築(1回生)

342・長澤 里空 / 法政大学・3回生
「『都市を仕立てる』—ハンガーラックによって構成され、地域を縫い合わせる集合住宅〜」〇〇と暮らす(3回生)

343・大石 純麗 / 神奈川大学・3回生
「Creatar」『六角橋ミニシアターコンプレックス』と広場の設計(3回生)

344・山田 蒼大 / 法政大学・3回生
「植書共生—循環する図書館は都市に根付く—」What is the Library?(3回生)

346・出雲 愛洸 / 前橋工科大学・3回生
「マチのポケット」[ポストコロナ]の前橋中心市街地に建つ集合住宅(3回生)

347・石井 開 / 明治大学・3回生
「雨降る小屋の群れ／livinghood with rain and green」大学国際混住学生寮(3回生)

348・森 翔一 / 京都大学・2回生
「生活は流転する」2032年の家(2回生)

349・小林 大馬 / 法政大学・3回生
「偶発的体験、帯びる緑」ライブラリー(3回生)

351・田代 笑瑚 / 愛知工業大学・3回生
「共に育つ」30年後の未来を見据えた学校を構想する(3回生)

352・寺田 春芽 / 関西学院大学・3回生
「unfixed media center」関学発祥の地に建つメディアセンター(3回生)

354・浜田 智大 / 大阪大学・3回生
「マチの余白」地域の『広場』としての運動施設の提案(3回生)

355・菊池 弘誠 / 京都大学・3回生
「#D7D98F」京都市立北白川小学校(3回生)

358・櫻井 彩音 / 日本大学・3回生
「WATER GATE〜水を浄化し、緑の潤いあふれる、憩いの広場〜」海の駅(3回生)

359・樋口 大雅 / 日本大学・3回生
「Changing Aquarium」水族館(3回生)

360・鈴木 暖 / 日本大学・3回生
「桁下の水族館—斜材と木材がもたらす空間変化の体現—」水族館(3回生)

362・大宅 央人 / 滋賀県立大学・3回生
「見え隠れする湖畔」滞在のリデザイン(3回生)

363・吉田 拓真 / 法政大学・3回生
「途切れない本棚」探索・散策・創作の図書館(3回生)

364・鈴木 雄士 / 日本大学・3回生
「時と巡る—流れる時間と見る水族館の提案—」デザイン演習Ⅲ(3回生)

368・妹尾 美希 / 日本大学・3回生
「Aggregate of machi—まちの集合体—」代官山コンプレックス(3回生)

369・佐藤 結 / 関東学院大学・3回生
「街を奏でる」商業地域に建つ集合住宅(3回生)

370・奥田 真由 / 法政大学・3回生
「学び場のらく書き〜大屋根を外濠に再編し、重なる床とつつむ屋根で上書きする〜」大学図書館(3回生)

371・本多 純 / 大阪電気通信大学・3回生
「弾く、惹く、引き込む」緑の中のホール(+文化施設)(3回生)

372・吉田 一輝 / 九州大学・3回生
「とぐろを巻きながら暮らす」環境設計プロジェクトE(3回生)

374・石脇 佑一朗 / 近畿大学・3回生
「長屋を縦にする 独りではなく一人であるために」集合住宅(3回生)

377・藤田 晴斗 / 滋賀県立大学・3回生
「路地と暮らす」濠岸に住む(2回生)

378・大口 博之 / 日本大学・3回生
「生成過程—cybernetics architecture—」代官山コンプレックス(3回生)

379・永越 真央 / 青山製図専門学校・2回生
「開放的で自由な空間」街と繋がる美術館(2回生)

380・江黒 裕真 / 日本大学・3回生
「EXPAND TERACCE」代官山コンプレックス(3回生)

381・浅井 駿来 / 日本大学・3回生
「息継ぎする水族館—潜って息継ぎして魚を知る—」水族館(3回生)

383・南 茉侑 / 武蔵野大学・3回生
「Spot ひとりひとりのSpotから街のSpotへ」個人と社会の接点としての住まい(3回生)

384・野口 瀬月 / 関西学院大学・3回生
「壁がつくる壁のない空間」関学発祥の地に建つメディアセンター(3回生)

385・河村 恵里 / 工学院大学・2回生
「うつろうとき、」廃校を活用した新しいコミュニティ施設(2回生)

386・山口 弥華 / 日本大学・3回生
「Campus of Urban Forest」サテライトキャンパス(2回生)

387・雪永 涼太 / 神戸電子専門学校・2回生
「RAMPS〜記憶に残り、記憶を残す建築〜」中規模設計課題B(2回生)

388・坂本 桃佳 / 日本女子大学・3回生
「交わる、混ざる—多世代文化交流地区センター」地区センター(3回生)

390・安積 杏香 / 大阪芸術大学・3回生
「祈りの原点」Kid's style (⇐) Parents' style with Prayer's site(3回生)

391・徳毛 雄大 / 神戸電子専門学校・2回生
「1.17—語り継ぐ建築—」中規模設計課題—B(2回生)

393・森田 晃太郎 / 北九州市立大学・3回生
「いざなう〜人が集う黒崎の新たなシンボルへ〜」黒崎メディアセンターの設計(3回生)

395・池田 公輔 / 東京都市大学・3回生
「巻き上がる斜めの形態」都市大キャンパス

397・宮田 凌誠 / 京都美術工芸大学・2回生
「ボックスカルバートと建築用コンテナを用いた公営住宅」交流スペースを持つ低層集合住宅(2回生)

398・湊 能之 / 滋賀県立大学・3回生
「〇〇をつなぐ門」滞在のリデザイン(3回生)

399・衣笠 恭平 / 京都工芸繊維大学・3回生
「風化と構築—自然と人間の相互扶助による廃校の改築計画—」歴史と建築(3回生)

400・大杉 早耶 / 青山製図専門学校・2回生
「ケラマハウス」外と内:多様な関係性を生み出す傾斜地に立つ住宅(2回生)

403・松本 紗季 / 武蔵野大学・3回生
「寄り道library」コモンズとしての大学図書館(3回生)

404・古川 大喜 / 芝浦工業大学・3回生
「幾何学的路地空間〜三次元での段階的疎密空間〜」地域と交換する集合住宅〜もらい・あたえる恒常的地域をつくる〜(3回生)

405・滝川 麻友 / 早稲田大学・3回生
「呼吸する図書館」シンジュク・ラーニング・コモンズ—新宿区立中央図書館分館計画—(3回生)

406・富山 佳紀 / 北九州市立大学・3回生
「大地から離れる身体とそれに心をゆだねる私」黒崎メディアセンターの設計(3回生)

409・野村 月咲 / 日本大学・3回生
「道をとく」代官山コンプレックス(3回生)

410・藤井 隼 / 早稲田大学・3回生
「明日、雨が降ったら、、、」シンジュク・ラーニング・コモンズ—新宿区立中央図書館分館計画—(3回生)

411・小幡 直 / 京都大学・3回生
「Mimesis and Genesis of Street」未来の自由な学びの場—小学校を「発酵」させる(3回生)

412・細田 祥太郎 / 日本大学・2回生
「RAINBOW」子ども食堂—まちの居場所(2回生)

413・本田 凌也 / 京都大学・3回生
「名もなきモノの声を聴く—"問い"と"自発"の博物館—」現代のワンダーカンマー 京都大学総合博物館建て替え計画(3回生)

416・德家 世奈 / 東京電機大学・3回生
「木も虫も鳥も子供も居る世界の中で」未来の小学校を設計する(3回生)

417・北村 太一 / 近畿大学・3回生
「嘆きを揉むスラム」集合住宅(3回生)

419・早坂 秀悟 / 鹿児島大学・3回生
「拡散する集合住宅」超高齢社会の集合住宅:地方都市のアクティブシニアタウンハウス(3回生)

420・亀井 康平 / 工学院大学・3回生
「中目黒 BOOK CAVE—どうくつのような本屋—」カフェのある本屋(3回生)

422・櫛引 勇真 / 青山製図専門学校・2回生
「いざなう美術館」街とつながる美術館(2回生)

424・大山 ななみ / 東京電機大学・2回生
「雨宿り」小規模空間の構成による複合建築の設計・周辺地域を魅力的に活性化する施設(2回生)

426・増山 朋華 / 早稲田大学・3回生
「居場所探しの世界旅行」シンジュク・ラーニング・コモンズ—新宿区立中央図書館分館計画—(3回生)

427・花尻 純 / 早稲田大学・3回生
「Sphere-Shelf 原型から考えるコミュニティー空間」地域のポテンシャルにつなぐ Waseda Activator Hub—Activate Waseda—(3回生)

428・水野 翔太 / 大阪公立大学・3回生
「覗き見の場『円が創る積層ランドスケープ』」NEW PUBLIC PLACE—「私」と「公」が共存する建築(3回生)

430・摩嶋 日菜子 / 法政大学・3回生
「あるき、つながり、まなぶ、」法政大学市ヶ谷図書館(3回生)

431・竹原 佑輔 / 法政大学・3回生
「誘／偶発性に富む」デザインスタジオ5(3回生)

434・大石 純麗 / 神奈川大学・3回生
「Creatar」『六角橋ミニシアターコンプレックス』と広場の設計(3回生)

435・野々村 佑菜 / 立命館大学・2回生
「絡〜母と他者が絡み、つながる家〜」
母の家(2回生)

436・岳本 陽菜 / 芝浦工業大学・3回生
「陽だまり」成熟社会における市民の文化活動
拠点としての図書館(3回生)

437・佐藤 優希 / 東京都市大学・3回生
「Step Campus」都市大キャンパス(3回生)

438・安達 数眞 / 宇都宮大学・3回生
「下之宮二若ル道ー「都市からの隔絶」」
建築と時間(3回生)

441・宮瀬 駿 / 早稲田大学・3回生
「大学活動を地域に開く本の渦ーシンジュクラーニングコモンズー」〜新宿区立中央図書館分館計画ー(3回生)

442・土井 康弘 / 近畿大学・3回生
「都市のアトリエ」美術館(3回生)

443・宮本 文若 / 大阪電気通信大学・3回生
「結 musubi ともにのこる ともにつくる 融合と継承」緑の中のホール(＋文化施設)

444・服部 大洋 / 九州大学・3回生
「従分の暮らしを作る」商業施設＋集合住宅(3回生)

445・角崎 莉音 / 日本大学・3回生
「Re-construction Daikanyama」
代官山コンプレックス(3回生)

446・田中 朝陽 / 日本大学・3回生
「Relation」代官山コンプレックス(3回生)

447・中西 さくら / 芝浦工業大学・3回生
「Inspireー3DVoronoiが正方形に創る
多面性ー」30×30mの図書館(3回生)

448・徳能 武志 / 芝浦工業大学・3回生
「閉じた中に生まれる輪」オフィス建築(3回生)

450・小林 隆人 / 日本工学院八王子専門学校・3回生
「かたちと空間、時間ー様々な場所に存在し得る
繋がりの空間ー」Public making『集合住宅＋』
(3回生)

451・相澤 みなみ / 日本女子大学・3回生
「交わりのゆくえ」地区センター(3回生)

452・宮下 武蔵 / 近畿大学・3回生
「集く街」(3回生)

0453・日向 惇人 / 横浜国立大学・3回生
「橋の家」自然の中の居住単位(3回生)

454・坂上 実咲 / 安田女子大学・3回生
「十人十色」地域に開かれた幼稚園(3回生)

455・高田 竜成 / 芝浦工業大学・3回生
「Double Helix Officeー二重らせんから成る
オフィスー」オフィス建築(3回生)

456・圓尾 知紗 / 芝浦工業大学・3回生
「「間」へ。」瞑想空間を持つ複合施設(3回生)

457・竹村 敬太郎 / 法政大学・3回生
「投下と保存」デザインスタジオ5(3回生)

458・高橋 飛侑馬 / 鹿児島大学・3回生
「双方向〜風と光を奏でる住環境〜」
超高齢社会の集合住宅:地方都市のアクティブシ
ニアタウンハウス(3回生)

459・加志略 雄大 / 西日本工業大学・3回生
「嗣」場所性を表現する1000㎡の空間(3回生)

460・原田 恵輔 / 日本大学・3回生
「BLOCK」8mキューブの小住宅(2回生)

461・渡部 峡 / 日本大学・2回生
「ピタゴラハウス」数学者の家(2回生)

462・松田 道樹 / 東京大学・3回生
「Phaseー Free Mall」
大島四丁目地部分更新計画(3回生)

465・林 芽生 / 東京電機大学・2回生
「知識を発信する図書館」図書館の設計(2回生)

466・御園 恵理 / 日本大学・2回生
「Thread」8mキューブ(2回生)

467・野口 楓夏 / 京都美術工芸大学・2回生
「Leaves」3世代・2世帯のための住まい(2回生)

468・服部 和 / 芝浦工業大学・3回生
「都市の中にお気に入りの居場所を」
アートと共鳴する美術館(2回生)

470・田中 瑛子 / 京都工芸繊維大学・3回生
「ともに紡ぎ、彩る」北山通りの集合住宅(3回生)

472・河崎 聖晴 / 大阪電気通信大学・3回生
「あるこう。あそぼう。まなぼう。寝屋川の歴史と
ともに」緑の中のホール(＋文化施設)

473・三木 真尋 / 金沢美術工芸大学・3回生
「散歩道を彩る旬集の木」
本を媒体としたパブリックスペース(3回生)

474・山田 菜緒 / 神戸電子専門学校・2回生
「記憶する建築ー金継ぎのように建築を継ぐー」
中規模設計課題ーB(2回生)

476・可兒 温香 / 福井大学・2回生
「歩く 見る 感じる 小ギャラリー」
公園の中の小ギャラリー(2回生)

478・赤松 里恵 / 福岡大学・3回生
「丘につどう」アンサンブル(3回生)

479・松田 季南里 / 安田女子大学・3回生
「自然の隣でのんびり生活」
「都市に棲む」ー集住空間の設計(3回生)

480・井原 樹一 / 北九州市立大学・3回生
「魅せる」黒崎メディアセンターの計画(3回生)

481・辻 周斗 / 神戸電子専門学校・2回生
「Contour」中規模設計課題ーA(2回生)

482・黒田 万渓 / 日本女子大学・3回生
「路地とベランダがつなぐ集合住宅」
学生と街と 暮らし(3回生)

483・杉山 諒丞 / 明治大学・3回生
「結ぶ」明治大学生田ラーニング・スクエア
ー学びの現在形ー(3回生)

485・深江 優輝 / 新潟工科大学・3回生
「木の下の学び」
オープンスクール(小学校)の設計(3回生)

486・高野 翔 / 名古屋工業大学・3回生
「車と暮らしの馴染みー都心にある歴史的な街並
みをめざして〜」集合(共同)住宅課題『円頓寺
地区にすまう』ー現代・未来の町家ー(3回生)

488・杉山 空良 / 大阪電気通信大学・3回生
「まちの「一環」」緑の中のホール(＋文化施設)
(3回生)

489・野中 乃杏 / 千葉工業大学・3回生
「蓮の花の美術館」上野公園に立つ現代美術館
(3回生)

490・森下 汀菜 / 九州産業大学・3回生
「共存」親子二世帯居住(2回生)

491・山口 宗真 / 九州産業大学・3回生
「本の居場所〜ものを介した人のつながり〜!」
独立住宅(2回生)

493・西澤 瑛真 / 関東学院大学・2回生
「律動(リズム)」海辺に建つ現代アートギャラリー
(2回生)

494・原 聖矢 / 鹿児島大学・3回生
「発信的現代美術館ー展示作品の共通項を束ね
て〜」人とまちを動かすアートプレイス(3回生)

495・池田 楓 / 法政大学・2回生
「一体花〜生まれ育まれていくこの花で〜」
絵本ライブラリーをもつ幼稚園(2回生)

496・奥村 碩人 / 日本大学・3回生
「泳ぐ水族館」水族館(3回生)

497・角田 和 / 法政大学・3回生
「織りなす床ー上下に広がる公共性」ライブラリー
〜中高層建築における公共性を考える〜(3回生)

498・松尾 怜歩 / 近畿大学・2回生
「『おじゃまします』じゃなくて『ただいま』」
社会的活動の場を内包する(住宅)(2回生)

499・渡部 壮介 / 関東学院大学・2回生
「洞窟のなかには」
海辺に建つ現代アートギャラリー(2回生)

500・細川 陽一 / 日本大学・3回生
「発見の散歩道」シアタースペースの設計
(3回生)

501・内田 奈緒乃 / 京都美術工芸大学・2回生
「いつもとちがう家」
3世代・2世帯のための住まい(2回生)

502・清水 大暉 / 法政大学・2回生
「To Come Togetherー年齢の壁をこえてー」
絵本ライブラリーをもつ幼稚園(2回生)

503・松村 大地 / 京都工芸繊維大学・3回生
「校庭に木立をつくる」歴史と建築(3回生)

504・竹澤 紀子 / 佐賀大学・3回生
「光輪」第二の副校を育む建築(3回生)

505・岡 航世 / 京都工芸繊維大学・3回生
「崩壊のスケッチー再生の灯ー」
歴史と建築(3回生)

506・前川 周 / 京都芸術大学・3回生
「WARP LINEー反り上がる線路ー」
出町柳の屋根(3回生)

507・髙木 健太 / 大阪電気通信大学・3回生
「ー輝き〜」緑の中のホール(3回生)

508・太田 一成 / 近畿大学・3回生
「自然、つくりて。」現代美術のための美術館
(3回生)

509・兼任 將貴 / 近畿大学・3回生
「連続する異質な空間」現代美術のための美術館
(3回生)

510・宮本 葵成 / 大阪工業大学・3回生
「ミャクミャクツツク...。ー新時代の学舎ー」
これからの小学校(2回生)

513・有木 壮太 / 近畿大学・3回生
「崩壊が生むアート」現代美術のための美術館
(3回生)

514・定講 甲紗羅 / 近畿大学・2回生
「かさねる」社会的活動の場を内包する(2回生)

515・山下 瑞貴 / 奈良女子大学・3回生
「都市の余白再生計画(斜面地編)ー獣道による
年月をかけた動く風景のデザインー」都市の広場
(2回生)

516・松木 咲依 / 立命館大学・3回生
「まちに寄り合う」幼老複合施設ー多世代交流を
促進する空間の創造(3回生)

518・安西 達紘 / 東京電機大学・3回生
「建物内でお引越し」谷中ものづくりハウス(3回生)

519・玉木 芹奈 / 日本大学・3回生
「暗中模索」水族館(3回生)

521・菅野 大輝 / 工学院大学・3回生
「巡り回る本屋」カフェのある本屋(3回生)

522・Yanssen Ramaputra / 関西大学・2回生
「AdaptAbility × UNITY」独立住宅の設計(2回生)

523・川本 晃 / 京都大学・3回生
「地に根ざす学び舎の群れー還る場所、還す場所、
集う場所と化す小学校ー」未来の自由な学びの
場ー小学校を「発酵」させる(3回生)

524・日下部 和哉 / 大同大学・3回生
「面影」光と風の建築 小学校(3回生)

526・山口 沙礼 / 神戸大学・3回生
「介する世界」
面構造によるニュー・ミュージアム空間(3回生)

527・辰本 桂 / 福岡大学・2回生
「はなす、つなげる暮らし方」
戸建住宅〜海辺に建つ家〜(2回生)

528・吾郷 直哉 / 近畿大学・3回生
「Oblique School」商店街に隣接する小学校
(3回生)

530・倉田 草生 / 京都工芸繊維大学・2回生
「ranway」北山通りの集合住宅(2回生)

533・佐藤 光 / 芝浦工業大学・3回生
「短冊と橋」つながりをデザインする集合住宅
(3回生)

534・恒川 紘範 / 名古屋工業大学・3回生
「みせに導かれてー照らされ、溢れだす、賑わい
の空間ー」『円頓寺地区にすまう』ー現代・未来
の町家(3回生)

535・四方 詩織 / 法政大学・3回生
「積層する感受性 神保町に築く高層図書館」
図書館課題(3回生)

536・大本 和尚 / 立命館大学・3回生
「母なる大地に抱かれてー飯道山への畏敬と恩
恵ー」幼老複合施設ー多世代交流を促進する空
間の創造ー(3回生)

537・犬卿 采那 / 名城大学・2回生
「相乗効果のミチ」成長する空間・場(2回生)

538・今村 倫里伽 / 早稲田大学・3回生
「学びを開く」『シンジュク・ラーニング・コモンズ』
ー新宿区立中央図書館分館計画ー(3回生)

539・Miku Busujima / 早稲田大学・3回生
「痕跡を重ねるー情報化社会に対する「余白」の
図書館ー」『シンジュク・ラーニング・コモンズ』
ー新宿区立中央図書館分館計画ー(3回生)

541・印南 学哉 / 名古屋工業大学・3回生
「港湾の根圏」既存の都市と建築に立地する水
辺のアルカディア(3回生)

542・上村 宗資 / 三重大学・3回生
「風と緑のテラス」共住の街をつくる(3回生)

543・菅原 慎司 / 神戸大学・3回生
「都市という名の土が降る」
面構造によるニュー・ミュージアム空間(3回生)

544・谷宮 麻緒 / 安田女子大学・3回生
「のぼって、くだって、またのぼる」
地域に開かれた幼稚園(3回生)

545・西川 涼 / 武蔵大学・3回生
「差しNOVEL」コモンズとしての大学図書館(3回生)

546・織田 奈々美 / 京都工芸繊維大学・3回生
「記憶の共鳴」歴史と建築(3回生)

548・喜井 雅治 / 東京都市大学・3回生
「SPRISE BOX ビックリ箱」大学キャンパス(3回生)

549・大塚 史奈 / 東京都市大学・3回生
「水たまり、ヒトたまり」代官山の新しい暮らしを
つくる集合住宅(3回生)

550・大森 そよ風 / 日本大学・3回生
「ミタテル」代官山コンプレックス(3回生)

551・山本 乃依 / 法政大学・3回生
「はみ出す学び〜神保町 さまざまなコンテクスト
を繋ぐ結節点としての図書館〜」What is the
library？(3回生)

553・的場 陽奈乃 / 法政大学・3回生
「噛み合い、"つながり"」○○と暮らす(3回生)

555・權 才鉉 / 早稲田大学・3回生
「カサナル・ディスタンス」吉阪隆正記念館
ー部分と全体の狭間にたたずむ平和への掛橋ー
(3回生)

556・志村 琴音 / 大阪工業大学・3回生
「偏在×積層×軒下」区庁舎(3回生)

557・中島 啓太 / 日本大学・3回生
「泡沫〜海の中で海を見つける〜」海の駅計画
(3回生)

558・渡邊 晴哉 / 法政大学・3回生
「PARANOIAー都市型高層図書館、シュルレア
リスムの態度ー」図書館＋α(3回生)

559・北山 晃世 / 近畿大学・3回生
「超起伏躯体」美術館(3回生)

560・酒井 大誠 / 日本大学・3回生
「劇場発信」シアタースペースの設計(3回生)

561・西方路 惇志 / 千葉工業大学・3回生
「のびのび」地域と結びついた学びの場としての
小学校(3回生)

562・奥村 真妃 / 横浜国立大学・3回生
「音景を楽しむ家」自然の中の居住単位(2回生)

563・三野 毬絵 / 日本大学・3回生
「Sfumato」街に開く集住体
ー神楽坂の集合住宅ー(3回生)

564・高橋 優花 / 日本大学・2回生
「わくわく×3(キューブ)」
8mキューブの空間を構成する(2回生)

567・根角 晃至 / 神戸電子専門学校・2回生
「縒い縒う」中規模設計課題ーB(2回生)

568・鳥塚 英玲奈 / 東京理科大学・3回生
「N／A」光の部屋(3回生)

569・牧 嘉乃 / 愛知淑徳大学・3回生
「intersection」里山に面する保育園(3回生)

571・齋藤 千花 / 立命館大学・3回生
「境界が生み出す交流」幼老複合施設ー多世代
交流を促進する空間の創造(3回生)

572・石井 桜子 / 早稲田大学・3回生
「結の「重層」」『シンジュク・ラーニング・コモンズ』
ー新宿区立中央図書館分館計画ー(3回生)

573・吉永 涼佑 / 長岡造形大学・3回生
「結び〜人と自然、そして都市〜」
『キッズ・ミュージアム』周辺ランドスケープ空間
の計画・設計(3回生)

575・諸江 一桜 / 秋田公立美術大学・3回生
「母と父の家」家族の居場所(2回生)

576・藤原 美菜 / 法政大学・3回生
「散歩道」What is the library？(3回生)

577・宮崎 将也 / 大和大学・3回生
「日常と非日常を織り込むコーポラティブハウス」
コーポラティブハウスの計画(3回生)

578・白銀 綾乃 / 岡山理科大学・3回生
「流れを創る」
岡山の文化の発信拠点となる美術館(2回生)

579・佐武 真之介 / 明石工業高等専門学校・
5回生
「寂しがり屋な私が描くユートピアー突然手にした
3億円の行方ー」自邸ー海沿いの素敵なマイ
ホーム計画(4回生)

580・野田 侑里 / 京都大学・2回生
「音を愉しむ家」2032年の家(2回生)

582・近藤 正弥 / 大同大学・3回生
「広げる建築」光と風の建築 小学校(3回生)

583・坂本 野生花 / 京都精華大学・3回生
「絡まり〜紐の絡まりから生まれる新しい空間〜」
もうひとつの自然、はじまりの建築(3回生)

584・木名瀬 仁史 / 日本大学・3回生
「空と密」代官山コンプレックス(3回生)

585・和才 竜士 / 近畿大学・3回生
「変動型集合住宅」集合住宅(3回生)

586・石田 翔 / 京都大学・3回生
「大学/狭間ニ」現代のヴンターカンマー 京都
大学総合博物館建て替え計画(3回生)

587・本住 拓真 / 東京都立大学・3回生
「個×CO House」名作から考える(3回生)

589・新山 千尋 / 東洋大学・3回生
「余白の変遷ー可視化による居場所の提供ー」
川越の新しい文化と賑わいの拠点(3回生)

590・及川 和怜 / 宮城大学・3回生
「滲む、混ざる、重なる。」「シビック・デザイン・
センター」の設計(3回生)

591・服部 瑛斗 / 慶應義塾大学・2回生
「テラスでつながる家」
デザインスタジオA(環境と住まい)(2回生)

593・水野 菜沙 / 金沢工業大学・3回生
「井戸端の暮らし」せせらぎ通りの80人の集住体
（3回生）

594・田所 わかな / 工学院大学・3回生
「光と空間の美術館」ある彫刻家のための美術館
（3回生）

595・角田 有優 / 立命館大学・3回生
「繋がり育つ街の庭」幼老複合施設―多世代交流を促進する空間の創造―（3回生）

596・福本 翔太 / 早稲田大学・3回生
「貫く学び」『シンジュク・ラーニング・コモンズ』
―新宿区立中央図書館分館計画―（3回生）

598・深井 泰幸 / 日本大学・3回生
「水の劇場―演劇が生活に馴染むと人が変わり、国が変わる―」シアタースペースの設計（3回生）

599・相澤 佑斗 / 宮城大学・3回生
「音楽の町の公民館」シビック・デザイン・センター
（3回生）

600・村尾 心 / 近畿大学・3回生
「再編する都市のソシオペタル」
現代美術のための美術館（3回生）

602・吉岡 功記 / 福井工業大学・3回生
「墟にて、草を被る。」複合型集合住宅（2回生）

605・山内 深貴 / 共立女子大学・3回生
「カゼグルマ図書館」赤羽台コミュニティ（3回生）

606・石田 龍之介 / 関西大学・3回生
「Transition」千里山こども園（3回生）

607・山崎 真果 / 日本女子大学・3回生
「移りゆく視線」地区センター（3回生）

608・信重 李宇 / 広島工業大学・3回生
「主役と脇役」地域に賑わいをもたらし街を豊かにする大学施設（3回生）

610・王 宇龍 / 京都精華大学・3回生
「大地と繋がる図書館―まちと文化を育てる新しいコミュニティー」新しい図書館（3回生）

611・竹内 悠高 / 静岡文化芸術大学・3回生
「山と川の拠り所は、8基の聖牛でした。」
環境系空間デザイン（3回生）

612・石井 涼也 / 広島工業大学・3回生
「創造的建築のレシピ―情報の再編集による場所の生成―」地域に賑わいをもたらし街を豊かにする大学施設（3回生）

615・北谷 心海 / 大阪工業大学・3回生
「折曲屋がおりなす出会いと創造」集まって住まうことを考える（2回生）

616・趙 普旻 / 西日本工業大学・3回生
「賑わいを折尾に」
場所性を表現する1000m^3の空間（3回生）

617・四辻 響太 / 東京都市大学・2回生
「渓谷の家」風土の家（2回生）

618・安井 千尋 / 金沢工業大学・2回生
「働かざる者住むべからず」三世代で暮らす家
（2回生）

621・藤田 将輝 / 神戸電子専門学校2回生
「Roofs～記憶と記憶の間～」
中規模設計課題―B（2回生）

623・岸 海星 / 明治大学・3回生
「WITHALLs―壁に触れ細部を場と化す―」
集住の現在形（明治大学国際混住寮）（3回生）

624・松本 渓 / 早稲田大学・3回生
「―たい― 対 ―つい―」吉阪隆正記念館―部分と全体の狭間にたたずむ平和への掛橋―
（3回生）

625・堀江 夏樹 / 東洋大学・3回生
「川越問屋―集積地から発信地へ―」
川越の新しい文化と賑わいの拠点
敷地C様々な人が交流する拠点（3回生）

627・秋葉 美緒 / 東北工業大学・3回生
「読書のふち」八木山ライブラリー（3回生）

628・大橋 碧 / 早稲田大学・3回生
「既知と未知が織りなすウラハラ空間―メビウスの輪による吉阪隆正の多面性―」
吉阪隆正記念館―部分と全体の狭間にたたずむ平和への掛橋―（3回生）

629・谷島 諒 / 福井工業大学・3回生
「つくるこどもえん」いくつかの遊び実践に特化した乳幼児の育ちの園（2回生）

630・米田 龍人 / 大阪芸術大学・3回生
「街に拓かれた自分のマチ」Kid's style <=>
Parents' style with Prayer's site（3回生）

631・大坪 橘平 / 京都大学・2回生
「病めるときも、健やかなるときも」2032年の家（2回生）

632・河津 佑菜 / 西日本工業大学・2回生
「ねじりの輪」鉄のミュージアム（2回生）

634・岩田 祥貫 / 京都工芸繊維大学・3回生
「記録を刻み 記憶を育む」歴史と建築（3回生）

635・吉田 希 / 早稲田大学・3回生
「工場音で綴る『シンジュク・ラーニング・コモンズ』
―新宿区立中央図書館分館計画―（3回生）

636・廣田 雛 / 成安造形大学・3回生
「すきまの商店街」子どもと高齢者の空間（3回生）

637・関口 知輝 / 京都大学・3回生
「編む―方法論としてのモての理論の実践―」
未来の自由な学び場―小学校を『発酵』させる
（3回生）

638・友井 遥來 / 信州大学・3回生
「ほんの丘」公園に建つ図書館／
若里公園県立図書館改修計画（3回生）

639・鈴木 蒼大 / 法政大学・3回生
「和と差のLibrary」法政大学市ヶ谷図書館
（3回生）

640・南沢 想 / 京都大学・2回生
「アジール・ハウス」2032年の家（2回生）

641・眞邉 末桜 / 西日本工業大学・2回生
「開放と閉鎖」鉄のミュージアム（2回生）

642・木下 菜津葉 / 武庫川女子大学・2回生
「風を感じる家」日本庭園のある木造住宅（2回生）

643・二杉 晃平 / 近畿大学・2回生
「つながる家」社会的活動の場を内包する〈住宅〉
（2回生）

644・風祭 覚 / 東京大学・3回生
「隣居から考える団地再生計画」
大島四丁目団地建替計画（3回生）

645・小野寺 陸人 / 明治大学・2回生
「斜壁が織り成す光の輪舞曲―柔らかな光が作品の魅力を引き出す―」イサム・ノグチ美術館（2回生）

647・三原 海音 / 近畿大学・3回生
「光芒～美術が好きな人には空間を 関心がない人にはきっかけを」現代美術のための美術館
（3回生）

648・金谷 百音 / 神戸大学・3回生
「立ち止まる、あわい。」
面構造によるニュー・ミュージアム空間（3回生）

649・米依 佳也 / 奈良女子大学・3回生
「育むみち―環境による子どもの感性の育成―」
認定こども園（3回生）

650・黒沼 和宏 / 横浜国立大学・3回生
「居場所を配るおおきな家」
街のキオスク｜真鶴半島（2回生）

651・稲葉 将 / 信州大学・3回生
「拡散する図書館―日本十進分類法×スラブ操作―」公園に建つ図書館/若里公園県立図書館
建替計画（3回生）

652・村上 まなみ / 安田女子大学・3回生
「『巡る』集合住宅」
「都市に棲む」―集合住宅の設計（3回生）

653・高塚 惇矢 / 横浜国立大学・3回生
「循環を生み出す工房広場」あらたしい集合住宅
（3回生）

654・塩崎 さわ / 京都精華大学・2回生
「面を絆す」まちの保育園（2回生）

655・出井 夕香子 / 東京藝術大学・3回生
「重なり、広がる学びの輪」表現力、コミュニケーション能力を喚起する学校（3回生）

657・檜尾 宝 / 福山大学・3回生
「ONOMICHI OPUS」地域特有といえる美術館の設計デザイン（3回生）

658・高橋 美紗乃 / 東海大学・3回生
「サンカクノイエ 一体化した屋根と壁による緩やかな空間」リンカクのないイエ 領域と境界を考える（3回生）

659・岡田 善太 / 広島工業大学・3回生
「見直す距離感覚」地域に賑わいをもたらし街を豊かにする大学施設（3回生）

660・東村 天 / 立命館大学・3回生
「折る光」構造と光:水辺のチャペル・バンケット
（3回生）

662・平井 祐輝 / 横浜国立大学・3回生
「再チャレンジできる集合住宅」
あたらしい集合住宅（3回生）

663・三宅 祥仁 / 大阪市立大学・3回生
「丘のある地下美術館～三角公園とともにある記憶の継承」現代アートのための小美術館
～アートとは何か?（3回生）

664・鎌田 悠斗 / 近畿大学・3回生
「自然とつながるコミュニティー」
コミュニティーセンター（2回生）

665・秀島 舜 / 北九州市立大学・3回生
「Two sides of the same coin」
黒崎メディアセンターの設計（3回生）

666・渡辺 珠羽 / 岡山県立大学・3回生
「GAP―切り取り、切り取られる世界―」
―「美術館」―境界を設計する（3回生）

667・津浦 亜美 / 関西学院大学・3回生
「出会うの影響」Museum for a Wind
Sculptor 風の彫刻家のための美術館
―自然とアートの風景化―（3回生）

668・倉持 翼 / 岡山県立大学・3回生
「Prologue―時代を繋ぐ美術館―」
「美術館」境界を設計する（3回生）

669・東 正悟 / 法政大学・3回生
「青山調和境界線」ライブラリー～中高層建築における公共性を考える～（3回生）

670・菅野 壮汰 / 横浜国立大学・3回生
「真鶴の倉庫 リサイクルで継承する土地の時間」
街のキオスク 真鶴半島（3回生）

671・藤田 淳也 / 九州大学・3回生
「空気と葉の庭」コミュニティーセンター（3回生）

672・西尾 美希 / 武庫川女子大学・2回生
「景色に誘われる家」家族のための家（2回生）

673・伊森 万友帆 / 東京都市大学・3回生
「きっかけカフェ」都市大カフェ（3回生）

675・塚本 莉子 / 名城大学・3回生
「ぐぐった先、つながる風景」
体験・滞在型余暇活動施設（3回生）

677・田中 万尋 / 近畿大学・3回生
「混色にまみれ、はじまりを過ごす」集合住宅（3回生）

680・市原 元気 / 京都工芸繊維大学・3回生
「七度傾き、歴史を刻む」歴史と建築（3回生）

681・鈴木 のぞみ / 京都工芸繊維大学・3回生
「縁食でつながる暮らし」地域交流拠点の公園、その公園内に建つ地域交流機能を有した都市型高齢者介護施設（3回生）

683・蒲池 太陽 / 法政大学・2回生
「屋根解く幼稚園」
絵本ライブラリーをもつ幼稚園（2回生）

684・向山 祥馬 / 大阪工業大学・2回生
「蜘蛛の巣と人間の住処」セカンドハウス（2回生）

685・古屋 孝輔 / 北海道大学・3回生
「北海道型学舎」
小中一貫校:「豊かな学びの場を作る」（3回生）

686・山田 尚人 / 京都工芸繊維大学・3回生
「不整形が創り出す歴史の交流」
歴史と建築（3回生）

687・堀部 孔太郎 / 近畿大学・3回生
「郡ら暮し」集合住宅（3回生）

688・國本 旭 / 近畿大学・3回生
「人間讃歌 戦死者のための記念碑」
現代美術のための美術館（3回生）

689・橋本 菜央 / 法政大学・3回生
「迂曲道をゆく～想像を誘う2種類の壁、『知』と『経験』の道を歩く図書館～」
探索・散策・創作の図書館（3回生）

690・小島 宗也 / 京都大学・3回生
「刻まれた大地は空間になる」
現代美術のための美術館（3回生）

691・戸田 湧也 / 京都大学・2回生
「密に暮らす」2032年の家（2回生）

692・武田 春樹 / 中央工学校3回生
「クリエイタークリエイトオフィス」
鉄骨造事務所・店舗新築工事設計（3回生）

693・日向 優香 / 青山製図専門学校・2回生
「various spaces」オープンスペースと商業施設のある集合住宅（2回生）

694・LEE HAJIN / 名古屋大学・3回生
「みどりでつながる集合住宅」子育てコミュニティの集合住宅（3回生）

696・岡本 二葉 / 北九州市立大学・2回生
「森の中に住む―森の重なり―」
独立住宅 ユートピアの創造（2回生）

697・諸田 華 / 東京理科大学・3回生
「めくる めぐる」地域とつながる公共図書館（3回生）

698・中村 紗也佳 / 奈良女子大学・2回生
「ここ猫れここ掘れミーアキャット」
2人と1匹のための住宅（2回生）

699・丸山 菜穂 / 武庫川女子大学・2回生
「Wreath_和_輪_環」日本庭園のある木造住宅
（2回生）

700・中山 陽南子 / 早稲田大学・3回生
「流るる街早稲田の結節点」
地域のポテンシャルをつなぐ（2回生）

701・河野 裕翔 / 佐賀大学・3回生
「マチ中ノ街」Kitte スクエアさがａ

703・野村 琴音 / 北九州市立大学・2回生
「庭と住まう」「独立住宅」ユートピアの創造（2回生）

705・湯口 蒼太 / 京都工芸繊維大学・3回生
「越境する森林―視線で繋ぐ自然と建築」
公園内に建つ地域交流機能を有した都市型高齢者介護施設（3回生）

706・辰巳 彩希 / 大和大学・3回生
「Sense Of Wonder」
地域交流棟のある認定こども園（3回生）

707・小野 舞怜 / 西日本工業大学・3回生
「交わる場所 生まれる協和音」
場所性を表現する1000㎡の空間（3回生）

708・金城 光希 / 西日本工業大学・3回生
「柳は緑、花は紅」
場所性を表現する1000m³の空間（3回生）

709・小藪 秀輝 / 香川大学・3回生
「交差・共存・融合」市民に親しまれる美術館（3回生）

711・塩見 拓人 / 京都大学・3回生
「オレっちの小学校『カベだらけ』なんだぜ」未来の自由な学びの場―小学校を『発酵』させる
（3回生）

712・都築 萌 / 名城大学・3回生
「出会いの場」小学校（3回生）

713・藤井 幹太 / 近畿大学・2回生
「ワタシトアナタノフタツノイエ」
社会的活動の場を内包する＜住宅＞（2回生）

714・勝又 小太郎 / 関東学院大学・3回生
「行方―探し続ける木材の価値―」
RegenerativeArchitecture 人間以外の主体と共進化する建築（3回生）

715・長谷部 結実 / 東京電機大学・3回生
「立方体の住処」6M_CUBE_HOUSE（1回生）

716・常盤 俊介 / 京都大学・3回生
「Isekai Hotel」商業地域に建つ集合住宅（3回生）

718・永井 貫二 / 関西学院大学・3回生
「新旧の情報の発信源」
文化施設及びランドスケープ課題（3回生）

720・出口 海仁 / 大阪電気通信大学・3回生
「二重人格～仮面を剥がす舞台～」
緑の中のホール（3回生）

721・熊本 一希 / 日本大学・3回生
「Flow」水族館（3回生）

722・飯島 隆也 / 早稲田大学・3回生
「SHINJUKU LEARNING COMMONS―空間性を繋ぐ場から結ぶ場へ―」『シンジュク・ラーニング・コモンズ』―新宿区立中央図書館分館計画―（3回生）

724・沓掛 涼太 / 千葉工業大学・3回生
「非日常との出会い～カテナリー曲線で描き出す境界～」美術館（3回生）

725・長谷川 晶穂 / 神戸大学・3回生
「浮世絵拓く、江戸に燃ゆ」
面構造によるニュー・ミュージアム空間（3回生）

726・成田 洸樹 / 横浜国立大学・3回生
「人間の棲み処」自然のなかの居住単位（2回生）

728・安藤 健 / 千葉工業大学・3回生
「『書の道』美術館」上野公園に立つ現代美術館
（3回生）

730・大上 翔子 / 東京理科大学・2回生
「つなぐ架け橋」私の住まう将来の住宅（2回生）

731・筒井 櫻子 / 北九州市立大学・2回生
「連立」独立住宅 ユートピアの創造（2回生）

732・山中 侑汰 / 岡山理科大学・3回生
「ちいきのめ」地域ケア福祉施設
―特養と地域交流SP（3回生）

733・張 譯戈 / 京都精華大学・3回生
「自然と民俗に親しむ:本がない図書館」
新しい図書館（3回生）

735・蝶野 史弥 / 関東学院大学・3回生
「明るい洞窟」人とその伴侶のための家（3回生）

736・古川 正晴 / 茨城大学・3回生
「SYNCHRONICITY」茨城大学教育学部付属小学校の建築設計（3回生）

737・角 太陽 / 茨城大学・3回生
「使いつくす小学校」茨城大学教育学部附属小学校の建築設計（3回生）

738・森本 啓太 / 立命館大学・3回生
「神域」構造と光:水辺のチャペル・バンケット（2回生）

739・太田 妃南 / 関西学院大学・3回生
「Hare―Hare」メディアセンター（3回生）

741・荻尾 明日海 / 関東学院大学・3回生
「幾重にも、生まれる。～人との出会い、ともに暮らす私たち～」人とその伴侶のための家
（3回生）

742・岡野 優英 / 多摩美術大学・2回生
「この世界が秘めるもの」子どもの空間
（多摩美附属創造の森幼稚園）

743・小口 功紀 / 早稲田大学芸術学校・3回生
「対話を生む建築」早稲田大学芸術学部

744・石光 基 / 大阪大学・3回生
「バラした先には」 d中津体育館（3回生）

745・小池 日向子 / 京都工芸繊維大学・3回生
「招き入れる、包み込む、憩う。」歴史と建築（3回生）

746・奥川 祐里菜 / 近畿大学・3回生
「例えば、壁の狭間で」現代美術のための美術館
（3回生）

747・川座 愛奈 / 近畿大学・3回生
「日常を切る～都市にたたずむ自然～」
現代美術のための美術館（3回生）

748・髙橋 知来 / 愛知工業大学・3回生
「非日常の日常」AIT ラーニングメディアセンター
（3回生）

749・山岡 源 / 千葉工業大学・3回生
「感情の現出」上野公園に建つ現代美術館
（3回生）

750・岩丸 桜咲 / 近畿大学・3回生
「畑」商店街に隣接する小学校（3回生）

751・北村 和也 / 青山製図専門学校・2回生
「Crecer Libremente」オープンスペースと
商業施設のある集合住宅（2回生）

752・三上 凌平 / 北海道大学・3回生
「繕い、紡ぐ」公的ストックの再生：
五輪団地リノベーション（3回生）

753・澤村 亮太 / 千葉大学・2回生
「Rolled House」アトリエのある家（2回生）

756・篠本 遥 / 福井大学・3回生
「紡ぐ～動線と学びと風景と～」
寄り添う学校（3回生）

757・原 洋子 / 芝浦工業大学・3回生
「集合住宅の持続可能性」つながりをデザインする
集合住宅・辰巳の30戸集合住宅 断面で設計する
（3回生）

758・松尾 香里 / 工学院大学・2回生
「ノウド」公園に隣接する幼稚園（2回生）

759・櫻井 愛花 / 国士舘大学・3回生
「Page spaces」ずっと居たくなるような図書館
（3回生）

760・松下 久瑠美 / 東京電機大学・2回生
「見える 魅せる 家」6M_CUBE_HOUSE（1回生）

761・杉山 美緒 / 早稲田大学・3回生
「夜の図書館」『シンジュク・ラーニング・コモンズ』
─新宿区立中央図書館分館計画─（3回生）

762・實藤 奈央 / 大阪電気通信大学・3回生
「音を纏う～見る・聴く・共有する、音楽の未来～」
緑の中のホール（3回生）

763・八阪 柊吾 / 日本大学・3回生
「重重無尽」水族館（3回生）

764・織田 可久瑠 / 横浜国立大学・3回生
「土発とコロニー」街のキオスク（3回生）

765・松崎 朱音 / 名古屋市立大学・3回生
「ひとふでがき美術館」現代美術館（2回生）

766・半田 晃平 / 北海道科学大学・3回生
「透過する律動～札幌市大通公園に溶けこむ
美術館」大通公園『新美術館』の設計（3回生）

768・松本 倫太朗 / 九州工業大学・3回生
「語らいの間に、棲む。」ソーシャル・サード・プレ
イスとしての市民センター（3回生）

769・芳賀 亜希斗 / 青山製図専門学校・2回生
「四点透視」街とつながる美術館（2回生）

771・坂下 舞羽 / 近畿大学・3回生
「気持ちの赴くままに一屋根が生み出す空間に
よって始まる繋がり─」集合住宅（3回生）

772・藪 朱梨 / 椙山女学園大学・2回生
「儚幻花─むげんか─」単身生活用マンションの
インテリア設計（2回生）

773・髙橋 梨葉 / 関東学院大学・3回生
「自然を愛するシェフが住む家」
人とその伴侶のための家（3回生）

774・森野 紗代 / 滋賀県立大学・3回生
「街に泊まる─人と物の連続性─」
滞在のリデザイン（3回生）

775・日下 武人 / 関東学院大学・3回生
「憩道」商業地域に建つ集合住宅（3回生）

776・髙橋 葵衣 / 関東学院大学・3回生
「新たな光」海辺の観光センター（2回生）

777・南 直広 / 新潟工科大学・3回生
「巻き込む」オープンスクール（小学校）の設計
（3回生）

779・カーン リファ タスヌバ / 東海大学・3回生
「抜け道」シモキタ・サテライトキャンパス（3回生）

781・高山 小春 / 佐賀大学・3回生
「pomping edge」Kitte スクエアさが（3回生）

782・里中 栄貴 / 京都大学・3回生
「知の山道」3つの本との出会い方のある図書館
（3回生）

783・王 子豪 / 京都精華大学・3回生
「Combination」風景に挿入された『人工物』／
『生物』を建築する（2回生）

784・増田 勇大 / 関東学院大学・3回生
「Grand Marshare」商業地域に建つ集合住宅
（3回生）

785・池田 凛太朗 / 明治大学・3回生
「失われた広場を求めて」明治大学生田ラーニン
グ・スクエア一学びの現在形─（3回生）

786・宮内 春帆 / 近畿大学・3回生
「天～ショウカし、かえる～」
現代美術のための美術館（3回生）

788・大友 航明 / 福井大学・3回生
「一筆書きの図書館 図書館をもっと身近に。もっと気軽
に。」地域拠点となる図書館＋のデザイン（3回生）

789・丸山 凌嵐 / 青山製図専門学校・2回生
「Roof art museum」街と繋がる美術館（2回生）

790・髙橋 樹 / 新潟工科大学・3回生
「村が学び舎」オープンスクール（小学校）の設計
（3回生）

792・山名 正太 / 大阪工業大学・3回生
「感覚の創造」道の駅（3回生）

794・鈴木 佳那子 / 大同大学・3回生
「見まもる距離」光と風の建築─小学校（3回生）

795・村井 あすか / 法政大学・2回生
「笑う天使の街」絵本ライブラリーをもつ幼稚園
（2回生）

796・田中 / 青山製図専門学校・2回生
「SUKI間」街とつながる美術館（2回生）

798・田中 千裕 / 名古屋工業大学・3回生
「私の居場所─本と出会い、本とふれ合う～」
ライブラリー・カフェ@吹上小学校前（3回生）

800・大久保 匡基 / 近畿大学・3回生
「堀の美術館～現代における堀の新たな在り方～」
美術館（3回生）

801・磯氷 創平 / 早稲田大学・2回生
「木々に籠る」新宿区立 林芙美子記念館
ANNEX 2022（2回生）

802・岡村 宗麻 / 京都橘大学・2回生
「『ずれ』に住まう」
『3人で暮らすシェアーハウス』の提案（2回生）

803・西田 真菜 / 近畿大学・3回生
「町の拠点となる学校」
地域の居場所となる小学校（3回生）

804・河上 晃生 / 日本大学・3回生
「巡り、繋がる。～その先の空間への誘い～」
代官山コンプレックス（3回生）

805・渡邊 匠 / 東京都市大学・3回生
「渋谷アイロニー～歴史の皮肉的踏襲による
多様性の獲得～」都市大キャンパス（3回生）

806・町田 綾捺 / 広島工業大学・3回生
「縁側でつなぐ"人"と"学び"」
集いの住まい（集って住まうこと）（2回生）

808・井上 琴乃 / 工学院大学・3回生
「空間を編む」工学院大学八王子国際留学生寮
（2回生）

809・壱岐 裕実子 / 奈良女子大学・3回生
「都市と村をつなぐ」都市の縁にある集合住宅
（2回生）

810・根本 梨央 / 日本工学院八王子専門学校・3回生
「地域と成長する重なり」集合住宅＋（3回生）

811・吉田 慶祐 / 第一工科大学・3回生
「柱のオフィス」KAGOSHIMA Urban Office
（3回生）

812・日野 珠海 / 椙山女学園大学・3回生
「Noby NOby─使い方型移動教室による新し
い教育─」『地域とともにある都心の小学校』
名古屋市立東桜小学校建て替え計画（3回生）

815・遠藤 美沙 / 日本大学・3回生
「double height」サテライトキャンパス（2回生）

816・堀下 葵 / 北海道大学・3回生
「@rium Library」地域図書館（3回生）

818・吉田 凪沙 / 琉球大学・2回生
「私の家～は、生きている。～」私の家（2回生）

819・三上 マハロ / 京都大学・3回生
「学びの駅舎」SCHOOL／小学校（3回生）

820・草場 滋郎 / 横浜国立大学・3回生
「ちらばっているけどつながっている市場」
街のキオスク（2回生）

822・桑村 尚 / 大阪産業大学・3回生
「Inherited architecture」クリエイティビティ
を誘発するOFFICE─ARCHITECTUREの設計
（3回生）

823・尾崎 菜々莉 / 名古屋造形大学・3回生
「まちの建築─一木と学びから構成される学校─」
森と大工のまちの学び舎（3回生）

824・照井 遥什 / 横浜国立大学・3回生
「街と共に生きる─横浜防火帯建築の潜在価値
と都市の暮らし～」あたらしい集合住宅（3回生）

825・張 銘浩 / 立命館大学・3回生
「儚く、美しい」
まちの中心となるグラウンドデザイン（3回生）

827・後藤 智哉 / 千葉大学・3回生
「人動」小学校（3回生）

828・鳥居 康平 / 大同大学・3回生
「交わらせない交わり」光と風の建築─小学校（3回生）

829・林 晃太郎 / 京都大学・2回生
「極楽浄土─究極の非日常」Pavilion（2回生）

830・服部 大雅 / 大同大学・2回生
「HOUSE P.」一宮の家（2回生）

831・成田 純明 / 日本工学院八王子専門学校・2回生
「心地よいアキ」集まって暮らす（2回生）

832・後藤 里央 / 三重大学・3回生
「3F School」地方都市の小学校（3回生）

833・大平 梨音 / 日本大学・3回生
「水天一碧」水族館（3回生）

834・岡 千咲 / 芝浦工業大学・3回生
「輪でつなぐ、ひろげる」成熟社会における市民
の文化活動拠点としての図書館（3回生）

837・俵 颯太 / 多摩美術大学・3回生
「能動的行為を生む隙間」オフィスビル（3回生）

840・細川 瑠月 / 大阪産業大学・3回生
「INSIDE and OUTSIDE unification」
クリエイティビティを誘発するOFFICE─
ARCHITECTUREの設計（3回生）

841・宮井 良隆 / 大阪産業大学・3回生
「河川と繋ぐ湾処architecture-メタファーによる建築
設計の在り方を問うクリエイティビティを誘発する
OFFICE─ARCHITECTUREの設計（3回生）

842・鈴木 晴也 / 日本福祉大学・3回生
「コリオグラフィーの日常」ポストコロナを見据え
た地域の『顔』となるオープンスペース（3回生）

843・大池 智実 / 芝浦工業大学・3回生
「み","るウチ、つなぐ"ソト─視線と動線が生み出す
コミュニティ～」ホームオフィスのある家（2回生）

844・山本 実穂 / 椙山女学園大学・3回生
「芽を育む 斜め材で広がる思考と表現」『地域と
ともにある都心の小学校』名古屋市立東桜小学校
建て替え計画（3回生）

845・野口 舞波 / 大阪工業大学・3回生
「順光つつみつつ 逆光にほどけて…。」
新駅に隣接するこれからの地域図書館（3回生）

846・北原 烈 / 工学院大学・2回生
「選び、学んで、自立する。」
公園に隣接する幼稚園（2回生）

847・松岡 義尚 / 広島工業大学・3回生
「狩猟的学問ノス〉メ」地域に賑わいをもたらし街
を豊かにする大学施設（3回生）

848・吉居 隆之介 / 横浜国立大学・3回生
「交響に住まう─公園から公縁に─」
新しい集合住宅（3回生）

849・仲田 有志 / 関西学院大学・3回生
「メディアロード─2本道が地域に賑わいをもた
らす─」関学発祥の地に建つメディアセンター
（3回生）

850・蓮沼 岳人 / 京都大学・2回生
「コミュニケーションのとれる家」住宅（2回生）

852・田中 里都紀 / 法政大学・3回生
「くらすアトリエ、育む壁」アフターコロナにおける
ものづくりのための職住一体型集合住宅（3回生）

853・小永井 あかり / 東京工業大学・3回生
「ハレとケをめぐる～現代を生きる人の心に寄り
添う、新しい劇場の提案～」300人実験劇場を
含む第二反田ヒルズ（3回生）

854・中谷 智史 / 京都芸術大学・4回生
「縁で結ばれる」地域のコミュニティセンター
設計の提案（3回生）

855・浅井 美穂 / 名古屋大学・3回生
「重なり合う暮らし」
子育てコミュニティの集合住宅（3回生）

856・石山 竣介 / 早稲田大学・3回生
「小さな文化の望遠鏡」吉阪隆正記念館─部分
と全体の狭間にたたずむ平和への掛橋（3回生）

857・岸 ちひろ / 東京電機大学・3回生
「CUBE─HOUSE」6M_CUBE_HOUSE
（1回生）

858・森林 未弥 / 広島工業大学・3回生
「いつのまにか」地域に賑わいをもたらし街を
豊かにする大学施設（3回生）

859・原田 僚太 / 日本大学・3回生
「Daikanyama POROUS」
代官山コンプレックス（3回生）

860・金子 千紗 / 北海道大学・3回生
「いろどり団地」公的ストックの再生
五輪団地リノベーション（3回生）

862・村田 大和 / 三重大学・3回生
「RIVER SIDE STORY」
集合住宅「共住の街をつくる」（3回生）

863・松川 小夏 / 慶應義塾大学・3回生
「Step House」「緑・風・光・雨」自然を感じる階段
住居～」新しく魅力的な戸建て住宅の設計（2回生）

864・谷々 芽生 / 東海大学・3回生
「変化する茶室住宅」リノベーション課題（2回生）

866・中島 百香 / 成安造形大学・3回生
「～未来の創造のために～巡りあう架け橋」
高齢者とこどものための空間（3回生）

869・松岡 蓮 / 九州工業大学・3回生
「うごく、ひろがる。」ソーシャル・サード・プレイス
としての市民センター（3回生）

870・廣瀬 みのり / 岡山県立大学・3回生
「旅する美術館」─『美術館』─境界を設計する
（3回生）

871・宮下 航希 / 東海大学・2回生
「狭く、広く」アソビとくらすイエ（2回生）

872・寺内 理紀 / 京都大学・3回生
「溶け込み、交わる」街の中の自由な学び場
─小学校を『発酵』させる（3回生）

873・毛利 綾乃 / 関西学院大学・3回生
「たのしむみち とおりみち」
大学発祥の地に建つメディアセンター（3回生）

874・村上 圭吾 / 京都大学・3回生
「出かけたくなる場所 帰りたくなる場所」
共同住宅（2回生）

875・加藤 凌弥 / 近畿大学・3回生
「人の家の庭を歩く」
まちづくりの核として福祉を考える（3回生）

876・柏木 玲菜 / 日本大学・3回生
「共存共栄～楽しみの中にも思いやりを～」
水族館（3回生）

878・渡辺 賢太郎 / 関西学院大学・3回生
「Accum 2.0─共存的更新とアクティビティの
積層化」文化施設及びランドスケープ課題（3回生）

879・高木 柊 / 名城大学・3回生
「囲いの家」自邸（2回生）

880・池田 勝眞 / 京都大学・3回生
「with─school─」未来の自由な学びの場
─小学校を『発酵』させる（3回生）

882・福岡 叶望 / 山口大学・3回生
「視えないを触る。」野外彫刻ミュージアム（3回生）

884・阿部 槙太郎 / 滋賀県立大学・3回生
「都市の虚像」彦根市文化ミュージアム（2回生）

885・今井 祐伊 / 日本女子大学・3回生
「身体に働きかける石」自然の中の時間（3回生）

886・菅野 瑞七 / 仙台高等専門学校・1回生
「農家劇場」fringeとsponge（1回生）

888・飛永 伊吹 / 大阪電気通信大学・3回生
「水郷のすまい」コンサートホール（3回生）

889・齋藤 晃 / 神戸芸術工科大学・3回生
「誘起するエントランス」まちなかコンプレック
ス"二宮"─新たな都市住民のかたち─（3回生）

890・中村 駆 / 工学院大学・2回生
「遮らない」外のある家（2回生）

891・末永 理 / 京都工芸繊維大学・3回生
「森の玄関」美術と建築（2回生）

892・北村 美結 / 信州大学・3回生
「共采」地域に求められる学びの場（3回生）

893・舛添 咲楽 / 立命館大学・3回生
「語り種 カタリグサ」幼老複合施設─多世代交流
を促進する空間の創造─（3回生）

894・結城 理 / 横浜国立大学・3回生
「自転車暮らし─自転車を介して楽しく豊かな都市
空間をつくる提案─」あたらしい集合住宅（3回生）

895・石井 享尚 / 鹿児島大学・2回生
「Worker bee construct」オフィス設計（2回生）

896・森本 花穂 / 法政大学・2回生
「Cross Garden─交差から生まれる交流と3つ
の庭─」絵本ライブラリーをもつ幼稚園（2回生）

897・上和田 静 / 京都大学・3回生
「脈を撫で弁に舞う─地形に刻む小学校─」未来
の自由な学び場─小学校を『発酵』させる（3回生）

899・伊藤 美紀 / 武蔵野大学・2回生
「Solid Park」新・むさし野文学館（2回生）

900・今井 稜太郎 / 名古屋市立大学・3回生
「ムカエル交流館」神領交流センター（3回生）

901・西村 安未 / 滋賀県立大学・3回生
「それぞれの居場所」まちの図書館（3回生）

902・酒井 麻衣 / 立命館大学・3回生
「すあし」地域と結びついた学び場としての
小学校（3回生）

903·森田 彩日 / 横浜国立大学·3回生
「光を探す家」自然の中の居住単位(2回生)

904·森 来未 / 東京電機大学·3回生
「広がる学び」『未来の小学校』を設計する(3回生)

906·峯邑 知樹 / 大同大学·3回生
「8×8~時代と共に模様替えする公共建築~」
光と風の建築 小学校(3回生)

908·小原 久奈 / 関東学院大学·3回生
「道を外れる道標」人とその伴侶のための家(3回生)

909·姫野 英愛 / 福岡大学·3回生
「繋がる」海辺の住宅(2回生)

910·松村 康平 / 大阪工業大学·3回生
「たまには本でも読んでみる、」
新駅に隣接するこれからの地域図書館(3回生)

911·中原 一樹 / 日本大学·2回生
「TETRI HOUSE」数学者の家(2回生)

912·宮田 琴羽 / 名古屋造形大学·2回生
「つながりと変化の家」新しい生活の時間(2回生)

913·安藤 聡祐 / 芝浦工業大学·3回生
「inverse steps」成熟社会における市民の
文化活動拠点としての図書館(3回生)

915·正木 咲花 / 東海大学·2回生
「ヒラク—ウチをソトに開いてアソブ—」
アソビとくらすイエ(2回生)

917·稲川 沙弥香 / 近畿大学·2回生
「みんなのリビングとなる家」
社会的活動の場を内包する〈住宅〉(2回生)

918·松下 大輝 / 早稲田大学·3回生
「静と動」『シンジュク·ラーニング·コモンズ』
—新宿区立中央図書館分館計画—(3回生)

919·木許 順賀 / 横浜国立大学·3回生
「生きる中庭」あたらしい集合住宅(3回生)

921·大内 崇弘 / 神戸大学·3回生
「讃え 崇め」
面構造によるニュー·ミュージアム空間(3回生)

922·川俣 舞雪 / 日本女子大学·3回生
「領域の重なる家」都市の中の棲家(2回生)

923·龍野 広夢 / 京都精華大学·2回生
「川床の集積」三条デザインハウス(2回生)

924·関谷 南月乃 / 大同大学·3回生
「学びの森」光と風の建築—小学校(3回生)

925·中村 茉友果 / 名古屋造形大学·3回生
「流動するまちビル」まちのビル(3回生)

926·佐山 響 / 東京工業大学·3回生
「古材の継承」
ウォーカブルな暮らしをデザインする(3回生)

927·谷本 慧多 / 東京理科大学·3回生
「あいまいな住まい」これからの日常、つながる
かたちを再考する(3回生)

928·矢口 裕史 / 福井工業大学·3回生
「遊びのオリジン」いくつかの遊び実践に特化
した乳幼児の育ちの場(2回生)

929·譚 凱聰 / 京都精華大学·3回生
「自然の生態と共に成長する サンゴ礁の成長に
よる、空間の変化の探求」もうひとつの自然、はじ
まりの建築(3回生)

930·中山 結喜 / 名古屋造形大学·2回生
「MOYA」敷地の中で完結しない住環境 なめらか
に変わる建築と地域(2回生)

931·永谷 峻 / 近畿大学·3回生
「流れる暮らし、余白に住む」集合住宅(3回生)

932·森部 莉菜 / 日本大学·2回生
「Double Wall Cubic」数学者の家(2回生)

933·井上 青葉 / 京都大学·3回生
「学びの原体験—物的魅力の再生と供覧を謳う
建築—」現代のヴンターカンマー(3回生)

934·川村 幸輝 / 文化学園大学·3回生
「時の美術館」地域と共生する美術館(3回生)

935·斉藤 拓真 / 千葉工業大学·3回生
「山麓の学び舎」小学校設計(3回生)

937·古林 陸来 / 立命館大学·2回生
「塀がつくる居場所」母の家(2回生)

938·三牧 莉子 / 奈良女子大学·3回生
「ひとつの家」市街地の縁(へり)の集合住宅(2回生)

939·北村 俊磨 / 大阪産業大学·3回生
「Jewel Box of ideas」クリエイティビティを
誘発するOFFICE—ARCHITECTUREの設計
(3回生)

940·中村 亜美 / 近畿大学·2回生
「24時間365日」
社会的活動の場を内包する〈住宅〉(2回生)

941·冨永 悠生 / 近畿大学·2回生
「交わり、染まる。そして広がる。」
社会的活動の場を内包する〈住宅〉(2回生)

945·加藤 拓実 / 名古屋工業大学·3回生
「橙灯と揺蕩う」円頓寺地区にすまう
—現代·未来の町家—(3回生)

946·高村 美咲 / 北九州市立大学·3回生
「囲い」メディアセンター(3回生)

947·奥田 悠里 / 愛知淑徳大学·3回生
「つながる。かさなる。」保育園(3回生)

949·寺岡 知輝 / 大阪大学·3回生
「大屋根でつなぐ—賑わいを再編する複合運動
施設—」地域の『広場』としての運動施設の提案
(3回生)

951·市川 令依奈 / 近畿大学·3回生
「菜来」まちづくりの核として福祉を考える(3回生)

953·大塚 朋治 / 九州大学·3回生
「そらが心をつなげる家—Telescope house/分離
と統合の集合住宅—」環境設計プロジェクトE(3回生)

954·宮田 大樹 / 京都大学·3回生
「石切の里小学校 地域の生活の記憶を追体験
する借景建築」School(3回生)

956·鶴 志人 / 茨城大学·3回生
「円錐」日立市十王図書館の建築設計(3回生)

957·江口 太郎 / 東京理科大学·3回生
「あちらこちら、自然色」風景をつくる小学校(2回生)

958·田中 隆登 / 大阪電気通信大学·2回生
「BBQが楽しめる集合住宅」水辺の集合住宅(2回生)

959·加藤 雄大 / 茨城大学·3回生
「Out Of Classroom」茨城大学教育学部附属
小学校の建築設計(3回生)

960·宮近 真 / 北九州市立大学·3回生
「『道』~フレキシブルな建築~」
黒崎メディアセンターの設計(3回生)

961·永田 拓渡 / 東京都立大学·3回生
「機能の再構成」名作から考える(3回生)

962·泉 貴広 / 神戸大学·3回生
「Sense of Gravity」
面構造によるニュー·ミュージアム空間(3回生)

963·山本 明里 / 名古屋市立大学·3回生
「雨集い」神領交流センター(3回生)

964·逢坂 友里 / 日本大学·2回生
「BEADS HOUSE」数学者の家(2回生)

965·青木 裕弥 / 京都大学·3回生
「一目惚れ」LEARNING/図書館(2回生)

966·川本 乃永 / 近畿大学·3回生
「余白と共感」集合住宅(3回生)

968·鳥居 春那 / 広島工業大学·3回生
「人を結ぶ街の花」地域に賑わいをもたらし街を
豊かにする大学複合施設(3回生)

969·吉野 千聖 / 早稲田大学·3回生
「光が集と個を巡らせる記念館」吉阪隆正記念館
—部分と全体の狭間にたたずむ平和への掛橋
(3回生)

970·鈴木 真衣 / 芝浦工業大学·3回生
「ひらいて、とじて。」地域の公共複合施設(3回生)

971·碓井 菜月 / 大阪芸術大学·3回生
「旋 めぐりめぐる」繋がりを生む家(2回生)

972·楠 恵理子 / 信州大学·3回生
「とちの木ひろばを囲んで—地域に愛される小
学校—」地域に求められる学びの場/
芹田小学校中校舎建替計画(3回生)

973·石野 涼大 / 日本大学·3回生
「未完成の可能性」シアタースペースの設計(3回生)

975·慶野 仁希 / 神戸芸術工科大学·3回生
「アンチ·カオスシティ」新しいメディアスペース
(3回生)

976·常 鴻程 / 京都精華大学·3回生
「歴史的な町並みの再生 紙屋川町図書館」
新しい図書館(3回生)

978·末吉 快 / 北九州市立大学·2回生
「バラス ナラベル ツツム」独立住宅設計(2回生)

979·藤岡 拓志 / 福山大学·2回生
「道で育てる 道を育てる」
松永駅周辺に建つ幼稚園(2回生)

980·斉藤 未紗 / 日本大学·3回生
「階段に繋がる小学校」
自分の通った小学校の再生(3回生)

981·中尾 知佳 / 近畿大学·3回生
「互いに見える」地域の居場所となる小学校(3回生)

983·田畑 壮志郎 / 京都精華大学·3回生
「竹の癒し空間」建築とエレメント(3回生)

984·領家 明代 / 成安造形大学·3回生
「響命の森」こどもと高齢者のための空間(3回生)

986·土 健太 / 北九州市立大学·3回生
「五感の広がるメディアセンター」
メディアセンター(3回生)

987·月川 剛志 / 島根大学·2回生
「WA—Cafe」店舗併用住宅(2回生)

988·塩田 紫乃 / 関西学院大学·3回生
「絢い交じる場」
関学発祥の地に建つメディアセンター(3回生)

989·鈴木 創大 / 芝浦工業大学·3回生
「変遷を辿る~移ろう空間~」まちに集い暮らす
もう一人の私の住まい(3回生)

991·川村 宗生 / 京都大学·3回生
「領域にたゆたう」現代のヴンダーカンマー
京都大学総合博物館建て替え計画(3回生)

992·栗山 陸 / 日本大学·3回生
「Pillar density」シアタースペースの設計(3回生)

993·波潟 洸希 / 東京都市大学·3回生
「都市の起点、大学の基点—スタジオを中心とした
Core Campus—」都市大キャンパス(3回生)

995·久保田 知里 / 芝浦工業大学·3回生
「Node 学生と地域住民がお互いを感じる
スチューデントセンター」スチューデントセンター
計画(3回生)

996·安井 涼 / 京都工芸繊維大学·3回生
「寄り道するキッカケ」歴史と建築(3回生)

997·小林 陸人 / 京都大学·3回生
「音の道空間」未来の自由な学びの場
—小学校を発酵させる(3回生)

998·川原 颯介 / 早稲田大学·3回生
「まなびらき」早稲田のまちのキャンパス·
プロポーザル(2回生)

999·六田 和宏 / 第一工科大学·3回生
「DualityM」KAGOSHIMA | Urban Office
(3回生)

1000·竹内 涼人 / 神戸大学·3回生
「Ground museum—イサム·ノグチ—」
面構造によるニュー·ミュージアム空間(3回生)

1001·藤井 琉乃 / 京都工芸繊維大学·3回生
「風景に生きること—風景がフラクタルする高齢
者介護施設—」公園内に建つ地域交流機能を
有した都市型高齢者介護施設(3回生)

1002·丸山 翔悠 / 京都工芸繊維大学·2回生
「自然な交流を」北山通りの集合住宅(2回生)

1004·望月 捺未 / 東京都市大学·3回生
「渋谷の渦に乗れ」都市大キャンパス(3回生)

1005·繁平 亜由果 / 名古屋造形大学·3回生
「『まち』と『セカイ』を繋ぐアートスペース」
まちづくりする美術館(2回生)

1006·瀬尾 真美 / 鹿児島大学·2回生
「過去と未来」オフィスビル(2回生)

1007·北埜 真至 / 関西学院大学·3回生
「みちしるべ」風の彫刻家のための美術館(3回生)

1008·黎 偉東 / 東洋大学·3回生
「~憩いの広場~」
川越の新しい文化と賑わいの拠点(3回生)

1010·鳥居 そよ香 / 近畿大学·3回生
「波息(はく)」美術館(3回生)

1011·村田 龍星 / 広島工業大学·3回生
「彷徨う光」地域に賑わいをもたらし街を豊かに
する大学施設(3回生)

1013·安井 太一 / 広島工業大学·2回生
「五日市のオフィスビル」街を元気にするコミュニ
ティ·カフェのあるクリエーターのためのオフィス
ビル(2回生)

1014·中西 巧 / 近畿大学·2回生
「気配を感じる家族の場」
社会的活動の場を内包する<住宅>(2回生)

1015·三田 誠也 / 岡山理科大学·3回生
「壁でつながる」中心市街地の歴史·文化を表出
するオフィスビル(3回生)

1016·江口 琉 / 明治大学·3回生
「聳え、控え、受ける。~緑が縫う小径を抜けて~」
生田ラーニング·スクエア—学びの現在形—
(3回生)

1017·森 華菜 / 摂南大学·3回生
「愛され小学校」小学校の再構築(3回生)

1018·泉 晴大 / 近畿大学·3回生
「屏風絵、幾重」美術館(3回生)

1020·須藤 由唯 / 鹿児島大学·2回生
「緑と地域の共存」オフィスビル設計(2回生)

1021·棚橋 美槻 / 神奈川大学·3回生
「水と学ぶ小学校」地域に開かれた小学校
—学校×公園+α(3回生)

1022·國分 彩加 / 芝浦工業大学·2回生
「止まらない道」リムジンバス·ステーション(2回生)

1025·清家 沙耶 / 京都精華大学·3回生
「きみのとしょかん
—新しい何かと出会う場所—」新しい図書館
(3回生)

1026·近藤 怜於 / 横浜国立大学·3回生
「HANGOUTED STAGE」
新しい集合住宅(3回生)

1027·真鍋 紗綺 / 九州工業大学·3回生
「でこぼこであう」ソーシャルサードプレイスとし
ての市民センター(3回生)

1033·亀谷 理久 / 武蔵野大学·3回生
「ヤドカリハウス—借りる×暮らす×つくる—」
個人と社会の接点としての住まい(3回生)

1034·下川 楓翔 / 福岡大学·2回生
「つどい~通り庭にて~」
戸建住宅~海辺に建つ家~(2回生)

1035·石塚 侑輝 / 東京都市大学·3回生
「ミチクサキャンパス」都市大キャンパス(3回生)

1036·谷 麻希 / 岡山県立大学·3回生
「まちといし美術館—歴史の狭間に開くまち—」
—『美術館』—境界を設計する(3回生)

1038·杉山 夏花 / 近畿大学·3回生
「非日常を。」美術館(3回生)

1039·河村 南 / 岡山県立大学·3回生
「箱×光」ハコ美術館(3回生)

1040·星 雄太 / 芝浦工業大学·3回生
「街と、街へと赴く参道」瞑想空間を持つ複合
施設 癒しの対象領域の理解と瞑想のための
空間技法(3回生)

1041·伊藤 快青 / 前橋工科大学·3回生
「こどもを見守る集合住宅」『ポストコロナ』の
前橋中心市街地に建つ集合住宅(3回生)

1042·大柳 諒 / 滋賀県立大学·3回生
「公園と過ごす」滞在のリデザイン(3回生)

1043·木ノ下 翔太 / 摂南大学·3回生
「SCH∞L」学校の再構築(3回生)

1044·松尾 侑希乃 / 京都大学·3回生
「つぎはいでゆく、」現代のヴンターカンマー(3回生)

1045·渡邊 翔大 / 法政大学·3回生
「にじみ出て、つなぎとめる」
緑の中のメモリアル·アーカイブズ(2回生)

1050·有田 大晟 / 第一工科大学·3回生
「未来への礎」KAGOSHIMA | Urban Office
(3回生)

1051·末吉 玲 / 第一工科大学·3回生
「つとめ残る 名山町に立つオフィスビル」
KAGOSHIMA | Urban Office(3回生)

1052·板倉 爽葵 / 京都精華大学·3回生
「記憶の影」未来の学校(3回生)

1053·岸田 陽香 / 京都府立大学·3回生
「入り組む小学校」2040年、あなたの子どもの
ための小学校(3回生)

1054·糸久 政喜 / 芝浦工業大学·2回生
「ひねり、重ねる」外から内、内から外—趣味を
実現する6m×6m×6mの家—(2回生)

1056·下野 明佳里 / 青山製図専門学校·2回生
「杜を編む」オープンスペースと商業施設のある
集合住宅(2回生)

1057·岡本 有沙 / 岡山県立大学·3回生
「面で広がる美術館」『美術館』境界を設計する
(3回生)

1058·平野 日湖 / 安田女子大学·3回生
「青い芝の共有」集合住宅(3回生)

1060·今井 洋 / 京都大学·2回生
「木漏れ日」Pavillion(2回生)

1062·小森 達彦 / 東京理科大学·3回生
「公園のような美術館」市ヶ谷外堀美術館(3回生)

1064·松永 賢太 / 法政大学·3回生
「繙く、反芻する—修辞法を用いた空間化の提
案—」What is the Library?(3回生)

1070·加藤 幹基 / 日本大学·3回生
「キャンパスを内側に」サテライトキャンパス(2回生)

1071·芝﨑 琉 / 神戸大学·2回生
「間を透る」POST—COVID—19のワーク·
スペース(2回生)

1073·江口 大輔 / 芝浦工業大学·3回生
「対話する境界 東西のコミュニケーションを誘う
境界としての美術館」アートと共鳴する美術館
(2回生)

1074·廣田 華 / 大和大学·3回生
「枠をこえて繋がる」
地域交流棟のある認定こども園(3回生)

1076·櫻井 友紀子 / 早稲田大学·3回生
「静かな学生街」地域のポテンシャルをつなぐ
Waseda Activator Hub
—Activate Waseda—(2回生)

1078·高見 弦希 / 大阪産業大学·3回生
「Switch mind with Blank」クリエイティビ
ティを誘発するOFFICE—ARCHITECTURE
の設計(3回生)

1079·仲村渠 琉久 / 大阪産業大学·3回生
「office with voids」クリエイティビティを誘発するOFFICE—ARCHITECTUREの設計（3回生）

1080·佃 彩名 / 東京電機大学·3回生
「創る自然、創る居場所」
『未来の小学校』を設計する（3回生）

1082·田中 碧乃 / 近畿大学·2回生
「Into the cave」
社会的活動の場を内包する〈住宅〉（2回生）

1084·横尾 亮人 / 大同大学·3回生
「Pillar Space」光と風の建築—小学校（3回生）

1087·鈴村 希悠 / 東京都市大学·3回生
「地形に残る名のない歴史、その上の学び舎」
都市大キャンパス（3回生）

1088·丁子 紘亘 / 神戸大学·3回生
「ズレから生まれる音楽ミュージアム」
面構造によるニュー・ミュージアム空間（3回生）

1089·山田 拓弥 / 明治大学·3回生
「マチを通してまちを見る」集住の現在形
—明治大学国際混住学生寮（3回生）

1091·佐々木 伶 / 名古屋市立大学·3回生
「中庭を囲う交流センター —視線の軸と活動の輪—」神領交流センター（3回生）

1092·奥中 涼太 / 関西学院大学·3回生
「まちに在る月」
関学発祥の地に建つメディアセンター（3回生）

1093·天野 竜太朗 / 名城大学·3回生
「歯車」小学校（3回生）

1094·長石 巧三 / 青山製図専門学校·2回生
「海を魅せる軒先」外と内·多様な関係性を生み出す傾斜地に立つ住宅（2回生）

1096·北原 航太 / 前橋工科大学·2回生
「側に離れ」母屋と離れ（2回生）

1098·小川 幹太 / 千葉工業大学·3回生
「シンボルツリーから派生する自然。ひと、まち。」上野公園に立つ現代美術館（3回生）

1099·藤原 優香 / 岡山県立大学·3回生
「留まりとテキスタイル」
—「美術館」—境界を設計する（3回生）

1100·中村 静香 / 京都府立大学·2回生
「川と角度と人の行動」
鴨川沿いのアトリエ（2回生）

1101·成田 駿 / 法政大学·3回生
「遭遇の森」ライブラリー（3回生）

1103·桑原 千優 / 日本福祉大学·2回生
「中庭を囲む家」建築設計演習1（2回生）

1104·石井 菜子 / 東京都市大学·3回生
「町をグラデーションする」『シンジュク·ラーニング·コモンズ』—新宿区立中央図書館分館計画—（3回生）

1105·勝見 さくら / 名古屋工業大学·3回生
「土地再興のアルカディア」既存の都市と建築に立地する水辺のアルカディア（3回生）

1106·岡本 健汰 / 名古屋工業大学·3回生
「小鳥の居処 居つき巣立つ子供たちのためのライブラリー·カフェ」
ライブラリー·カフェ＠吹上小学校前（3回生）

1107·北里 萌音 / 東京大学·3回生
「3つの夢に浸る劇場」神楽坂シアター（3回生）

1108·鈴木 彩良 / 大同大学·2回生
「つながり」一宮の家（2回生）

1109·藤代 涼太 / 中央工学校OSAKA·2回生
「記録の巣」共同の住まい（2回生）

1110·岡本 歩睦 / 大同大学·3回生
「縁故の間でわかつ」「街 TO／GA／NI／DE／WO 学ぶ 学校 002」—光と風の建築—（3回生）

1112·友安 恵吾 / 慶應義塾大学·3回生
「五重塔の家」戸建て住宅の設計（2回生）

1113·幸長 理沙 / 近畿大学·2回生
「EXERCISE.～健康寿命を延ばす住まい～」
社会的活動の場を内包する〈住宅〉（2回生）

1114·前川 愛結 / 神奈川大学·3回生
「ちいきにひそむこどもの世界」地域に開かれた小学校—学校×公園＋α施設（3回生）

1117·河合 巧太郎 / 滋賀県立大学·3回生
「モリを構築する」まちの図書館（3回生）

1118·中野 平 / 京都精華大学·3回生
「森の保育園」まちの保育園（2回生）

1119·西田 安々子 / 神戸芸術工科大学·3回生
「めぐり溢れる皆んなの居場所」新しいメディアスペース～これからの公共空間を考える～（3回生）

1120·秋山 佳乃子 / 神戸芸術工科大学·3回生
「交わりの居場所」新しいメディアスペース～これからの公共空間を考える～（3回生）

1123·胸永 拓馬 / 立命館大学·3回生
「軒下から生まれる交流」既存複合施設—多世代交流を促進する空間の創造—（3回生）

1125·李 姸娴 / 京都精華大学·3回生
「テリトリー」まちの保育園（2回生）

1127·千脇 遼香 / 工学院大学·3回生
「声が聞こえる」工学院大学八王子国際留学生寮（2回生）

1128·稲葉 侑太郎 / 九州工業大学·3回生
「促進するハケイ」ソーシャルサードプレイスとしての市民センター（3回生）

1129·中島 崇晃 / 日本大学·3回生
「街の覗き穴～路地から覗く集合住宅～」
街に開く集住体—神楽坂の集合住宅（3回生）

1130·荒川 詩音 / 大同大学·3回生
「蜂と築く」光と風の建築～快適な外部空間をもつオフィスビル～（3回生）

1131·中原 稜将 / 京都工芸繊維大学·3回生
「Seamair」歴史と建築（3回生）

1134·佐藤 杏香 / 名古屋工業大学·3回生
「最高するアルカディア」既存の都市と建築に立地する水辺のアルカディア（3回生）

1135·田中 蒼大 / 大阪芸術大学·2回生
「氷河を聴く」環境と向き合う家（2回生）

1136·山田 隼輔 / 名古屋造形大学·3回生
「KOKAGE STATION」
森と大工のまちのまなび舎（3回生）

1137·矢島 琴乃 / 日本大学·3回生
「neighborhood—それぞれの界隈性～」
代官山コンプレックス（3回生）

1138·竹内 もも香 / 大同大学·3回生
「場を紡ぐ」光と風の建築—小学校—（3回生）

1139·近藤 匠海 / 近畿大学·3回生
「浮かびゆづる棲家」集合住宅（3回生）

1140·髙松 えみり / 日本大学·3回生
「住まい継げ 住み変わる....」
代官山コンプレックス（3回生）

1141·平井 琳人郎 / 早稲田大学·3回生
「大地からの解放」吉阪隆正記念館—部分と全体の狭間にたたずむ平和への掛橋（3回生）

1142·祢酒 李基 / 大阪工業大学·3回生
「庁舎×公園 通り道と屋上テラスによる市民交流の形成」庁舎（3回生）

1143·小西 一颯 / 摂南大学·3回生
「花びら屋根の小学校」学校の再構築（3回生）

都道府県別審査対象者数

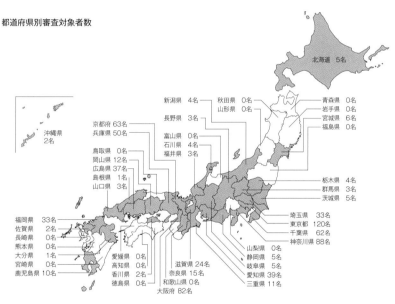

北海道 5名
新潟県 4名／秋田県 0名／山形県 0名／青森県 0名／岩手県 0名／宮城県 6名／福島県 0名
長野県 3名
京都府 63名／兵庫県 50名／富山県 0名／石川県 4名／福井県 3名
鳥取県 0名／岡山県 12名／広島県 37名／島根県 1名／山口県 3名
栃木県 4名／群馬県 3名／茨城県 5名
沖縄県 2名
福岡県 33名／佐賀県 2名／長崎県 0名／熊本県 0名／大分県 1名／宮崎県 0名／鹿児島県 10名
愛媛県 0名／高知県 0名／香川県 2名／徳島県 0名
滋賀県 24名／奈良県 15名／和歌山県 0名／大阪府 82名
埼玉県 33名／東京都 120名／千葉県 62名／神奈川県 88名
山梨県 0名／静岡県 5名／岐阜県 5名／愛知県 39名／三重県 11名

学校別審査対象者数

学校名	人数	学校名	人数	学校名	人数	学校名	人数
日本大学	66	千葉工業大学	8	第一工科大学	4	東京都立大学	2
近畿大学	52	名古屋大学	8	日本女子大学	4	日本福祉大学	2
法政大学	38	明治大学	8	福岡大学	4	福山大学	2
京都大学	31	関西大学	7	北海道大学	4	琉球大学	2
早稲田大学	27	九州大学	7	愛知県立大学	4	愛知学院大学	1
芝浦工業大学	26	神戸芸術工科大学	7	大阪大学	3	明石工業高等専門学校	1
大阪電気通信大学	23	奈良女子大学	7	岡山理科大学	3	秋田公立美術大学	1
立命館大学	20	武庫川女子大学	7	九州産業大学	3	京都橘大学	1
京都工芸繊維大学	18	名城大学	7	京都府立大学	3	共立女子大学	1
横浜国立大学	16	大阪産業大学	6	佐賀大学	3	国士舘大学	1
大同大学	14	鹿児島大学	6	椙山女学園大学	3	静岡文化芸術大学	1
東京電機大学	14	神奈川大学	6	多摩美術大学	3	静岡理工科大学	1
東京都市大学	14	東海大学	6	東京大学	3	島根大学	1
青山製図専門学校	13	名古屋造形大学	6	東洋大学	3	仙台高等専門学校	1
北九州市立大学	13	成安造形大学	6	東京造形大学	3	中央工学校	1
京都精華大学	13	西日本工業大学	6	新潟工科大学	3	中央工学校OSAKA	1
関西学院大学	12	安田女子大学	6	福井大学	3	東京藝術大学	1
関東学院大学	12	大和大学	6	福井工業大学	3	東北工業大学	1
神戸電子専門学校	12	名古屋市立大学	5	三重大学	3	東京工芸大学	1
大阪工業大学	11	日本工学院八王子専門学校	5	宮城大学	3	長岡造形大学	1
工学院大学	11	武蔵野大学	5	文化学園大学	3	文化学園大学	1
東京理科大学	11	愛知工業大学	4	愛知淑徳大学	2	北海道科学大学	1
神戸大学	10	茨城大学	4	宇都宮大学	2	明星大学	1
滋賀県立大学	10	大阪公立大学	4	香川大学	2	山口大学	1
名古屋工業大学	10	金沢工業大学	4	京都美術工芸大学	2	早稲田大学芸術学校	1
広島工業大学	9	九州工業大学	4	京都美術工芸大学	2		
岡山県立大学	8	信州大学	4	千葉大学	2		
慶應義塾大学	8	摂南大学	4	東京工業大学	2		

2022年度 運営組織について

関西の建築系大学の学生による任意組織

建築新人戦実行委員会（学生）

■「建築新人戦」の運営

実行委員長、副実行委員長、
実行委員5〜10名程度により構成

建築新人戦実行委員会（教員）

■「建築新人戦」の審査・運営　■学生実行委員への協力

建築関係の資格スクール「総合資格学院」を運営

総合資格学院

■「建築新人戦」の告知　　■学生実行委員への協力
■ 運営資金の提供

▼

ゲスト審査委員

▼

建築新人戦の開催

▼

『建築新人戦オフィシャルブック』の出版（株式会社 総合資格）

委員長
光嶋 裕介（神戸大学特命准教授 / 光嶋裕介建築設計事務所）

副委員長
山口 陽登（大阪公立大学講師 / YAP）

幹事委員
芦澤 竜一（滋賀県立大学教授 / 芦澤竜一建築設計事務所）
倉方 俊輔（大阪公立大学教授）
小林 恵吾（早稲田大学准教授 / NoRA）
榊原 節子（榊原節子建築研究所）
白須 寛規（摂南大学講師 / design SU）
福原 和則（大阪工業大学教授）
堀口 徹 （近畿大学建築学部准教授）
前田 茂樹（GEO-GRAPHIC DESIGN LAB.）

事務局長
末吉 一博（総合資格学院）

事務局員
川島 夕奈（総合資格学院）

「001」は学芸出版社より発行

建築新人戦2022
実行委員会（学生）

代　　表　白金 耕汰（立命館大学）
副代表　　井上 ユカリ（武庫川女子大学）
会　　計　国本 莉央（大阪工業大学）
総務代表　上野 祐花（近畿大学）
総　　務　北村 幸輝（立命館大学）
　　　　　小畑 智皓（立命館大学）
　　　　　児玉 さくら（武庫川女子大学）
執行部補佐　西浦 咲季（神戸大学）
　　　　　田中 柚衣（摂南大学）
　　　　　加藤 吏佳子（武庫川女子大学）
　　　　　向出 祥馬（大阪工業大学）

映像班
班　　長　下川 桜子（武庫川女子大学）
副班長　　尹 一茜（京都大学）
班　　員　小川 泰地（京都大学）
　　　　　羽岡 美紀（京都大学）
　　　　　本田 光花莉（武庫川女子大学）
　　　　　池永 結（武庫川女子大学）
　　　　　平岡 拓真（京都大学）
　　　　　小林 大輝（摂南大学）
　　　　　吉村 尚生（摂南大学）
　　　　　藤原 啓義（摂南大学）
　　　　　國澤 晃一（摂南大学）

広報班
班　　長　新土居 桃花（立命館大学）
副班長　　西井 鞠奈（近畿大学）
　　　　　衣川 心葉（摂南大学）
班　　員　小倉 末咲（近畿大学）
　　　　　津曲 慶人（神戸大学）
　　　　　井蓋 拓斗（神戸大学）
　　　　　藤森 うらら（武庫川女子大学）
　　　　　田中 亜梨沙（武庫川女子大学）
　　　　　小川 結香（武庫川女子大学）
　　　　　松本 百花（武庫川女子大学）
　　　　　山﨑 稜太（神戸大学）
　　　　　石川 瑞己（神戸大学）
　　　　　松浦 栞奈（摂南大学）
　　　　　牛田 響子（武庫川女子大学）
　　　　　森 日南多（立命館大学）
　　　　　古賀 大督（立命館大学）

書籍班
班　　長　按田 悠（立命館大学）
副班長　　山本 拓二（大阪工業大学）
　　　　　黒田 菜月（武庫川女子大学）
班　　員　奥 瑞貴（武庫川女子大学）
　　　　　石田 光乃（武庫川女子大学）
　　　　　木下 裕介（立命館大学）
　　　　　山口 瀬南（武庫川女子大学）
　　　　　丁子 紘亘（神戸大学）
　　　　　直山 太陽（大阪工業大学）
　　　　　金子 軒常（大阪工業大学）
　　　　　松尾 玲美（近畿大学）
　　　　　平櫛 杏月（摂南大学）

審査班
班　　長　近藤 佳乃（大阪工業大学）
副班長　　菅原 慎司（神戸大学）
班　　員　桂 良輔（大和大学）
　　　　　髙島 佳乃子（武庫川女子大学）
　　　　　大久保 杏美（立命館大学）
　　　　　大本 和尚（立命館大学）
　　　　　前田 佳穂里（武庫川女子大学）
　　　　　向 千里（摂南大学）
　　　　　片山 美紘（摂南大学）
　　　　　呉 佳枝（大阪工業大学）
　　　　　栗波 和奏（大阪工業大学）
　　　　　伴 有紗（近畿大学）
　　　　　藤巻 孔貴（立命館大学）
　　　　　粟田 真央（立命館大学）
　　　　　坪井 孝樹（摂南大学）
　　　　　後藤 佑太（摂南大学）
　　　　　松本 美空（摂南大学）

会場班
班　　長　大島 櫻子（大阪工業大学）
副班長　　中辻 優貴（畿央大学）
　　　　　筒井 彩斗（京都橘大学）
　　　　　田谷 凌輔（立命館大学）
班　　員　芝﨑 琉（神戸大学）
　　　　　北岡 智也（神戸大学）
　　　　　小早川 瑛子（奈良女子大学）
　　　　　西口 千尋（摂南大学）
　　　　　大西 和尚（摂南大学）
　　　　　森田 梨紗（武庫川女子大学）
　　　　　前橋 彩歌（武庫川女子大学）
　　　　　高橋 菜摘（武庫川女子大学）
　　　　　佐竹 あずさ（武庫川女子大学）
　　　　　日下 祐見（武庫川女子大学）
　　　　　北山 琴葉（京都女子大学）
　　　　　左近 理江（京都女子大学）
　　　　　小池 駿輝（京都大学）
　　　　　冨永 悠生（近畿大学）
　　　　　櫻井 征弥（近畿大学）
　　　　　鈴木 志乃（近畿大学）
　　　　　小林 優菜（神戸大学）
　　　　　山口 千晶（神戸大学）
　　　　　水戸 杏香（神戸大学）
　　　　　長澤 岳（神戸大学）
　　　　　永田 美羽（摂南大学）
　　　　　谷川 裕亮（摂南大学）
　　　　　橘 香奈（摂南大学）
　　　　　石井 愛実（武庫川女子大学）
　　　　　白川 珠姫（武庫川女子大学）
　　　　　竹内 茉耶（武庫川女子大学）
　　　　　崎野 由加里（近畿大学）
　　　　　木元 瑛（近畿大学）
　　　　　鈴木 沙菜子（武庫川女子大学）
　　　　　岡村 宗颯（京都橘大学）
　　　　　長谷川 晶穂（神戸大学）
　　　　　朝井 陸渡（神戸大学）
　　　　　玉木 智恵（京都建築大学校）
　　　　　岸本 ほのか（武庫川女子大学）
　　　　　鬼丸 凌雅（近畿大学）
　　　　　岩橋 知世（武庫川女子大学）
　　　　　木戸 紗蘭（京都橘大学）
　　　　　山下 泰生（大阪工業大学）
　　　　　原 日南子（大阪公立大学）
　　　　　登 大地（大阪成蹊大学）
　　　　　児玉 武士（摂南大学）
　　　　　上野 真心（摂南大学）
　　　　　樽井 智哉（摂南大学）
　　　　　小村 優太（摂南大学）
　　　　　浦崎 結（摂南大学）
　　　　　兵頭 陸哉（摂南大学）
　　　　　大嶋 彩子（京都橘大学）
　　　　　石原 稜太（摂南大学）

舞台班
班　　長　九冨 沙耶乃（大阪工業大学）
副班長　　西田 匡慧（京都橘大学）
　　　　　西尾 美希（武庫川女子大学）
　　　　　原田 桃果（武庫川女子大学）
班　　員　野田 侑里（京都大学）
　　　　　閑念 真優（京都大学）
　　　　　佐藤 希美（大阪工業大学）
　　　　　前田 千颯（大阪工業大学）
　　　　　亀田 岬（武庫川女子大学）
　　　　　木下 菜津葉（武庫川女子大学）
　　　　　舛添 咲楽（立命館大学）
　　　　　宮原 睦生（立命館大学）
　　　　　浦川 素良（大阪工業大学）
　　　　　宇出 春音（京都大学）
　　　　　清間 美咲（近畿大学）
　　　　　中村 亜美（近畿大学）
　　　　　松下 弘晟（摂南大学）
　　　　　西野 皓貴（近畿大学）
　　　　　柳澤 円果（近畿大学）
　　　　　槌谷 冬花（立命館大学）
　　　　　永野 智也（立命館大学）
　　　　　松原 千青（近畿大学）
　　　　　大道 菜々花（近畿大学）
　　　　　金谷 百音（神戸大学）
　　　　　猪谷 璃子（神戸大学）
　　　　　松田 華凜（大阪工業大学）
　　　　　辻 恭也（大阪工業大学）
　　　　　北谷 心海（大阪工業大学）
　　　　　藤野 優女（武庫川女子大学）
　　　　　榎本 裕真（武庫川女子大学）
　　　　　松村 采音（立命館大学）
　　　　　中川 颯眼（京都建築大学校）
　　　　　秋吉 晃弥（近畿大学）
　　　　　土師 友里香（京都工芸繊維大学）
　　　　　田原 成一郎（摂南大学）
　　　　　原 そよ風（摂南大学）
　　　　　小西 秋仁（摂南大学）
　　　　　西村 凜（摂南大学）
　　　　　山下 琴音（摂南大学）
　　　　　土井 萌愛（摂南大学）
　　　　　福田 梨咲（摂南大学）

制作班
班　　長　當舍 玲奈（大阪工業大学）
副班長　　古川 花菜（武庫川女子大学）
　　　　　木下 菜津葉（武庫川女子大学）
　　　　　坂西 晃輔（摂南大学）
班　　員　石飛 悠人（滋賀県立大学）
　　　　　中野 有理（武庫川女子大学）
　　　　　向井 彩七（武庫川女子大学）
　　　　　西村 伊織（武庫川女子大学）
　　　　　谷口 芙佳（武庫川女子大学）
　　　　　村上 怜（神戸大学）
　　　　　藤本 悠花（京都工芸繊維大学）
　　　　　小山 葵（摂南大学）
　　　　　佐藤 帆純（摂南大学）

主催

特別協賛

ARCHITECTS STUDIO JAPAN

協賛

A&A

総合防水材料メーカー
日新工業株式会社

潤いある未来へ
株式会社 日水コン

村本建設株式会社

メルディア DC
Meldia Development & Construction

真実一路 **株式会社 吉住工務店**

株式
会社 **類設計室**

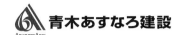

IAO竹田設計

青木あすなろ建設
AsunaroAoki

計画・設計
ria
RESEARCH INSTITUTE OF ARCHITECTURE
株式会社アール・アイ・エー

株式会社 池下設計

MAKE BEYOND つくるを拓く
大 林 組

100年をつくる会社
鹿島

岐 建 株式会社

建通新聞

株式会社
AXS 佐藤総合計画

SHIMIZU CORPORATION
清水建設

STARRTS
スターツCAM株式会社

TAISEI
大成建設
For a Lively World

株式会社
大建設計

「大」きな安心「末」ながく
DAISUE 大末建設

人と地球の未来のために。
大豊建設
DAIHO CORPORATION

想いをかたちに 未来へつなぐ
TAKENAKA

私たちの今が、社会の未来を創る
東亜建設工業
TOA CORPORATION

東畑建築事務所
TOHATA ARCHITECTS & ENGINEERS, INC.

真柄建設

安井建築設計事務所

協力

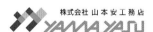

株式会社 山本安工務店
YAMAYASU

NEX NIPPON EXPRESS

後援

AIJ
一般社団法人 日本建築学会

JIA
公益社団法人 日本建築家協会

公益社団法人 日本建築士会連合会

一般社団法人
日本建築士事務所協会連合会

建築新人戦のあゆみ

建築新人戦2009

日時：2009年10月10日(土)

会場：京都工芸繊維大学伝統工芸資料館、講義室

審査委員：**竹山　聖**　（委員長/京都大学 准教授）

遠藤　秀平　（神戸大学 教授）

陶器　浩一　（滋賀県立大学 教授）

長坂　大　（京都工芸繊維大学 教授）

審査作品数：171作品　応募登録者数：177人

来場者数：約250人(公開審査会)

主　催：日本建築学会アーキニアリング・デザイン展IN京都 実行委員会

委員長 松隈洋(京都工芸繊維大学 教授)

建築新人戦実行委員会

実行委員長 竹山聖(京都大学 准教授)

最優秀新人賞：『触＋こども＋アート』 植松千明(信州大学3回生)

建築新人戦2010

日時：2010年10月1日(金)～3日(日)〔公開審査会：2日(土)〕

会場：梅田スカイビル

審査委員：**竹山　聖**　（委員長/京都大学 准教授）

大西　麻貴　（東京大学 博士課程）

中村　勇大　（京都造形芸術大学 教授）

藤本　壮介　（藤本壮介建築設計事務所）

宮本　佳明　（大阪市立大学 教授）

李　暎一　（宝塚大学 教授）

コメンテーター：五十嵐太郎（東北大学教授）

松田達（松田達建築設計事務所）

審査作品数：454作品　応募登録者数：730人

来場者数：約1,000人

主　催：建築新人戦実行委員会

実行委員長 遠藤秀平(神戸大学 教授)

学生代表 植村洋美(武庫川女子大学3回生)

建築新人戦2011

日時：2011年10月7日(金)～9日(日)〔公開審査会：8日(土)〕

会場：梅田スカイビル

審査委員：**宮本　佳明**　（委員長/大阪市立大学 教授）

谷尻　誠　（Suppose design office）

千葉　学　（東京大学 准教授）

槻橋　修　（神戸大学 准教授）

永山　祐子　（永山祐子建築設計）

コメンテーター：倉方俊輔（大阪市立大学 准教授）

松田達（東京大学 助教）

審査作品数：533作品

応募登録者数：1,013人

来場者数：約1,300人

主　催：建築新人戦実行委員会

実行委員長 中村勇大(京都造形芸術大学 教授)

学生代表 石井優香(大阪市立大学3回生)

建築新人戦2012

日時：2012年10月5日(金)～7日(日)〔公開審査会：6日(土)〕

会場：梅田スカイビル

審査委員：**遠藤　秀平**　（委員長/神戸大学 教授）

五十嵐　太郎　（東北大学 教授）

キドサキナギサ　（神戸大学 客員教授）

手塚　貴晴　（東京都市大学 教授）

長坂　大　（京都工芸繊維大学 教授）

コメンテーター：倉方俊輔（大阪市立大学 准教授）

審査作品数：570作品

応募登録者数：1,008名

来場者数：約1,200人

主　催：建築新人戦実行委員会

実行委員長 中村勇大(京都造形芸術大学 教授)

学生代表 小池真貴(神戸大学3回生)

最優秀新人賞
『ある時間、ある風景』 田代晶子(早稲田大学3回生)

第1回アジア建築新人戦

日時(公開審査会)：2012年11月3日(土)

会場：大宇ブルジオバレー(ソウル市江南区大峙洞968-3)

審査委員：**鄭振国**　（漢陽大学校 教授）

千宜令　（京畿大学校 教授）

竹山　聖　（京都大学 准教授）

遠藤　秀平　（神戸大学 教授）

孔宇航　（天津大学 教授）

王輝　（中国建築学会建築家支会理事）

ホーディンチュー（ホーチミン市建築大学 教授）

出展作品数：17作品(韓国5作品、日本5作品、中国5作品、ベトナム2作品)

受賞：最優秀新人賞1作品、優秀新人賞4作品

主催：アジア建築新人戦実行委員会〔実行委員長／李暎一(宝塚大学 教授)〕

（社)韓国建築設計教授会[韓国]、建築新人戦実行委員会[日本]

UED都市環境設計[中国]

アジア最優秀新人賞
『詩的世界 田村隆一をたどる』 中川寛之(神戸大学3回生)

建築新人戦2013

日時：2013年10月4日（金）～6日（日）〔公開審査会：5日（土）〕
会場：梅田スカイビル
審査委員：竹山　聖　　（委員長/京都大学 准教授）
　　　　　五十嵐　淳　（五十嵐淳建築設計事務所）
　　　　　末廣　香織　（九州大学 准教授）
　　　　　陶器　浩一　（滋賀県立大学 教授）
　　　　　西沢　立衛　（横浜国立大学 教授）
　　　　　前田　茂樹　（大阪工業大学 専任講師）

コメンテーター：倉方俊輔（大阪市立大学 准教授）
審査作品数：614作品　応募登録者数：1,104名
来場者数：約1,200人
主　　催：建築新人戦実行委員会
　　　　　実行委員長 中村勇大（京都造形芸術大学 教授）
　　　　　学生代表 岡ひかる（近畿大学3回生）

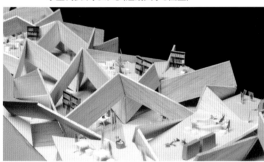

最優秀新人賞
『木陰のさんぽみち 街のみんなのコミュニティ・スクール』
若月優希（東海大学3回生）

第2回アジア建築新人戦

日時：2013年10月5日（土）～6日（日）〔公開審査会：6日（日）〕
会場：ASJ UMEDA CELL（日本・大阪）
審査委員：
委員長　李　暎一
[日本]　遠藤　秀平　（神戸大学 教授）
　　　　團　紀彦　　（神戸大学 客員教授）
　　　　松本　明　　（近畿大学 教授）
[韓国]　鄭振国　　　（漢陽大学）
　　　　具英敏　　　（仁荷大学）
　　　　白鑓　　　　（ソウル大学）
[中国]　仲徳昆　　　（東南大学）
　　　　張頎　　　　（天津大学）
　　　　孫一民　　　（華南理工大学）
[ベトナム]LE THANH SON（ホーチミン市建築大学）
　　　　HO DINH CHIEU（ホーチミン市建築大学）
[インド]　YASHWANT PITKAR（ムンバイ大学）

出展作品数：23作品（日本5、カンボジア1、中国5、インド2、インドネシア1、
　　　　マレーシア1、ミャンマー1、韓国4、タイ1、ベトナム2）

主催：アジア建築新人戦実行委員会
　　　実行委員長 李暎一
　　　学生代表 李清揚（神戸大学3回生）

アジア最優秀新人賞
『雪舟 光の境』 崔秋韵（神戸大学3回生）

建築新人戦2014

日時：2014年10月4日（金）～6日（日）〔公開審査会：5日（土）〕
会場：梅田スカイビル
審査委員：團　紀彦　　（委員長/神戸大学 客員教授）
　　　　　倉方　俊輔　（大阪市立大学 准教授）
　　　　　竹口　健太郎（大阪産業大学 特任教授）
　　　　　平田　晃久　（平田晃久建築設計事務所）
　　　　　松岡　恭子　（スピングラス・アーキテクツ）
　　　　　吉村　靖孝　（明治大学 特任教授）

コメンテーター：槻橋修（神戸大学 准教授）
　　　　　　　　宗本晋作（立命館大学 准教授）
審査作品数：507作品　応募登録者数：914名
来場者数：約1,268人
主　　催：建築新人戦実行委員会
　　　　　実行委員長 中村勇大（京都造形芸術大学 教授）
　　　　　学生代表 池田みさき

最優秀新人賞
『青葉の笛と塔の家』
鈴江佑弥（大阪工業大学3回生）

第3回アジア建築新人戦

日時：2014年10月25日（日）
会場：大連理工大学（中国・大連）
審査委員：
委員長　李　暎一
[日本]　遠藤　秀平　（神戸大学）
　　　　長坂　大　　（京都工芸繊維大学）
[中国]　王建国　　　（東南大学）
　　　　范悦　　　　（大連理工大学）
　　　　李文海　　　（大連都市発展設計会社）
[カンボジア] Karno Chhay　（王立芸術大学）
[インド] Prasanna Desai　（プネー大学PVP建築校）
[インドネシア] Teguh Utomo Atmoko　（インドネシア大学）
[韓国]　Park Jlnho　（仁荷大学校）
　　　　Lee Yunhie　（梨花女子大学）
　　　　Huang Chulho　（延世大学校）
[ベトナム] Cuong Ha Nguyen　（ホーチミン市建築大学）

出展作品数：22作品（カンボジア1、中国5、インド2、インドネシア1、マレーシア1、
　　　　ミャンマー1、韓国5、タイ1、ベトナム1、台湾2、ラオス1、モンゴル1）
主催：アジア建築新人戦実行委員会
　　　実行委員長 李暎一
　　　学生代表 王雋斉

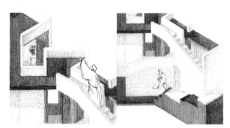

アジア最優秀新人賞
『WALLS HAVE EARS』 袁希程（中国美術学院）

建築新人戦2015

日時:2015年10月2日(金)～4日(日)〔公開審査会:3日(土)〕
会場: 梅田スカイビル

審査委員: **遠藤　秀平** (委員長/神戸大学 教授)

工藤　和美 (シーラカンスKai&H代表取締役/
東洋大学建築学科 教授)

島田　陽 (タトアーキテクツ/島田陽建築設計事務所)

前田　圭介 (UID)

松本　明 (近畿大学 教授)

マニュエル・タルディッツ (明治大学 特任教授)

審査作品数: 577作品　応募登録者数:899名
来場者数: 約1,241人
主　　催: 建築新人戦実行委員会
実行委員長 中村勇大(京都造形芸術大学 教授)
学生代表 田中翔子

最優秀新人賞
『筋交い壁のある町家』
伊藤高基(九州大学3回生)

第4回アジア建築新人戦

日時: 2015年10月24日
会場: ベトナム・統一会堂
審査委員:

[日本]	**李　暎一**	(委員長/グエンタットタイン大学)
	團　紀彦	(神戸大学)
	陶器　浩一	(滋賀県立大学)
[中国]	Gong Kai	(東南大学)
	Kong Yuhang	(天津大学)
[韓国]	Roh Seungbom	(漢陽大学校)
	John Yongseok	(弘益大学校)
[モンゴル]	Gonchigbat Ishjamts	(モンゴル科学技術大学)
[ベトナム]	Trinh Duy Anh	(ホーチミン市建築大学)
	Pham Ahn Tuan	(ダナン建築大学)
[ミャンマー]	Thet Oo	(西ヤンゴン工科大学)
[シンガポール]	WongYunnChii	(シンガポール国立大学)
[台湾]	Gene Kwang-Yu King	(金光裕建築事務所)

出展作品数: 25作品(中国3、日本3、韓国3、インド2、インドネシア2、
ベトナム2、台湾2、ラオス1、モンゴル1、スリランカ1、
ネパール1、シンガポール1、カンボジア1、ミャンマー1、タイ1)
主催: アジア建築新人戦実行委員会
実行委員長 李暎一
主催国実行委員長:Trinh Duy Anh

アジア最優秀新人賞
『The Tea House –My Way Back Home』　林雨嵐(西安建築科技大学)

建築新人戦2016

日時:2016年9月24日(土)～26日(月)〔公開審査会: 25日(日)〕
会場: 梅田スカイビル

審査委員: **小川　晋一** (委員長/近畿大学 教授)

芦澤　竜一 (滋賀県立大学 教授)

乾　久美子 (横浜国立大学 教授)

加藤　耕一 (東京大学 准教授)

武井　誠 (TNA)

福岡　孝則 (神戸大学 特命准教授)

審査作品数: 607作品　応募登録者数: 905名
来場者数: 約1,311人
主　　催: 建築新人戦実行委員会
実行委員長 中村勇大(京都造形芸術大学 教授)
学生代表 草川望

最優秀新人賞
『茶の湯 - 光露地 Complex』
塩浦 一彗(UCL, Bartlett school of architecture 3回生)

建築新人戦2017

日時:2017年9月21日(木)～23日(土)〔公開審査会: 23日(土)〕
会場: 梅田スカイビル

審査委員: **乾　久美子** (委員長/横浜国立大学 教授)

光嶋　裕介 (神戸大学 客員准教授)

佐藤　淳 (東京大学 准教授)

武田　史朗 (立命館大学 教授)

畑　友洋 (神戸芸術工科大学 准教授)

増田　信吾 (増田信吾＋大坪克亘)

審査作品数: 583作品　応募登録者数: 902名
来場者数: 約1,019人
主　　催: 建築新人戦実行委員会
実行委員長 中村勇大(京都造形芸術大学 教授)
学生代表 森谷友香(武庫川女子大学)
共　　催: 株式会社総合資格(総合資格学院)

最優秀新人賞
『DISORDERLY SPACE ～雑多性に伴う展示空間の提案～』
渡辺 拓海(近畿大学3回生)

建築新人戦2018
「10th Anniversary」

日時: 2018年9月20日(木)〜22日(土)〔公開審査会: 22日(土)〕
会場: 梅田スカイビル
審査委員: **中村　勇大**（委員長/京都造形芸術大学 教授）

　　　　遠藤　秀平（神戸大学 教授）

　　　　小川　晋一（近畿大学 教授）

　　　　竹山　聖（京都大学 教授）

　　　　團　紀彦（青山学院大学 教授）

　　　　萬田　隆（神戸芸術工科大学 准教授）

　　　　宮本　佳明（大阪市立大学 教授）

審査作品数: 514作品　応募登録者数: 902名
来場者数: 約1,049人
主　　催: 建築新人戦実行委員会
　　　　実行委員長 中村勇大（京都造形芸術大学 教授）
　　　　学生代表 村瀬怜奈（武庫川女子大学）
共　　催: 株式会社総合資格（総合資格学院）

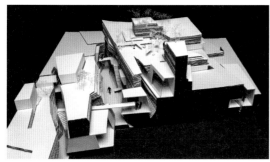

最優秀新人賞
『IMPRESSING MUSEUM』
村井 諄美（近畿大学3回生）

建築新人戦2019

日時:2019年9月20日(金)〜21日(土)〔公開審査会: 21日(土)〕
会場: 梅田スカイビル
審査委員: **平田　晃久**（委員長/京都大学 教授）

　　　　光嶋　裕介（神戸大学 客員准教授）

　　　　金野　千恵（teco）

　　　　藤原　徹平（横浜国立大学大学院Y-GSA 准教授）

　　　　森田　真生（独立研究者）

審査作品数: 553作品　応募登録者数: 841名
来場者数: 約800人
主　　催: 総合資格学院
　　　　実行委員長 光嶋裕介
　　　　学生代表 原和奏（武庫川女子大学）

最優秀新人賞
『こころのすみか』
長橋 佳穂（関東学院大学3回生）

建築新人戦2020

日時: 2020年9月12日(土)〜13日(日)〔公開審査会: 12日(土)〕
会場: 大阪工業大学梅田キャンパスOIT梅田タワー
審査委員: **西沢　立衛**（委員長/SANAA・西沢立衛建築設計事務所・

　　　　　　　　横浜国立大学大学院Y-GSA 教授）

　　　　斎藤　幸平（経済思想家・大阪市立大学 准教授）

　　　　島田　陽（タトアーキテクツ・島田陽建築設計事務所・

　　　　　　　　京都芸術大学 客員教授）

　　　　中川エリカ（中川エリカ建築設計事務所）

　　　　前田　茂樹（GEO-GRAPHIC DESIGN LAB.）

審査作品数: 727作品　応募登録者数: 967名
来場者数: 約424人
主　　催: 総合資格学院
　　　　実行委員長 光嶋裕介
　　　　学生代表 田中恭子（武庫川女子大学）

最優秀新人賞
『見えない家族のよりどころ』
小宮田 麻理（近畿大学2回生）

建築新人戦2021

日時: 2021年9月18日(土)〜20日(月・祝)〔公開審査会: 19日(日)〕
会場: 梅田スカイビル
審査委員: **芦澤　竜一**（委員長/滋賀県立大学 教授

　　　　　　　　/芦澤竜一建築設計事務所）

　　　　藤野　高志（生物建築舎）

　　　　藤原　辰史（歴史学者/京都大学 准教授）

　　　　前田　圭介（広島工業大学 教授/UID）

　　　　山田　紗子（山田紗子建築設計事務所）

審査作品数: 786作品　応募登録者数: 1157名
主　　催: 実行委員長 光嶋裕介
　　　　学生代表 吉田生良理（近畿大学）

最優秀新人賞
『胎動する記憶』
葛谷 寧鵬（滋賀県立大学3回生）

総合資格学院の合格祝賀会に行ってきました！

建築新人戦の特別協賛企業であり、建築士の資格スクールを運営する総合資格学院は、毎年1月第2週の月曜（成人の日）に合格祝賀会を開催している。建築士の合格者が集う祝賀会に、学生実行委員が参加し、総合資格学院の関西エリアの責任者や合格した受講生に話を伺った。

取材: 白金耕汰（学生実行委員代表）、国本莉央（総務班会計担当）
取材対象者: 佐熊孝浩（総合資格学院関西本部本部長）、熊谷ちさと（1級建築士合格者、建設会社設計職）

佐熊孝浩関西本部
本部長にインタビュー

国の方針が反映される 建築士試験

白金：今日は初めて総合資格学院の祝賀会に来ました。間もなく開場ですが、たくさんの人が受付にいらしていました。

佐熊：祝賀会は、総合資格学院に通われて1級建築士と2級建築士、そして宅建士の試験に合格された方々をお祝いする会です。今年は全国各地の42会場で開催され、用事があって参加されない方もいますが、約2,800名の合格者の方がご出席される予定です。
ちなみに1級建築士の合格者数は何人くらいだと思いますか。ここ5年くらいは毎年3,500名〜4,000名の間で推移していて、2022年度は全国で3,473名でした。その内1,819名、52.4％が総合資格学院の受講生です。また、1次試験である学科試験を受かると2次試験として製図試験があり、製図試験は3回まで学科試験が免除されますが、その年に一発で2次試験まで受かったストレート合格者は全国で1,468名いて、その内850名、57.9％が総合資格学院の受講生なのです。日頃から受講生の方が努力されている姿を見ているので、良い結果を出すことができて私も嬉しさで胸がいっぱいです。だから合格いただいた方々をお招きして、ささやかではありますが、お祝いさせていただく、それが合格祝賀会の主旨です。

国本：2022年度の試験は難しかったのでしょうか？

佐熊：2級建築士からお話しすると、学科試験は例

年並の難易度でした。しかし、製図試験は木造の保育所が課題として出され、合格率も例年より低い難しい試験だったと言えるでしょう。今までの傾向だと保育所の規模の建物が2級建築士の課題になった場合は鉄筋コンクリート造で出題されていました。しかし、昨年、大林組が横浜に木造のビルを建てたように、SDGsの観点からも今後は木造が建築の大きな流れの一つになります。建築士の試験は、国が建築士にふさわしい人に建築士の資格を与えるという試験です。ですので、試験には国の方針や最新の技術、法改正など時代に即した内容が盛り込まれます。保育園の規模の建物でも木造で設計できる人に2級建築士の資格を与えようという国の狙いがあるのです。
1級建築士については、学科試験は昨年よりも若干易しかったのですが、製図試験は2級建築士同様、難しい試験でした。課題はオフィスビルで、一見オーソドックスで簡単そうですが、オフィスビルはコロナ禍を経て、フリーアドレスやサテライトオフィスの設置などの新しい動きがあります。また、設計に当って「『二酸化炭素排出量削減』に配慮して計画する」という留意事項がありました。建築業界では温室効果ガスの削減に向けて多くの取り組みがなされていますが、そのような業界の動きが試験に反映されたと言えます。私の知っている受講生の方は、仕事でちょうど事務所ビルの施工管理をされていたのですが、つくっている事務所ビルと同じ条件が求められたと話していました。まさに今、実務で求められる最新の内容が試験に盛り込まれてくるのです。

白金：試験内容が毎年、変化しているので対策を立てるのが難しそうです。

佐熊：総合資格学院も自前だけで試験内容を予想し対策を立てるのは難しいので、社外の方の協力を仰ぎ、アドバイザリー委員会を開催しています。委員会には大手組織設計事務所や大手ゼネコンの設計部の方、大学の先生など、建築業界の第一線で活躍されている方にアドバイザーとしてご参加いただき、実務の視点や最新の知見から意見をいただいています。私も参加したことがありますが、活発な議論が繰り広げられていました。そのように外部からも知恵を集め、何度も検討を繰り返して、受講生が取り組む課題をつくっています。アドバイザリー委員会を開いている資格スクールは総合資格学院以外にはないと思いますが、それが全国の合格者の過半数以上を占める合格実績の源だと思っています。

白金：やはり製図試験は独学だと難しそうです。

佐熊：昨年SNSで、総合資格学院と他の資格スクールの両方に通われた人が、「初めての設計製図試験だったら総合資格学院に通った方がよい」、「1年間総合資格学院で徹底的に製図を学べば、2年目以降はどこでもよい」というようなことを書いていました。本当は2年目以降も総合資格学院と言って欲しいところですが、それくらい身に付くものが違うということです。それは総合資格学院では設計製図試験の基礎を徹底して教えるからです。学生の皆さんは、学校で設計の演習課題に取り組みますが、それは1カ月から2カ月かけて設計します。しかし、建築士の製図試験の時間は6時間30分です。昨年であれば6時間30分以内に事務所ビルのプランを考えて、平面図や断面図など相当な量の作図をしなくてはならない。学校の製図の授

佐熊孝浩（総合資格関西本部本部長）

令和4年　1級建築士 設計製図試験 採点のポイント	
（1）空間構成 ①建築物の配置・構造計画、②ゾーニング・動線計画、 ③要求室等の計画、④建築物の立体構成等 （2）建築計画 ①貸事務室の収益性、可変性、快適性等に配慮した計画 ②シェアオフィスの収益性、快適性及び多様な働き方に対応可能な計画 ③省エネルギー及び二酸化炭素排出量削減に配慮した計画	（3）構造計画 ①地盤条件や経済性を踏まえた基礎構造の計画 ②無柱空間や耐震性等に配慮した構造計画 （4）設備計画 ①空調方式、設備スペース及び設備シャフトの計画 ②貸事務室の排煙計画

※ 設計条件・要求図面等に対する重大な不適合
①「要求図面のうち1面以上欠けるもの」、「面積表が完成されていないもの」又は「計画の要点等が完成されていないもの」
②図面相互の重大な不整合（上下階の不整合、階段の欠落等）
③次の要求室・施設等のいずれかが計画されていないもの
　　貸事務室A、貸事務室B、シェアオフィス、コミュニティホール、エントランスホール、レストラン、受水槽室、消火ポンプ室、エレベーター、PS・EPS、
　　直通階段（屋内）、屋上庭園、屋外テラス席、駐車場、車椅子使用者用駐車場、サービス用駐車場、駐輪場
④法令の重大な不適合等、その他設計条件を著しく逸脱しているもの

業とは全く異なり、設計製図試験には試験特有の考え方や作図の方法があります。それを1年目に徹底的に教え込むのが総合資格学院なのです。

国本：具体的にはどのような点が違いますか。

佐熊：実務では設計をした後に確認申請を行います。つまり、国に図面を提出して、建築基準法をはじめとした建築のルールに沿って設計されているかどうかチェックを受け、それが通って初めて建物を建てることが許されるのです。建築士の試験においても、防火区画は設けられているか、避難経路は二方向に設けられているかといった法律を遵守し、安心安全な建物を設計することが必要最低限な技術として受験者には求められていて、まずはそこを見られます。

白金：法律などクリアしなくてはならないポイントがあって、それを押さえておかないといけない……。

佐熊：そうです。合格発表の際に試験元から「主要な室等の床面積の不適合」や「道路高さ制限」などとその年の採点のポイントがいくつか発表されます（上図）。それを見れば、試験元が重視しているポイントを把握できますが、総合資格学院はさらにそのポイントがどれだけ合否に影響したのかを分析し、次年度の対策を立てていくのです。

国本：受験者にヒヤリングをするのですか。

佐熊：製図試験の当日、試験が終わってから復元図面採点会を各教室で開いています。受験生の方は朝11時から夕方の6時くらいまでかけて試験で図面を描きますが、その後校舎に戻ってきて、もう一度再現図面を描くようお願いしています。疲れてへとへとなはずなのに、さらに3時間くらいかけて図面を描くのは、お願いしている私からしても酷だと思いますが、復元した図面を講師の人に見てもらいながら合格しているかどうか、どこかミスはしていないかをチェックするのです。試験で描いたエスキスシートは持ち帰れるので、他の資格スクールでは、

それを提出して合否を判定しているようです。総合資格学院はそうではなくて、もう一度自分で描いてもらう。そうすることで完璧に描いたつもりでも、復元してみたら描き忘れに気付くこともあります。例えミスがあっても自分自身でどこが悪かったのかが分かり、次に生かすことができる。試験が終わってすぐ描くのは確かに大変ですが、記憶が鮮明なうちに復元することで正確に把握できるし、自身の反省にもなると皆さん言います。これらの復元した何千枚という図面があるから、先ほどのような詳細な分析ができ、次年度の対策ができるのです。

施工現場は女性も活躍できる環境に

国本：私は空間デザイン学科で2級建築士とインテリアコーディネーターはとりたいと思っています。

佐熊：確かに両方とった方がよいと思います。実はインテリアコーディネーター試験の難易度は2級建築士と同程度と言われていて、内容的にも建築士試験と重なる部分があります。ですので、インテリアコーディネーターを目指すのであれば2級建築士はもちろん、1級建築士を目指してもよいと思います。というのも、インテリアが扱う空間は住宅だけでなく、ホテルや商業ビルなど1級建築士が設計する建物が多く、仕事のうえでは1級建築士と打ち合わせをしたりするので、1級建築士レベルの知識を持っていた方がよいのです。白金さんは何を目指しているのですか？

白金：私は施工管理職を目指しています。就職活動の一環で御堂筋の16階建てのビルの現場見学に行きましたが、ちょうど柱を建てているところで、ものすごく迫力がありました。

佐熊：施工はものづくりの醍醐味がありますね。リアルスケールのものづくりを体験すると、もう辞められないとある施工管理職の人が言っていました。最近は女性でも施工管理職に就く方が増えています。女性は施工管理職を敬遠する傾向がありますが、ゼネコンは研修やジョブローテーションで最初

に施工管理を経験させるところがほとんどです。そうしたら、私の知っている女性は設計職志望でしたが、現場のおもしろさに気付いて私は施工管理以外ありえませんと言っていました。結果、彼女は今、施工管理職として活躍しています。それは現場のおもしろみもさることながら、ゼネコン自体が施工管理職の女性を増やそうと衛生面や安全面、勤怠面などの環境を改善しているのもあります。女性はきめ細かく気配りするようなところがあり、その影響を受けて男性も手荒な作業をしなくなるというのです。雰囲気も和み、いざこざも少なくなるというわけです。また女性が入った現場は、皆、安全面に気を付けるようになり、事故件数も減ったという報告があります。ゼネコンだけでなくインテリアやディスプレイの企業においても施工管理職として多くの女性が活躍していますので、今後ますます女性が働きやすく、活躍しやすくなっていくのではないでしょうか。

ストレート合格者を増やす

国本：私たちはまだ3回生ですが、建築士の勉強はいつ頃から始めた方がよいでしょうか。

佐熊：3回生で就職活動をしている人たちはそろそろ内定が出始める時期だと思いますが、内定が出たら次は建築士にチャレンジする人が多い。それは2020年に建築士法が改正となり、大学を卒業した年に建築士試験を受験できるようになったからです。そのため建築士を1年目に受けることを義務付けている大手ゼネコンもあります。総合資格学院も内定者通信という内定者向けの通信講座をゼネコンはじめ多くの企業に提供したり、新入社員向けの建築士試験対策の研修をたくさんの企業から受託したりしています。建築士法改正以降、そのような流れになっていますので、私の知っている学生で内定をとった方たちは、12月から建築士の学習を始めている方が多いと思います。

国本：在学中に始めた方がよさそうですね。

佐熊：実は総合資格学院は2023年に入って経営方針を大きく変えました。大改革ということでさまざまな点を変えている最中ですが、その一環で講座の価格を下げたのです。資源価格の高騰などがから世間では値上げの流れが加速していますが、総合資格学院は逆に値下げを実施しています。理由は

原点に戻ろうということです。総合資格学院は創業時、「一人でも多くの建築士を輩出しよう」というスローガンを持って講座を運営してきました。そのスローガンをもう一度掲げ、講座の価格を下げてより多くの人に通っていただき、合格者を増やしたいと思っています。そして、その先には一つの大きな目標があります。先ほど1年目で学科試験と製図試験に合格するストレート合格者の総合資格学院の割合が57.9%というお話をしましたが、それを80%にしようと思っているのです。高い目標ではありますが、現在も60%近くあるので決して不可能な数字とは思っていません。受講生の方が増えて、私たちが築き上げてきた講座のカリキュラムをしっかりこなしていただければ自然と達成できる目標だと思っています。現場のスタッフや講師は目の前の受講生を全員合格させるという想いを持って臨んでいるので、達成できると信じています。

国本：それだけこだわっていただけたら、受験する方も心強いです。

佐熊：受講生の苦労を見ているからこそ私たちも強くこだわるのです。一発で受からず次の年も受験するとなると、もちろんお金もかかるし、何より時間がかかる。1級建築士は1600時間程度の勉強時間が必要と言われていますが、大切な時間をつぎ込むのは1年でよい。私たちは受講生の皆さんが仕事やプライベートの時間あるいは睡眠時間を削って勉強されているのを日頃から見ていて、受講生の苦労が分かるからこそ、1年で受かって欲しい。

白金：1年で建築士に受かる人を増やしたいということが根本的なモチベーションなのですね。

佐熊：建築士の合格者数は国の方針もあるのでこちらの意図や努力で増やすことはできませんが、合格者の中のストレート合格者の割合は増やすことができます。1年で合格する人を増やせば、建築の技術者を目指す人の負担を減らすことになります。企業として、建築業界や社会への貢献にもつながるのです。ただし、「1年で受かる」と言うのは簡単ですが、実際はたくさんの宿題をこなさなくてはならなかったり、製図も何枚も練習しなくてはならなかったりと大変なことです。1年間、総合資格学院と一緒に集中してがんばって、建築士試験を乗り越えて次のステップに進むことが大切です。今日の合格祝賀会に来ている人たちは1年で受かった人もいれば、2年、3年かかった人もいますが、皆晴れやかな顔をされていると思います。その風景を見ると、受講生の努力に報いて、来年はさらに多くの合格者を出そうと、来年に向けてやる気が出てきます。お二人についても建築士をとるなら、実務で覚えることがたくさんあるので、早く受かって仕事に集中して良い技術者になって欲しいと思います。

合格者にインタビュー

白金：まずは1級建築士試験の受験のきっかけを教えていただけないでしょうか。

熊谷：設計の仕事をしているので、単純に1級建築士が必要というのが理由です。先輩や同僚など会社の周りの人は皆1級建築士を持っていますし、学科試験の前日になると受験する人は休みをとるなど、強制はされていませんが、自然と建築士はとるという環境です。自分も建築士をとらなくてはと漠然と考えていた時に、席が隣だった社会人3年目の先輩が、1級建築士にストレートで合格されたのです。一発で受かったと先輩や後輩皆から称賛されて、かっこいいなと。それで私も建築士をとろうと一念発起したのです。

国本：建築士を受けるに当って、総合資格学院にした決め手は何でしょうか。

熊谷：総合資格学院を含めいくつかの資格スクールに問い合わせをしてみました。その時、対応が一番早かったのが総合資格学院でした。そして、学校の説明をしてくれた女性の職員さんが、すごく人柄が良くて、単に講座の説明をしたり営業したりするだけではなく、私の着ている洋服の話や、過去に受講生だった会社の先輩の話などもされて身近に感じられました。学校を選ぶ際に講座の内容なども大切ではありますが、質問しやすかったり、対応いただく人と気があったりということも私にとっては大切だったので、総合資格学院に決めました。

白金：試験勉強のどういったところに苦労されましたか？

熊谷：学科試験は憶えることが多いのですが、理解しなくては解けない問題も多く、まだ実務経験が浅かったので、最初は理解することに時間がかかりました。仕事が終わってから空いているカフェを見つけて勉強するなど、集中できる環境と時間をつくることを心掛けました。製図の方も同様に、製図を練

1級建築士に合格した熊谷ちさとさん。意匠設計職として活躍している

習する環境と時間をどのように確保するかが重要になるかと思います。例えば、帰宅時や学校に行くのにタクシーを使ってその分勉強時間を確保しました。また、台風が近づいているけれど次の日に授業があるという日がありましたが、その一回の授業を逃したせいで落ちたと思うのは嫌だったので、思い切って学校の近くのホテルに宿泊して授業に行きました。お金はかかりますが、ある程度自由に使えるお金があるのは社会人の特権だと思い、勉強時間の確保に投資しました。逆に、学生の方は社会人よりは時間があると思うので、学生のうちに学習をスタートする、学習を済ませておくのもよい方法だと思います。

国本：カフェでは何時頃まで勉強されていたのですか？

熊谷：お店が閉店するまでです（笑）。ですので夜の10時や11時までです。ただ、そこから家に帰ってからは休むようにしました。しっかり線引きをして体力を保ち、仕事と両立することも重要だと思っていました。

白金：設計製図の勉強は、長い時間腰を据えて作図に取り組まないといけませんが、どのように時間を確保されたのですか？

熊谷：製図も毎日、取り組んでいました。工夫としては複数の製図板を使っていました。総合資格学院の教室はもちろん、自宅でも製図に取り組めるように、それぞれの場所に製図板を置いて、時間が空いたら練習できるようにしていたのです。一方、試験

合格祝賀会を取材してみて

左が国本莉央（総務班会計担当）、右が白金耕汰（学生実行委員代表）

白金耕汰

総合資格学院の合格祝賀会に参加させていただきました。合格者代表や総合資格学院の方々から多くの話を伺い、非常に興味深い時間を過ごすことができました。会場の合格者の方々は幅広い年齢層で、私と同い年の方もいらっしゃり驚きました。

佐熊さんからは、ストレート合格に掛ける思いを語っていただきました。一発で合格することができるよう、入念な指導を行いながら、合格に向けて取り組んでいる様子が伺えました。

また、熊谷さんから仕事と勉強を両立させつつ

と同じく6時間30分程度を使ってまとめて描くことも重要なので、それはやはり休日を当てて取り組みました。ただ、私はどちらかと言うと作図はできていて、毎回全ての図面を完成させていたので、それほど作図の練習に時間はかけませんでした。逆に力を入れたのはエスキスや計画の要点の記述問題でした。自分の苦手を把握して、徹底的に練習して克服することもポイントかと思います。

国本:記述問題もあるのですね。

熊谷:あります。自分の設計におけるポイントや工夫点などを文章にして表現します。いくつか項目がありますが、A3の用紙にイメージ図も併せてびっしり書かないといけない。私はこの記述問題が苦手で、文章構成が上手くなかったり、問われている内容とは別のことを書いたりしていたので、苦労しました。仕事でもクライアントに要点を説明する場面があるので、そのような力を見られていると思います。ちなみに今年の製図試験は皆時間がかかったと言っていました。単に難しいということではなく、考えることが多かったのかと思います。つまり実務に沿った内容だなと。建物の周辺環境や必要な室や機能などたくさんの条件が課題文に挙げられていますが、それらが実務向きなのです。

国本:現実にありそうだと……。

熊谷:そうです。例えば、今までは10席入る部屋などという条件が出て、その10席の絵を描かされていたのですが、今回はそういったものの代わりに敷地や建物を使用する側の要望を理解するという、絵を描くというよりも、現実でも起こり得る要望や問題を理解して解決策を考えることに力を入れる試験に変わってきていると感じました。ですので、実は本番で課題文を読みながら、「なるほど、上手くつくられている」と感心しながら試験を受けていました（笑）。

白金:建築士の試験は実務にも役立ちますか?

2022年度、大阪の合格祝賀会は大阪新阪急ホテルで行われた

熊谷:役立ちます。私は社会人2年目に学科試験の勉強をスタートさせたので、実はそれほど実務の知識がない状態で勉強をしていたのです。どの科目も実務での経験が少なかったのですが、実務経験を重ねる度、学科試験で覚えた内容に遭遇します。建築士試験で勉強したことが「こういうことだったのか」とつながる時があるのです。若い方は、このように「後でわかる」ことがほとんどかもしれませんが、私はそれが仕事の楽しみにもなっています。

国本:総合資格学院で勉強して良かったと思うことはどのようなことでしょうか?

熊谷:まず、講師の方、教務の方、そして営業の方と直接話しができることです。もちろん電話やメールなどの手段もありますが、分からないときや困ったことがあったときに教室に行けば直接相談ができます。顔を合わせていろいろ話せば、しっかりと疑問を解消することができるし、話の内容も深まります。また、学科試験は個人戦に近く黙々と勉強するようなスタイルですが、製図試験はチーム戦のような形式で勉強を進めるので、他の受講生とも仲が良くなります。教室に先生が数人いて、先生1人につき10人くらいの受講生がグループになります。図面を描くと、それぞれグループ内で見せ合ってお互いの良いところ悪いところなどを指摘し合ったりして、それをもとにブラッシュアップしていく。時には雑談をしたりして、塾や学校のような感じです。そういった仲間と会えるのが通学の楽しみということもあり、それが自分には合っていたと思います。

白金:カリキュラムにおいては、どのような点が良かったですか?

熊谷:宿題の量が多いのですが、講師や教務の方がそれを段取りしてスケジュールのサポートをしてくれる。この時期に取り組まなければならない、どのレベルにまで到達しないといけないと総合資格学院が示してくれるのは、学習スケジュールの組み立てにとても助かりました。製図もできている部分と、できていない部分とに分けて、学習を進められました。私は作図ができている分、記述が苦手だったので、そこに集中して勉強しました。作図の宿題はたくさん出されるのですが、先生の方も私の状態を把握していて、「宿題はエスキスまでやればいいよ。その後は記述に取り組んで」と指示してくれました。やはり、講師や教務の人と近い関係を保てる環境があるのはよかったです。

国本:最後に、これから1級建築士を受ける若い人へアドバイスをいただけたらと思います。

熊谷:建築士の試験は、おそらく社会人になって初めて相当な時間とお金を費やす試験だとは思いますが、一方でがんばった人勝ちという面があります。まずは「やればできる」と自分自身を信じること。そして、総合資格学院の講師や教務の人の言うことを信じて学習を進めること。自信と気合を持って臨めば合格を勝ち取れると思います。

1級建築士に合格するためにどのように努力をしていたかを聞いたことは非常に参考になりました。特に驚いたのは、総合資格学院のストレート合格率が非常に高いことです。対面で授業をするからこそ、受講生の苦手を把握し一人ひとりに合った指導をしていることに魅力を感じました。この機会を通して、1級建築士試験合格に向けた努力や総合資格学院の指導力の高さについて多くのことを知りました。私も努力を惜しまず、ストレート合格を目指して頑張りたいと思います。

国本莉央
手厚いサポートが印象的でした。そのひとつが設計製図の基礎を徹底的に固めることです。これによって、毎年変わる設計製図試験に柔軟に対応できているのだと感じました。
さらに、試験が終わってから開かれる復元図面採点会も印象的でした。受験者自身の見直しにもなり、次年度の対策にも繋がるため、長年選ばれ続ける総合資格学院だからこその画期的なシステムだと思いました。「1年で受かって欲しい」という強い想いが、こういったサポートに繋がっているのだろうなと思います。

取材させていただいた後に合格祝賀会にお邪魔したのですが、やはり皆さま凛とされていました。久しぶりの再会で話に花を咲かせており、教員の方との仲の良い関係も伺えました。1級建築士合格という大きな壁を乗り越えた皆さんはすごく格好良くて、憧れを抱きました。今回の取材は私にとって大きな刺激になりました。これまで、1級建築士資格への挑戦はハードルが高く、積極的に考えられませんでしたが、今回参加させていただいたことで、私の中ですごく現実的になり、目指したい夢へと変わりました。

他の追随を許さない唯一無二の「講習システム」と「合格実績」

令和4年度 1級建築士 学科・設計製図試験

[令和4年度 学科＋設計製図]
全国ストレート合格者占有率

No.1 57.9%

他講習利用者＋独学者 / 当学院当年度受講生

全国ストレート合格者 **1,468**名中 ／ 当学院当年度受講生 **850**名

令和4年度 1級建築士 設計製図試験 卒業学校別実績(合格者数上位10校)

右記学校卒業生
当学院占有率

58.1%

右記学校出身合格者 807名／
当学院当年度受講生 469名

	学校名	卒業合格者数	当学院受講者数	当学院占有率		学校名	卒業合格者数	当学院受講者数	当学院占有率
1	日本大学	149	91	61.1%	6	工学院大学	63	48	76.2%
2	東京理科大学	123	67	54.5%	7	明治大学	60	34	56.7%
3	芝浦工業大学	96	62	64.6%	8	法政大学	56	33	58.9%
4	早稲田大学	79	36	45.6%	9	神戸大学	55	28	50.9%
5	近畿大学	74	46	62.2%	10	千葉大学	52	24	46.2%

※当学院のNo.1に関する表示は、公正取引委員会「No.1表示に関する実態調査報告書」に基づき掲載しております。 ※総合資格学院の合格実績には、模擬試験のみの受験生、教材購入者、無料の役務提供者、過去受講生は一切含まれておりません。 ※全国ストレート合格者数・卒業学校別合格者数は、(公財)建築技術教育普及センター発表に基づきます。 ※学科・製図ストレート合格者とは、令和4年度1級建築士学科試験に合格し、令和4年度1級建築士設計製図試験にストレートで合格した方です。 ※卒業学校別実績について総合資格学院の合格者数には、「2級建築士」等を受験資格として申し込まれた方も含まれている可能性があります。〈令和4年12月26日現在〉

 総合資格学院

東京都新宿区
西新宿1-26-2
新宿野村ビル22階
TEL.03-3340-2810

スクールサイト
www.shikaku.co.jp 総合資格 検索
コーポレートサイト
www.sogoshikaku.co.jp

令和4年度
2級建築士 学科試験

当学院基準達成
当年度受講生
合格率 **95.0%** 全国合格率
42.8%に対して

8割出席・8割宿題提出・総合模擬試験正答率6割達成
当年度受講生498名中／合格者473名 〈令和4年8月23日現在〉

令和5年度
1級建築施工管理技術検定 第一次検定

当学院基準達成
当年度受講生
合格率 **90.6%** 全国合格率
41.6%に対して

8割出席・8割宿題提出
当年度受講生255名中／合格者231名 〈令和5年7月14日現在〉

総合資格navi

建築・土木学生 のための 建設業界総合情報サイト

全学年対象

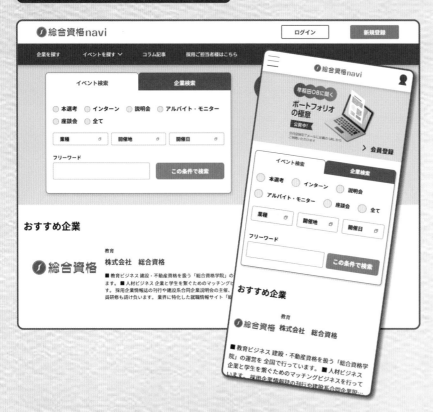

建築・土木系学生の学生生活を
入学から卒業まで
徹底サポートします!

登録はこちら!
▽

[学校生活に役立つ! 就職活動に役立つ!]

① スカウトDMが届く
あなたを必要とする企業から直接DMが届きます。

② 選考に通過したエントリーシートが見られる
ログインすると内定者のエントリーシートが閲覧できます。

③ 業界セミナー等、イベント情報を掲載・参加予約が可能
総合資格が主催する建築学生向けセミナーなどのイベント情報をいち早く取得、
参加予約ができます。

④ 建築系企業のアルバイト募集へ応募できる
建築学生を募集しているアルバイト・モニター情報を多数掲載!
日時や対象学校区分等の条件で簡単に検索、応募できます。

⑤ インターンシップや説明会、選考へ簡単エントリー
企業情報と共に、会社説明会・インターンシップや本選考情報などを多数掲載!
気になる企業イベントに対し、簡単に情報が入手でき、エントリーも可能です。

⑥ 建設業界のイマ情報が得られる
全国の建築学校の取組みや建設業種ガイド、模型製作のノウハウなど
建設業界の知識が深まる情報を多数掲載。

 総合資格 navi 運営事務局　[E-mail] navi-info@shikaku.co.jp

 **BOOKS** 総合資格学院の**本**

試験対策書

建築士試験対策
建築関係法令集 法令編
定価:1,999円
判型:B5判

建築士試験対策
建築関係法令集 法令編S
定価:1,999円
判型:A5判

建築士試験対策
建築関係法令集 告示編
定価:1,999円
判型:B5判

1級建築士学科試験対策
学科 ポイント整理と確認問題
定価:3,850円
判型:A5判

1級建築士学科試験対策
学科 厳選問題集 500＋125
定価:3,850円
判型:A5判

1級建築士学科試験対策
学科 過去問スーパー7
定価:3,850円
判型:A5判

2級建築士学科試験対策
学科 ポイント整理と確認問題
定価:3,630円
判型:A5判

2級建築士学科試験対策
学科 厳選問題集 500＋100
定価:3,630円
判型:A5判

2級建築士学科試験対策
学科 過去問スーパー7
定価:3,630円
判型:A5判

2級建築士設計製図試験対策
設計製図テキスト
定価:4,180円
判型:A4判

2級建築士設計製図試験対策
設計製図課題集
定価:3,300円
判型:A4判

宅建士試験対策
必勝合格宅建士テキスト
定価:3,080円
判型:A5判

宅建士試験対策
必勝合格宅建士過去問題集
定価:2,750円
判型:A5判

宅建士試験対策
必勝合格宅建士オリジナル問題集
定価:2,200円
判型:四六判

1級建築施工管理技士
第一次検定問題解説
定価:2,750円
判型:A5判

2級建築施工管理技士
第一次検定・第二次検定問題解説
定価:1,870円
判型:A5判

2級建築施工管理技士
第一次検定テキスト
定価:2,420円
判型:A5判

1級管工事施工管理技士
第一次検定問題解説
定価:2,970円
判型:B5判

1級管工事施工管理技士
第二次検定問題解説
定価:3,080円
判型:B5判

建築模型で学ぶ！木造軸組構法の基本
定価:7,700円
判型:A4判変形

設計展作品集 & 建築関係書籍

建築新人戦オフィシャルブック
定価:1,980円
判型:A4判

建築学縁祭オフィシャルブック
定価:1,980円
判型:B5判

JUTAKU KADAI 住宅課題賞
定価:2,420円
判型:B5判

Diploma×KYOTO
定価:2,200円
判型:B5判

歴史的空間再編コンペティション
定価:1,980円
判型:B5判

DESIGN REVIEW
定価:2,200円
判型:B5判

NAGOYA Archi Fes
定価:1,980円
判型:B5判

卒、全国合同建築卒業設計展
定価:1,650円
判型:B5判

JIA 関東甲信越支部大学院修士設計展
定価:1,980円
判型:A4判

赤れんが卒業設計展
定価:1,980円
判型:B5判

みんなこれからの建築をつくろう
定価:3,080円
判型:B5判

構造デザインマップ 東京
定価:2,090円
判型:B5判変形

構造デザインマップ 関西
定価:2,090円
判型:B5判変形

構造デザインマップ 日本
定価:2,090円
判型:B5判変形

環境デザインマップ 日本
定価:2,090円
判型:B5判変形

STRUCTURAL DESIGN MAP TOKYO
定価:2,090円
判型:A5判変形

※すべて税込価格となります

 お問い合わせ **総合資格学院 出版局**
[URL] https://www.shikaku-books.jp/
[TEL] 03-3340-6714

建築新人戦 014

2023年9月16日初版発行

著者: 建築新人戦2022実行委員会

発行人: 岸 和子

発行元: 株式会社 総合資格

〒163-0557　東京都新宿区西新宿1-26-2 新宿野村ビル22F

電話: 03-3340-6714(出版局)

URL: 総合資格学院　https://www.shikaku.co.jp/

　　　株式会社総合資格 コーポレートサイト　http://www.sogoshikaku.co.jp/

　　　総合資格学院 出版サイト　https://www.shikaku-books.jp/

アートディレクション: 藤脇 慎吾

デザイン: フジワキデザイン [澤井 亜美]

編集: 建築新人戦2022実行委員会 書籍班

　　　総合資格 [末吉 一博/新垣 宜樹/金城 夏水]

撮影:

瀧本 加奈子　表紙、H1、p1〜11、p18、p22-23、p28-29、p34-35、p40、p42、p44、p46、p56〜69、p89、p113右下

根津 修平　p74-75掲載の池上直人氏の写真

大竹 央祐　p113右上

笹倉 洋平　p111、p112、p113左

シュヴァーブ・トム　p110右上

表紙:諸江 一桜「母と父の家」模型

特記なき図版は設計者および執筆者提供

印刷・製本: シナノ書籍印刷株式会社

ISBN978-4-86417-489-3

Printed in Japan

本書は「建築新人戦2022」記録集として制作されました